유민 홍진기 법률논문 선집

유민총서
01

유민 홍진기
維民

법률논문 선집
洪璡基

홍진기법률연구재단 편

경인문화사

유민총서 소개

홍진기법률연구재단은 새로운 법질서와 법이론의 발전을 위해 끊임없는 연구와 사색을 게을리하지 않은 유민 홍진기(維民 洪璡基) 선생의 업적과 정신을 계승하여 대한민국이 지향하는 선진 법치국가를 이루는 데 작은 보탬이 되고자 2016년 7월 설립된 비영리 재단법인입니다.

유민 홍진기 선생은 일평생 배움과 가르침을 게을리하지 않았고, 주변에도 늘 끊임없는 학습의 중요성을 설파하였습니다. 또 새로운 성과와 가치를 일구어 내기 위해 최선을 다하는 인물에 대한 지원을 아끼지 않았습니다. 1978년부터 인혜장학생(仁慧奬學生)을 선발하여 학업에 뜻이 있으나 가정형편이 어려운 학생들을 도왔으며, 그 뜻은 현재의 유민장학생(維民奬學生)으로 이어지고 있습니다.

유민 선생은 또 법률 연구 활성화에 대한 관심이 많았습니다. 『유민총서(維民叢書)』는 학문적으로 의미 있는 연구성과를 거둔 법률 분야의 연구자료를 발굴하여 발간하는 홍진기법률연구재단 출판물 발간 사업의 한 분야 입니다.

홍진기법률연구재단은 유민총서(維民叢書)를 통하여 우수한 법률논문은 물론 학술적 가치가 높으나 상업성이 부족하여 출간이 어려운 법학 단행본 출간도 지원하여 법학 연구의 질적·양적 성장을 도모하고, 나아가 창의적이고 국제적인 법률가 양성에 기여하고자 노력할 것입니다.

유민총서 제1권을 발간하며

『유민 홍진기 법률논문 선집』을 유민총서 제1권으로 발간하게 되었습니다. 이 책은 1977년 발간된『법학의 제문제(유민 홍진기 선생 화갑 기념 논문집)』에 실린 머리말 부분과 제2부 유민 홍진기 선생 논문, 제3부 자료 부분을 발췌하여 가로쓰기와 한글쓰기로 새로이 편집한 것입니다. 유진오 박사의 하사(賀辭)와 정희철 교수의 머리말은 유민 선생의 생애와 논문의 의미를 더 잘 이해할 수 있는 자료가 될 것입니다. 유민 선생의 논문은 1942년부터 1950년 사이에 발표된 것으로, 해방 전 논문은 조선의 법학이 일본에 종속되지 않고 당당히 어깨를 나란히 하는 수준에 있음을 보여주고 있고 해방 후 논문에는 신생 조국의 민주적·경제적 자주성을 완전히 성취하기 위해 새로운 법제를 고민한 흔적이 반영되어 있습니다.

먼저「주식회사 합병에 있어서의 교부금」이란 논문은 유민 선생이 일제 강점기의 경성제국대학 법과 조수 시절 대학교수들의 논문집인『법학회논집』에 발표한 것으로 당시 일본 상법학계 최고 원로인 다케다(竹田) 박사의 주식회사 합병의 본질론에 의문을 제기한 논문입니다. 이에 대한 다케다 박사의 반박논문「再び會社の合併について」와 유민의 재반박논문「주식회사 합병의 본질」은 당시 민상법학계 최고 학술지인『민상법잡지』에 게재된 것입니다. 당시 교수 이외 사람의 논문이 위 논문집에 등재되는 것은

이례(異例)에 속하는 일이었다고 하며, 주식회사 합병에 관한 유민의 입장
은 현재까지도 일본의 상법해설서에 언급되고 있다고 합니다.

유민 선생은 해방 후 미군정청 사법부 법률조사국 법무관으로, 정부수립
후 법무부 조사국장과 법무국장으로 재직하면서 새로이 탄생시켜야 할 대
한민국의 기본 법제에 대해 다각적인 조사와 연구를 게을리 하지 않았는데
실무와 강의, 법조인 양성에 바쁜 가운데에서도 만들어 낸 결과물의 일부
가 아래의 논문들입니다.

기본 구조는 대륙법계로 하되 민주적 법제로서 영미법계의 우수한 제도
는 계수하자는 취지의 「영미법과 대륙법」, 처(妻)를 무능력자로 보아 행위
능력을 제약했던 구민법 제14조 제1항에 관한 대법원의 위헌 판결을 환영
하면서 남녀평등의 참의미와 함께 위헌심사의 효과에 관하여 논증한 「사
법재판소의 법률심사」, 향후 나타나게 될 경제법적 현상에 대비하기 위한
「이념으로서의 경제법」 등의 논문은 유민 선생의 신 법제에 관한 고민이
반영되어 있습니다.

그 당시 아직 회사법에 의해 규율되지 않던 적산회사(敵産會社)를 규제
내로 포괄하기 위한 「적산회사의 법률심사」, 해방 후 경제 부흥을 실현하
기 위한 「귀속재산에 대한 법적 과제 - 귀속성의 불식의 시급성」, 공사(公
社) 설립의 필요성과 합헌성을 논증한 「두 개의 공사법 - 국영의 본질에 관
련하여」 등의 논문에는 해방된 조국의 경제적 자주와 부흥을 가능케 하는
법제도를 준비하고자 한 유민 선생의 뜻이 담겨 있습니다.

부록에는 1977년 환갑인 유민 선생이 중화민국 문화학원으로부터 명예

박사 학위를 받으면서 한 연설문을 수록하였습니다. 이 연설문은 법률 논문은 아니지만 유민 선생이 1950년대 일본과 식민지배 청산을 위한 대일 청구권 협상을 벌이면서 뼈저리게 느꼈던 새로운 국제법 논리의 필요성, 즉 '해방(Liberation)'이라는 새로운 현상을 국제법이 적절하게 포섭할 수 있도록 전통 국제법에 '해방'이란 새로운 챕터가 추가되어야 한다는 주장이 담긴 연설문입니다.

비록 오래 전의 논문과 연설문이지만 오늘날의 대한민국 법률가들에게 시대적 상황, 국가적 상황에 비추어 법률가의 역할이 어떠해야 할 것인가에 대해 시사점과 영감을 줄 수 있다면 커다란 기쁨이 되겠습니다.

2016년 11월
홍진기법률연구재단 이사장

홍석조

하사(賀辭)

　유민(維民) 홍진기 형(兄)과 나와는 나이도, 학교를 졸업한 연도도 같이 십일 년 차의 선후배 관계에 있다. 물론 내가 형격이지만, 이제 그의 회갑을 축하하는 기념논문집을 간행하게 되고 보니 세월이란 과연 덧없는 것이로구나, 하는 생각이 무엇보다도 앞을 선다.

　유민이 구 경성제대가 낳은 준재(俊材)라는 것을 내가 처음 안 것은 1942년 그의 대학조수시대의 처녀논문(「주식회사의 합병에 있어서의 교부금」)이 경성제대『법학회논집』(제13책 제1호)에 발표되었을 때의 일이다.『법학회논집』이라는 것은 동 대학 법문학부 교수들을 위한 연구발표기관이므로 교수 이외의 사람의 논문이 그곳에 등재된다는 것은 이례에 속한다. 비슷한 예를 동경제대 법학부에서 본다면 동 대학의『법학협회잡지』에 조수의 논문이 등재된다는 것은 그가 곧 조교수로 등용된다는 사실의 예보로 보아야 하는 것이 당시의 상례였다. 그러므로 그러한 대학의 전문연구지에 신인의 논고가 발표되는 것은 말하자면 한 사람의 신인학자의 공식탄생을 의미하는 것이라 할 수 있었다. 조수시대의, 그런 식으로 발표된 논문이 그 학자의 일생을 통한 최고의 작품이 된 예도 없지 않은 사실로 보아 그런 식 논문의 수준과 성격을 짐작할 수 있을 것이다.

　유민이 만일 일본인이었다면 십중팔구, 그는 그대로 상법학교수의 대로를 걸어나갔을 것이지만, 유민도 틀림없는 한민족의 일원이었기 때문에 논문 발표 후 얼마 안 되어 그는 학계를 떠나 법관생활로 들어가게 되었는데, 그 후 불과 몇 해 지나지 않아 8·15해방을 맞이한 것을 생각하면 유민과 같은 유능한 인재가 실무에 손을 대게 된 것은 대한민국정부 수립 전후의 복잡다단하였던 우리나라 실정을 생각하면 도리어 뜻있는 일이었다 할 수 있을는지도 모른다.

1948년 정부가 수립되고 불의에 내가 법제처장의 책임을 맡았을 때에 실무에 전연 경험이 없는 내가 유민의 협조를 얻으려 하였던 것은 당연한 일이다. 법무부와 법원 측의 강경한 반대로 그를 법률기초업무로 끌어들이는 데는 실패하였지만, 그때 내가 안 것은 유민은 학문에 있어서만 실력자일 뿐 아니라 우리나라 법조계의 '호프'로서 막중한 신망과 기대를 그 방면의 아래위로부터 받고 있는 인물이라는 사실이었다.

그러나 유민과 함께 일하는 기회는 나에게도 드디어 왔다. 1·4 후퇴 뒤 내가 부산에서 대한민국 교수단이다, 전시연합대학이다 해서 전시하의 대학 교육을 위해 동분서주하고 있던 어느 날, 그때 법무부 법무국장이던 유민은 한 장의 일본 신문을 들고 나를 찾아왔다.

"큰일 났습니다. 이것이 이대로 조인된다면 대한민국을 위해서는 말할 수 없이 불리하게 됩니다. 이것을 바로잡기 위해 선생이 나서주셔야 하겠습니다."

하면서 그가 내민 것은 미국 측의 대일강화조약초안의 전문이 실린 신문이었다.

문제점 중의 가장 큰 것은 소위 귀속재산과 영토(독도) 문제의 두 가지였다. 귀속재산은 미군정법령(美軍政法令) 제33호와 「한미 간의 재정 및 재산에 관한 최초협정」(1948. 9. 22. 체결)에 의하여 이미 완전히 우리 정부의 소유로 확정된 것임에도 불구하고, 초안에는 그것을 가지고 다시 한일 양국 정부 간에 '협의'하기로 되어 있었고, 독도는 맥아더 선을 그을 때에 독도 근방에 와서 일부러 선을 꼬부려가면서 그것을 선내에 포함시키지 않았던 것임에도 불구하고(즉, 일본 어선이 독도까지는 오지 못하게 하였던 것임에도 불구하고) 이번 초안에서는 독도가 일본의 영토에 속하지 아니함을 명기하지 않음으로써, 두 가지가 다 우리에게 극히 불리한 전제하에서 양국 간의 분쟁의 씨가 될 것이 내다보이기 때문이었다.

지금 이곳에서 그때의 일을 상세히 기록할 수는 없으나, 어쨌든 유민이 그때 나를 찾아와 그렇게 호소한 것이 계기가 되어 우리는 힘을 합해 활동을 시작하여, 드디어 이승만 대통령의 이름으로 대일강화조약초안의 수정을 요구하는 각서를 미국 정부에 보내게까지 된 것이었다. 그 결과, 독도에 관한 문제에서는 성공을 거두지 못하였지만, 귀속재산에 관해서는 소위 '제4조 제B항'이라는 것을 강화조약초안에 삽입시키는 데 성공하여 이 문제에 관한 한 일본이 개구(開口)할 여지가 없도록 할 수 있었던 것이다.

법적으로 전연 주장의 근거가 없는데도 불구하고 그 후 여러 해 동안 일본이 이 문제를 끈질기게 물고 늘어져서 재산청구권문제 타결의 일대 암초를 이루었던 사실을 생각하면, 대일강화조약에 '제4조 제B항'을 삽입하게 하는 데 원동력이 된 유민의 공적은 심대한 것이었음을 인정치 않을 수 없는 것이다.

뿐 아니라 유민은 1954년에 제네바에서 열렸던 한국 통일에 관한 관계국 간의 정치회담에도 우리 대표단의 일원으로 참석하였는데(수석대표 변영태), 그때에도 법적 문제에 관하여 크게 대표단을 도왔던 것으로 안다.

이렇게 해서 유민은 학문 연구에 있어서 일찌감치 훌륭한 업적을 남겼을 뿐 아니라 법률실무가로서 또한 오래 기억될 공적을 나라를 위해 쌓았지만, 지금까지의 그의 족적을 살펴보면 결국은 그도 한민족의 일원으로서 다사다난한 일생을 보내왔다고 하는 수밖에 없다. 유민이 걸어온 길은 화려한 경력으로 가득 차 있는 것 같지만, 6·25 동란 중에는 그도 적치 3개월 동안 광 마루 밑 땅굴 속에서 햇볕을 못 보는 생활을 계속하여야 했고, 4·19로 온 민족이 '단군 이래의 자유'에 환희하던 때에는 거꾸로 그는 현직 내무부장 관의 책임을 면할 길이 없어서 또한 상당기간 햇볕을 못 보는 생활을 되풀 이하지 않을 수 없었다.(우리 겨레의 좀 똑똑하다고 하는 사람의 거의 전부 가 한결같이 당하는 이러한 운명은 과연 누구에게 책임이 있는 것일까.)

회갑을 축하하기 위하여 동학의 동료와 후배들이 정성을 모아 기념논문 집을 간행하는 일은 학계에 몸을 담고 있는 사람으로서는 흔히 맞이할 수 있는 영예요 기쁨이다. 그러나 유민 같이 학계를 떠난 지 오래 되는 실무가 를 위하여 이러한 영예가 주어지는 것은 극히 드문 일이다. 그것은 유민의 연구생활이 비록 기간은 짧았을망정, 그동안에 남긴 업적이 지금도 동학의 축하를 받기에 족한 것이었음을 말하는 것인 동시에 유민의 인품과 교양이 지금도 학자의 면모를 그대로 지니고 있어서 학계인사들에게 동질감을 불 러일으키기 때문으로 생각된다. 이 어찌 독필이나마 펜을 들어 하사를 보 낼 만한 경사가 아니겠는가.

1977년 3월

유진오(俞鎭午)

머리말

　홍진기 선배님의 논문 「주식회사 합병에서의 교부금(株式會社合倂における交付金)」이 실린 경성대학 『법학회논집』을 처음으로 대한 것이 1942년 법학부에 진학하던 때의 일이다. 법학도의 초년생이었던 필자는 그 논문의 내용을 잘 이해하지도 못하였거니와 이해하려고도 하지 않은 무관심 속에서 다만 한국인이 쓴 논문이 실렸다는 것에 일종의 긍지를 느낄 따름이었다. 그 후 이 논문이 당시의 일본 상법학계의 태두인 다케다 쇼(竹田省) 박사와의 논쟁으로 번져 일본 상법학계에 커다란 파문을 던졌던 사실은, 해방 후에 홍선배님으로부터 직접 듣기도 하고, 대학에서 상법을 담당하게 되어 문헌을 뒤지면서 알게 되었다.

　해방 후 경성대학 때는 대학에서 상법학자로서 자리를 굳히시고 법학계의 지도자가 되어 주시기를 기대하였더니, 사회법 강의를 담당하시면서도 오히려 관계로 진출하시게 된 것이 옆에서 보기에 안타까울 따름이었다. 그러나 홍선배님은 당시 미군정청과 이어 대한민국정부의 법무부에 계시면서 『법조협회잡지』(현재의 『법조(法曹)』)를 창간하시고, 외국법전의 번역 사업을 벌이시어 우리나라 입법사업의 터전을 닦으시는가 하면, 한편 학술잡지에 논문을 발표하시어 계속 학구적 노력을 아끼지 않으셨다. 이 논문집 제2부에 실린 홍선배님의 논문은 전기한 논문을 비롯하여 해방 전 5

년, 해방 후 5년, 6·25 전후까지의 약 10년간에 걸쳐 쓰여진 것들이다. 이 분의 학자적 소질이, 일정(日政) 때에는 한국인이라는 것 때문에, 해방 후에는 행정부에 인재를 구하는 국가의 요청 때문에, 끝내 법학계에서 성실(成實)을 보지 못한 채, 이제는 기업인으로서 활약하고 계시는 것이, 어떤 의미에서는 못내 아쉬운 느낌이 들기는 하지만, 그분의 재기(才氣)가 어느 방면에서나 뛰어나다는 것을 또한 입증하는 것으로서 오히려 경하할 일인지도 모르겠다.

각설하고, 대학에서 상법 강의를 하면서 홍선배님의 전기 논문을 읽어야 할 일이 있어 서울대학교 도서관에서 그 잡지를 열람하였더니 그 논문만이 도려져 없어지고 만 것이 아닌가. 그 후 줄곧 그 논문을 읽을 기회가 없었는데, 그 후 일본에서 출간되는 사회법의 각종 저술에는 계속 홍선배님의 당시 논문이 참고문헌으로 인용되고 또 합병교부금의 한계에 관한 그분의 견해는 아직도 한 학설로서 받아들여지고 있는 것을 알게 되었다. 말하자면 그분의 논문은 일본에서 오히려 고전적 문헌으로 손꼽히고 있는 것이다. 이 논문이 우리나라 말로 번역되어 그것을 우리나라의 문헌으로서 존재하게 하여야 되겠다는 것을 마음먹으면서 결국 실현하지 못하고 있던 점에 대하여는 상법학자로 자처하는 필자로서는 다만 송구스럽게 생각할 따름이었다.

그러던 차, 작년 가을의 일이었다. 홍선배님께서 연락이 있어 김증한 교수와 더불어 뵈온 일이 있었다. 그때 홍선배님의 말씀이, 이미 학계를 떠나고 학문적 활동을 중단한 지가 오래 되지만, 30여 년 전에 쓴 논문이 요사이 일본의 서적을 보니 간혹 인용되는 일이 있어 놀랐다고 하시면서, 내년이 회갑인데 딴 것보다도 학문적 활동을 하던 때의 논문이나 모아 책자로 내고 싶다는 뜻을 비치시었다. 물론 이것을 상의하실 때에는 학계에 계시지도 않으면서 논문집을 낸다는 것에 대하여 어떤 자격지심이 드시는 듯하였으나, 필자로서는 불감청(不敢請)일진대 고소원(固所願)이라 대찬성을 하고 나섰다. 그리고 일본어로 된 논문의 번역을 맡을 분으로 서울대 법대 양승규 부교수를 추천하고, 이왕 논문집을 내실 바에는 다른 몇 분의 논문을 모아『화갑논문집(華甲論文集)』으로 하는 것이 어떻겠느냐는 제의를 하였다. 자신이 쓰신 논문집을 내는 것도 망설이시던 터이라 선뜻 응답하지 않으시는 것을 강권하여, 홍선배님의 희망에 따라 홍선배님과 친분이 두터우신 분들에게 논문을 청탁하기로 하였다. 이리하여 상법학계의 원로이시며 대학 선배이신 전 연세대 교수 박원선 박사, 동기동창이신 고려대 차낙훈 총장, 홍선배님과는 특히 인연이 깊으신 성균관대 현승종 총장, 서울대 법대 김증한 교수, 국민대 서돈각 교수, 국회의원 김도창 박사, 서울대 법대 김철수 교수, 그리고 양승규 부교수와 필자를 끼워 도합 9명의 논문을 모으기로 하였다. 이와 같은 경위로 필자는 본의 아니게 자청 발기인이 되어 집필자에 대한 집필청탁 기타의 연락을 맡게 되었는 바, 이 분들이 모두 쾌히 집필을 승낙하시고 또 때를 맞추어 원고를 제출하여 주시어 이 논문집을 더욱 뜻있는 것으로 되게 하시고 또 이것이 제때에 출간하게 된 것은, 오로지 홍선배님의 덕망이 높으신 소치라 하겠으나, 중간에서 심부름을 한 필자로서도 여간 고마운 일이 아니며, 자청 발기인 노릇을 한 보람을 새삼 느끼게 된다.

　이 논문집의 편집에 있어서는, 전기 9편의 기념논문집을 제1부로 묶되, 상법, 민법, 헌법, 행정법의 순으로 하고 같은 분야에서는 법전 편별순과 연배순으로 하기로 하고, 홍선배님의 논문은 제2부로 묶되 발표순에 따르고, 이 논문과 관련된 일본의 논문은 그대로 일어로 제3부에 싣기로 하였다. 그러나 저러나 필자로서는 홍선배님의 일정(日政) 시의 학문적 업적이 이제 우리나라 말로 떳떳하게 행세하고 문헌으로서 귀중한 자리를 잡게 된 것을 무엇보다도 기쁘게 생각한다. 더구나 이 논문집의 머리말을 쓰라는 홍선배님의 간곡하신 분부를 받고는 오로지 영광스럽고 한편 송구스러울 뿐이다. 위와 같이 이 논문집을 내게 된 경위를 밝힘으로써 머리말을 대신하기로 한다.

 이 조촐한 영수기념논문집에 귀중한 논문을 보내주신 여러분과 홍선배님을 위하여 하사를 써주신 유진오 선생님께 홍선배님을 대신하여 감사의 말씀을 드린다. 또한 이 논문집이 널리 법학도에게 읽혀진다면 그보다 더한 경사가 없으리라고 생각한다.

 홍선배님의 만수무강하심을 진심으로 축원하는 바이다.

정사년(丁巳年) 춘월(春月)

정희철(鄭熙喆) 씀

목 차

발간사
하사(賀辭)
머리말

제1편 유민 홍진기 선생 논문

제2편 주식회사 합병 교부금 관련 일어 논문

제3편 부록

제1편

유민 홍진기 선생 논문

주식회사의 합병에 있어서의 교부금

주식회사의 합병에 있어서의 교부금

1. 본고의 의도

주식회사 합병에 있어서의 교부금(交付金)[1]이라 함은 해산회사의 주주가 존속회사 또는 신설회사로부터 합병에 즈음하여 급여를 받는 금전을 말한다. 그러나 상법은 이에 관하여 엄밀한 개념규정을 하고 있지 않다. 다만, 제409조 제3호(註. 한국상법 해당 조문 인용. 이하 '韓商'이라 약칭. 韓商 제523조 제4호)와 제410조 제3호(韓商 제524조 제4호)는 각각 교부금을 "합병으로 인하여 소멸하는 회사의 주주에게 지급을 해야 할 금액"·"각 회사의 주주에게 지급을 해야 할 금액"이라 부르면서

---

[1] 실제의 용어 예는 아직 성숙되지 않아, '교부할 금전'·'교부현금'·'교부금액'·'교부금' 등 다양하다. 독일주식법은 'bare Zuzahlungen'이라고 하고 있다(제238조 제2항-1965년법 제344조 제2항). 대체 일본에 있어서 '교부금'으로서 통일적으로 논하고 있는 것은 오직 다케다(竹田)·「회사의합병에 관하여(會社合倂について)」(『民商』 제12권 제5호, 772~779면 참조)가 있을 뿐이다.

이것을 합병계약서의 필요적 기재사항으로 하도록 하고 있을 뿐이다. 이것으로 미루어 보면, 이른바 단주조정(端株調整, Spitzenausgleich)[2] 을 위하여 지급되는 금전은 여기에서 말하는 교부금에서 배제되지 않으면 안 된다.[3] 왜냐하면 합병에 의한 주식병합에 있어 "병합에 적합지 아니한 수의 주식(단주)이 있는 때에는 그 병합에 적합지 아니한 부분에 대하여 새로 발행한 주식을 경매하여서 주수(株數)에 따라 그 대금을 종전 해산회사의 주주에게 지급하는 것"은 합병에 있어서 주식배정절차의 원활한 진전을 위해 법률 - 상법 제416조 제3항·제379조(韓商 제530조 제3항·제443조)가 직접 규정하는 바로서 합병계약의 내용의 실현에 기하는 것이 아니고[4], 따라서 이 단주를 조정하기 위한 금전은 이를 합병계약서의 필요적 기재사항으로 할 필요가 없기 때문이다. 그리하여 교부금은 좀 더 정밀하게는, 해산회사의 주주가 존속회사 또는 신설회사로부터, 합병계약에 따라 급여를 받는 금전이라고 할 수 있겠다.

　이러한 교부금의 지급은 주식회사 합병에 있어서 어떠한 경제적 수요에 기초를 두는 것일까. 합병계약의 실제 가운데서 교부금을 검출하여 그 경제적 기능의 차이에 따른 여러 양태의 하나하나에 대하여 이 점을 생각해 보기로 하자. 이것이 본고의 첫째의 의도이다. 그리고 이 고찰에 있어서는 근자의 극성스런 기업집중의 주류를 이룬 엄청나게

---

2) Vgl. R.Goldschmidt, Die sofortige Verschmelzung(Fusion) von Aktiengesellschaften, 1930. S. 39

3) Vgl. Staub-Pinner, Anm. 10 zu 305; R. Goldschmidt, a.a.O.S. 39; Schlegelberger-Quassowski, Aktiengesetz, 3 Aufl., Anm. 29 zu §240.

4) 그러므로 스위스 채무법과 같이 그러한 강제처분을 허용하는 규정을 결한 법제에 있어서는, 이러한 단주조정을 위한 강제처분 권능이 회사에 있느냐 없느냐가 이미 문제로서, 설사 그것이 허용된다고 하더라도 곧 바로는 그것이 '교부금'은 아니라고 단언할 수는 없게 된다.(Vgl. R.Goldschmidt, a.a. O.S.39.)

많은 주식회사합병의 실례 가운데에서 되도록 많은 합병계약서를 수집하여 이를 토대로 하였다.5)

그런데, 통설에 의하면, 회사의 합병은 "두 개 이상의 회사가 하나로 되는 물권적 효력을 가지는 일종 특별한 계약"이라고 하여 오로지 사단의 움직임이라는 면에서만 파악되고 있다. 따라서 주식회사의 합병에도 그러한 사단법적 견해가 그대로 적용된다면, 합병의 그 사원에 미치는 효과는, 해산회사의 주주가 존속회사 또는 신설회사의 주주로 된다는 것으로 집약되고 또 그것에 한정되는 것이 된다. 즉, 주식회사 합병의 해산회사의 주주에 대한 효과는 존속회사 또는 신설회사의 주식의 급부를 받는데 그치지 않으면 안 된다. 주식회사 합병의 가장 순수한 사단법적 구성은, 주식과 맞바꾸는 합병(Fusion gegen Aktien)으로써 이상형으로 한다. 그러나 교부금은 해산회사의 주주가 이러한 주식에 또 그에 첨가해서 급여를 받는 금전이다. 그러므로 교부금은 이 "해산회사의 주주는 존속회사 또는 신설회사로부터 주식의 급여만을 받을 것"이라는 사단법적 원리를 깨뜨리는 것이다. 그렇다면 이 같은 일은 어떻게 해서 허용될 수 있는 것일까. 더구나 주식회사합병의 사단법적 구성과 그러한 교부금과의 관계는 어떠한가. 여기에 교부금의 제1의 문제가 있다. 다음으로는, 만약 이 제1의 문제에 있어서 교부금에 의한 상술의 사단법적 원리의 파괴의 합법성이 증명된다고 한다면, 그것은 무제한으로 깨뜨리는 것조차도 인용하는 것일까. 이 원리를 완전히 깨뜨려 버리고, 바로 거꾸로 전혀 교부금에 의한 합병조차도 허용하는 것일까. 만일 이것이 부정되어 교부금은 한계지어져야 한다고 한다면, 무엇에 의거하여, 어디에, 이 한계를 구할 것인가. 여기에 교부금의 제2의

---

5) 수집한 합병계약서의 수는 33건이다.

문제가 있다.

이 두 가지 문제는 1937년의 주식법(Aktiengesetz)이전의 독일에 있어서 "주식회사 합병에 있어 주식 이외의 다른 급부가 허용되는가?(Sind bei der Fusion zweier AGen. neben der Gewährung von Aktien auch andere Leistungen zulässig?)"라는 명제 하에 많은 학자들이 갑론을박(甲論乙駁)의 논쟁을 벌인 합병에 관한 '리브링스테마'의 하나였다. 그것이 주식법 제238조 제2항(1965년법 제344조 제2항)에 의하여 "존속회사가 교부금(bare Zuzahlungen)을 급여하는 때는 그 전액은 급부를 받게 된 존속회사의 주식의 총권면액의 10분의 1을 초과할 수 없다"라고 하여, 교부금의 합법성이 인정되고, 그 한계까지 명시되어 교부금과 관련된 두 가지 문제는 일거에 해결되었다. 그러나 1938년의 개정(일본)상법은 구상법과는 달리, 교부금에 대하여 제409조 제3호와 제410조 제3호의 두 규정을 두고는 있으나, 이미 말한 바와 같이 오직 그것을 합병계약서의 필요적 기재사항으로 하고 있을 뿐이기 때문에, 이에 의하여 교부금의 합법성은 인정되고는 있으나 그 한계는 명시되어 있지 않다. 교부금의 한계의 문제는 여전히 이론에 맡겨지고 있다. 그러니 독일 HGB 시대의 교부금에 관한 논쟁을 추적하면서 이 문제를 고찰하여 보자. 이것이 본고의 두 번째 의도이다.

2. 교부금의 양태

합병계약의 실제에 있어서 해산회사의 주주에게는 여러 가지 형태를 취한 금전이 급여되고 있다. 그리고 교부금이라고 불리고 있는 것도 다양하다. 이를 유형적으로 정서(整序)해 보자. 그리고 그것이 교부금인

가 아닌가를 판별하지 않으면 안 된다. 그러고 나서 그 하나하나의 경
제적 기능을 고찰해 보기로 하자.

1) 단수조정을 위한 교부금

합병비율은 말하자면 합병회사를 단위로 하는 피합병회사의 가격이
다. 따라서 합병비율 즉 주식교환 비율은 당사회사의 기업으로서의 가
치를 기준으로 하여 결정된다. 그것은 일반적으로는 기업가치의 징표
이어야 할 각 당사회사 주식의 상장시세의 비율에 의한다. 그러나 기업
에 따라서는 이 시세가 그 기업 가치를 충분히 표시하지 않고, 또 모든
기업이 그 주식의 상장시세를 가지고 있지는 않다. 이러한 경우에는 배
당률·자산률 등 그 기업의 실질적 가치를 형량한다.[6] 그런데 이들의
비율관계는 이를 실제의 주식배정의 기초로 하기에는 너무나 복잡한
일이 많다. 그 때문에 주식교환 비율은 대수(大數)로 되어, 주식이 잘게
분수(分數)되고 있는 회사에 있어서는 거의 모든 주주가 단주의 소지
자로서 처리(일본 舊商法 제416조 제3항, 제379조), 주식배정 절차의
원골(圓滑)을 결한다.[7]

이렇게 당사회사의 재산관계가 주식교환비율의 기초로 하기에 충분
히 적합하게 돼 있지 아니한 때에는, 우선 간단한 교환비율을 만들어

---

6) Vgl. Schmalenbach, Finanzierungen, 1928. S. 127ff.
7) 예컨대, 존속회사 주식의 시세는 137%, 해산회사의 그것은 103%라고 한다면, 그
   합병비율은 137 대 103으로 해산회사의 137주에 대하여 존속회사의 신주 103주
   를 배정하는 것이 된다. 그렇게 되면 137주 이하의 다수의 소주주는 단주의 소지
   자로서 취급된다. 그러나 만일 이 경우 일부를 금전으로 결제하게 하면, 해산회
   사의 주식 4주(50원주라고 한다면 시장가격은 그 103%이므로) 가격 206원에 대
   하여 존속회사의 주식(똑같이 50원이라 한다면 시장가격은 그 137%이므로) 가
   격 205원 50전과 금 50전을 결부하면 족하다.

그 단액을 금전으로 조정한다.8) 이러한 금전이 '단액조정(Begleichung der sog. Spitzen)을 위한 교부금'9)이다. 합병계약서의 실례를 들어보기로 한다.

제 조 갑은 을의 액면금 오십원 전액납입필주식 십주에 대하여 갑의 전액납입필주식 칠주와 금삼원삼십삼전삼삼삼, 을의 액면금 오십원 금십이원오십전 납입필주식 삼주에 대하여 갑의 금이원오십전 납입필주식 이주와 금이십사전구구구의 비율로써 합병기일의 전일에 있어서 을의 최종 주주에 대하여 그 소유주수에 따라 배정 교부한다.

이 교부금에 의하여 조정되는 단액은 본래 주식을 발행하여야 마땅한 것이다. 그러므로 '단액조정을 위한 교부금'은 주식의 대용(Surrogat) 이다. 이 점에 있어서 '단주조정을 위하여 지급되는 금전'과는 구별된다. 왜냐하면 이 금전은 발행된, 주식의 대가이기 때문이다. 그리고 이 교부금의 기능은 주식의 '단액'조정에 있으므로 그 금액이 '단액'을 초과할 때에는 벌써 '단액조정을 위한 교부금'은 아니다.10)

2) 이익배당에 가름할 교부금

합병기일11)은 보통 해산회사의 결산기와 엇갈린다. 즉 합병은 결산

---

8) 주식회사의 합병에 있어 이러한 주식의 단액조정의 경제적 수요는 크다. 조사한 합병건수 33건 중 11건의 합병에 이 교부금이 있었다.

9) Vgl. Fischer, Die Aktiengesellschaft, in Ehrenbergs Hdb. Bd. III, Abt. I, S.417.

10) 후술 「자본금의 환급에 의한 교부금」 참조.

11) 여기에 '합병기일'이란 상법 제409조 제5호(韓商 제523조 제6호) 및 제410호 제4호(韓商 제524조 제5호)의 이른바 '합병을 할 시기'를 가리킨다. 실제의 합병계약서에서는 '합병실행일'이라고도 하나, '합병기일'이라고 하는 것이 가장 많다. 그리고 이것은 합병의 효력이 발생하는 합병등기(상법 제102조, 韓商 제234조)

기와 결산기 사이에 행해지는 일이 많다. 이 경우, 해산회사의 전기말 이후 합병기일까지의 이익의 처리가 문제로 된다.12) 그것은 해산회사

___

의 시(時)는 아니다. 그렇다면, 여기서 왜 '합병기일'을 가지고 표준으로 한 것인가? 합병기일과 이익배당은 어떠한 관계가 있는가.

합병은 등기에 의하여 효력이 생기는 것이므로 해산회사의 주주였던 자에 대한 존속회사 또는 신설회사로부터의 이익배당은 이때부터의 일이다. 그렇지만, 합병의 외부적 효력과는 별개로 내부관계에 있어 존속회사 또는 신설회사의 주주로 될 자 및 승계해야 할 재산은 미리 확정되어 있어야 함이 필요하여, 이 확정은 합병기일에 이루어지는 것이다. 실제로도 존속합병의 경우, 상법 제412조 제2항에 의하여 제351조 제2항이 준용되어 해산회사의 주주는 합병보고총회(합병등기는 이 뒤에 하게 된다 - 商 제414조, 韓商 제528조 참조)에서 이미 존속회사의 구주주와 동일한 권리를 인정하고 있음은 바로 이것을 전제로 하고서야 비로소 이해가 갈 것이다. 또 비송사건절차법 제193조의 2(한국법 제256조)가 존속회사의 합병에 의한 변경등기신청서 첨부서류로서 「주식의 배정과 인수를 증명하는 서면」・「제189조 제3호(한국법 제252조 제4호)에 의한 게기(揭記)한 서류」(즉 「상법 제354조-韓商 제422조의 규정에 의하여 감사역 또는 검사역이 한 조사보고서 및 그 부속서류」를 들고 있는 것도 같은 취지에서이다. 이 같은 사정은 신설합병에 대하여도 같다(상법 제413조-韓商 제527조・비송 제193조의 3 - 한국법 제257조 참조. 요컨대 합병을 할 때 실제로 재산이 승계되어 단 주식의 배정이 확정되는 것은 '합병기일'에서의 일이다. 그러므로 존속회사 또는 신설회사는 합병에 의한 신주주에 대하여는 이때 이후의 기간에 대해 이익배당을 해야 한다. 다케다(竹田)・전게서(前揭書) 778면, 779면은 상법 제352조(韓商 제423조)를 준용하도록 할 것이라 한다. 실제의 대부분은 이 결론 그대로이다. 합병등기를 표준으로 하는 경우도 물론 있기는 하다[帝國製麻・太陽レ・キン - 이것은 양 회사의 합병에서 그 예를 볼 수 있다. 이하 같다].

12) 이리하여 '이익배당에 가름하는 교부금'은, 원칙적으로 이 해산회사의 전기말 이후 합병기일까지의 이익 처분방법이 되는 것이다. 그리고 이러한 이익금이 생기는 것은 합병기일과 해산회사의 결산기일이 어긋나 있을 때에만 있을 수 있다. 그런데도, 다케다(竹田)・전게서(前揭書) 775면은 "합병하는 회사의 결산기가 다른 경우도 역시 교부금의 필요가 생긴다"고 한다. 그러나, 합병당사회사간의 결산기는 상위하더라도 해산회사의 결산기와 합병기일이 일치하기만 한다면 상술한 바와 같은, 처리해야 할 이익은 생기지 않고, 따라서 그 처리 방법인 교부금의 문제는 일어나지 않는다(또 후술 주9 참조). 또 거꾸로, 합병당사회사의 결산기가 같아도 해산회사의 결산기와 합병기일이 서로 엇갈릴 때에는 역시 처리해야 할

에 있어서는 합병을 계기로 하여 이 이익을 '이익배당'으로 처분할 수는 없기 까닭이다. 왜냐하면 이익금 처분안은 정기총회에서 의결되어야 하고(日商 제283조 제1항·제281조 제5호·韓商 제449조·제447조 제1항 제5호, 따라서 이익배당은 영업연도 말(日商 제234조·韓商 제365조 참조)에 있어서만 할 수 있기 때문이다. 영업연도의 중간에 있어서 하는 이른바 '중간배당'은 허용되어서는 안 되는 것이다. 또 합병기일이, 설사 결산기와 일치하거나13) 또는 결산기 직후14)라 하더라도, 역시

이익이 생겨 '이익배당에 가름하는 교부금'에 의한 결제가 필요하다. 그러므로 결산기의 이동은 문제가 되지 않는다.

13) 합병기일과 결산기가 일치하면 결제되어야 할 이익이 없어야 할 것이지만, 이익배당은 다시 정기총회에서 의결되지 않으면 안 되는 것이므로 이 정기총회를 아직 거치지 않았기 때문에 그런 문제가 일어난다. 그렇다면 합병기일과 정기총회일이 일치하면 또 어떤가. 이 경우에 있어서도 전결산기의 이익은 결제되나, 역시 기말 후 합병기일(이 경우는 정기총회일)까지의 이익은 그대로 교부금으로서 교부되지 않으면 안 된다. 요컨대, 합병이 있으면 언제나 이러한 이익의 처리문제가 생긴다.

14) 이 경우는 이미 경과한 결산기의 이익뿐 아니라, 결산기후 합병기일까지의 이익이 문제로 된다. 왜냐하면, 이 경우는 해산회사의 결산기와 합병기일이 엇갈리는 경우의 하나이기도 하기 때문이다.

다케다(竹田)·전게서(前揭書) 777면은 합병당사회사의 "이익배당이 다른 경우에도 교부금의 필요가 생긴다"고 하면서, 그 예로서 년 6분의 존속회사와 년 8분의 해산회사가 '기말 후 배당의결 전'에 합병을 하고, 존속회사의 합병 후 최초의 정기총회에서 종래와 같이 년 6분의 배당을 의결하면 해산회사의 주주는, 공교롭게도 정시전총회에 합병이 행해졌기 때문에 불이익을 입게 되므로, 이러한 경우 "배당율의 차액 즉, 년 2분에 해당하는 금액을 교부금으로서 교부하는 것은 극히 합목적적인 것이 아닐 수 없다"고 하고 있다. 6분은 존속회사로부터의 배당으로서, 나머지의 2분은 교부금으로서 받게 되는 것이 된다. 그러나 해산회사의 주주는 합병 후 비로소 존속회사의 주주로 된 것이므로 존속회사가 이러한 해산회사의 이익을 배당하는 것은 그 주주가 되기 전의 시기에 대한 이익의 배당이지, 이익배당일 수는 없다. 이것은 다케다(竹田) 박사 자신도 인정하는 바이다(주 11 참조). 그리고 이 이론은 합병기일이 기말 후 배당의결 전에 이익이 확정되어 있다고 해도 조금도 달라지는 것이 아니다. 그러므로 이 예의 경우는 8분 전부를

정기총회 전이라면 사정은 별로 다르지 않다. 왜냐하면 이때에는 이미
경과한 결산기에 있어서의 이익배당을 아직 정기총회에서 의결하지 않
았기 때문에 해산회사가 이를 이익배당으로 처리할 수는 없는 까닭이
다. 하여튼 합병이 있으면 언제나, 해산회사에 있어서는 이익배당으로
서 처리할 수 없는 이익이 있다는 것이 된다.[15]그리고 이 이익은 해산
회사의 주주에게 귀속되어야 하는 것이다. 그렇다고, 존속회사 또는 신
설회사가 이 이익을 승계하여 해산회사의 주주에게 이익배당으로서 지
급할 수도 없다.[16] 왜냐하면, 단순히 존속회사 또는 신설회사에 있어
해산회사의 주주는 합병 전에는 그 주주가 아니고, 이러한 자기의 주주
가 아닌 자에 대한 이익배당은 있을 수 없을 뿐 아니라, 이 해산회사의
합병대차대조표상의 이익은 합병에 의하여 존속회사 또는 신설회사에
의연 '이익'으로서 승계되는 것이 아니고 단순히 회사 재산 일반으로서
승계되는 것에 불과하기 때문이다.

교부금으로서 급여해야 할 것이다. 그리고 또 이 교부금은 배당률의 차이 때문이
아니다. 해산회사의 결산기와 합병기가 어긋났기 때문이다.
15) 조사할 수 있었던 모든 합병례는 '이익배당에 가름하는 교부금'을 가지고 있었다.
16) 같은 취지는 다케다(竹田)·전게서(前揭書) 776면 참조. 그런데 마쓰다(松本)·일
본회사법론 417면 주2는 존속회사가 그 합병후 최초의 배당기에 있어서 해산회
사의 주주에 대하여 "존속회사의 주주와 마찬가지로 합병 전으로 소급하여 이익
배당"을 하는 것도 "별개의 교부금으로서 합병기일 후의 배당금과 동시에 교부
하는" 것도 인정하고 있다. 그렇지만 전자의 경우는 단지 이 논문에서 말한 바와
같이 이론상 타당치 않을뿐더러, 합병당사회사의 결산기 또는 배당률이 상위한
때 오직 단순히 "존속회사의 주주와 마찬가지로 합병 전으로 소급하여 이익배
당"을 한다는 것은 실제의 주주의 이해에서 보더라도 부당하다. 마쓰다(松本) 박
사 자신도 배당률이 다른 때만은 "별개의 교부금으로 하는 방법에 의할 수밖에
없다"라고 한다. 아니, 이들 어떠한 경우도 교부금으로 하여야 할 것이다.
실제의 예로서는 마쓰다(松本) 박사를 추종하고 있는 것이 꽤 있었다.[일모(日
毛)·소화모직(昭和毛織), 대일본제당(大日本製糖)·소화제당(昭和製糖), 오노다시
멘트(小野田セメント)·오이타시멘트(大分セメント) 등]

그러면 이 이익을 해산회사의 주주에게 귀속케 할 방법은 어떠한가. 우선 합병에 즈음하여 해산회사의 재산으로서 이 배당에 충당해야 했을 재산까지를 포함시켜 놓은 전 재산을 평가해서, 당사회사 간의 주식교환비율을 정할 것, 즉 이익의 주식교환 비율에의 편입이 생각될 수 있다. 그러나 이와 같은 편입계산의 곤란성이 그러한 방식을 배척할 것이다.17) 여기에 이른바 '이익배당에 가름할 교부금'에 의한 방법이 등장한다. 즉, 문제의 이익을 별도 계산으로서 합병계약에서 미리 예정해 두고, 존속회사 또는 신설회사가 합병 후 해산회사의 주주에게 신주와 함께 이를 급여하는 방법이다. 합병계약서의 실제의 예를 들어보자.

제 조 갑회사(존속회사)는 합병기일에 있어서의 을회사(해산회사) 최종주주에 대하여 을회사의 소화(昭和) 십육년 시월 일일(전결산기일로부터 합병기일 전일에 이르는 기간의 이익배당에 가름하여 을회사의 동기간에 있어서의 연율 10%의 이익배당에 가름할 교부금을 합병실행 후에 교부하기로 한다.

그런데 이러한 합병조건을 정하는 이른바 합병가계약을 체결하는 날과 합병기일과는 보통 상당한 간격이 있다. 그러므로 '이익배당'의 기초가 될 이익은 확정되어 있지 않다. 그럼에도 불구하고 이 급부금액은 예정되어 있다.18) 따라서 합병기일에 그러한 이익이 없는 경우에도 역시 이 금액은 그대로 지급되지 않으면 안 될 것이다.19) 이런 점에서 말하

---

17) 다케다(竹田)·전게서(前揭書) 776면·778면.
18) 예정의 방법은 (가) 해산회사의 종전의 배당률에 의하는 것(통상의 형식), (나) 존속회사의 당해기간의 배당률에 의하는 것이 있고, 더구나 후자의 경우는, 대체로 존속회사로부터 새로이 배정된 주식 수에 비례하여 교부되기 때문에 결국 존속회사의 종전의 주식에 대한 배당금액과 같이 하도록 하려고 하고 있다. 아마도 주주평등의 원칙을 고려한 소치일 것이다. 그러나 '이익배당에 가름하는 교부금'은 이익배당이 아니므로 이러한 고려는 필요 없다.
19) 실제에 있어서는 이익금으로 교부금을 지급할 수 없는 때에는 교부금을 이익금

더라도 '이익배당에 가름할 교부금'은 '이익배당'일 수 없다.

즉 '이익배당에 가름할 교부금'은 교부금의 일종인 것이다. 따라서 합병계약서의 필요적 기재사항이다. 또 이 교부금은 합병할 때 신주에 부가하든, 존속회사 또는 신설회사의 최초의 이익배당에 부가하든, 또 아니면 합병 후 임시로 급부하든간에 그것은 그 성질과는 관계없는 지급시기의 문제에 불과하고, 합병계약에서 자유로 정할 수 있는 것이다.

3) 준비금의 배분에 의한 교부금

해산회사의 주주가 상술한 교부금과는 별도로 합병에 즈음하여 그 소지하는 주식수에 따라서 해산회사의 준비금이었던 재산의 배분을 받는 일이 있다. 이것은 직접적으로는 당사회사의 종래의 배당률에 격차가 있는 때 이를 보전하고자 하는 의도에서 행해진다. 그렇지만 그보다는 합병에 의한 주주의 소득을 증가시켜줌으로써 합병절차에 주주가 참여하는 모든 경우(상법 제408조 제1항 제3항·제412조 제1항·제413조 제1항;韓商 제522조 제1항 제3항·제526조 제1항·제527조 제1항)에 있어 그 용훼(容喙)의 첨예화를 막고자 하는 정책적 의미에 보다 중점이 있을 것이다.[20] 이와 같은 경제적 동기는 어떻든, 이러한 준비금의 분배는 법적으로 어떻게 이해되어야 할 것인가.

액의 범위로 축한다는 뜻의 조항을 정하는 예도 있다[중국합동전(中國合同電) 신설합병].

20) 이것은 비단 이 교부금에 관해서 뿐 아니라, Brodmann도 인정하는 바와 같이, 모든 교부금의 동기에 관하여 많든 적든 말할 수 있을 것이다. Ullmann, Die Veräusserung des Vermögens einer Aktiengesellschaft im Ganzen (Fusion), 1915, S. 39의 이른바 '배당조정을 위한 교부금(eine bare Znzahlung zum Zwecke des Dividendenausgleichs)'은 이 교부금이다. 그 경제적 기능 때문에 이렇게 지칭하였을 것이다.

통설은 이를 교부금이라고는 하지 않는다. "준비금은 해산회사의 재산은 아니고, 또 채무도 아니므로 신설회사 또는 존속회사가 이를 승계하여야 할 이유는 없다.21) 그러므로 "합병에 의한 해산에 즈음하여 준비금을 지출하여 주주 기타에게 배분하는 것도 무방하다"22)고 하고 있을 뿐이다. 그러나 이 두 개의 명제에서 함께 쓰고 있는 '준비금'은 개념상 동일하지 않다는 것을 알아야 한다. 전자의 경우의 준비금은 재산도 채무도 아닌 추상적·이상적 수액이므로 구체적·현실적 권리의무의 포괄승계인 합병의 대상으로는 되지 않는다고 하나, 후자의 경우, 즉 분배의 대상으로서의 준비금은 그러한 단순한 수액일 수는 없다. 구체적·현실적 재산이어야 한다. 그럼으로써만 비로소 분배의 의미가 있고 또 가능하기도 한 것이다. 즉, 하나는 추상적·이상적 수액을 말하고, 다른 하나는 구체적·현실적 재산을 가리킨다. 그러므로 통설과 같이 추상적·이상적 수액으로서의 준비금의 승계·불승계로부터 곧바로 구체적·현실적 재산의 분배의 합법성을 추단하는 것은 허용될 수 없는 일이다. 그러한 구체적·현실적 '재산'과 준비금과의 관계가 구명(究明)되지 않으면 안 된다.

물론 준비금은 대차대조표의 부채란에 자본과 함께 게기(揭記)되는

---

21) 마쓰다(松本)·전게서(前揭書) 430면. 같은 취지는 데라오(寺尾)·「회사합병론」 (早稻法學 제1권 113면), 다나카(田中)·「회사법개론」(776면), 다나카 마코토(田中誠)·개정 「회사법제요」 상권 288면 참조. 오스미(大隅)·「회사법론」(624면)은 교수가 합병의 본질을 현물출자에 의한 자본증가(흡수합병) 또는 회사의 설립(신설합병)으로 보기 때문에 "준비금은 단순한 계산상의 관념이라는 데 그치고 구체적인 재산은 아니므로, 현물출자의 목적이 될 수 없다"고 한다. 반대설은 가타야마(片山)·「주식회사법론」 1079면 참조.

22) 마쓰다(松本)·전게서(前揭書). 같은 취지는 오스미(大隅)·전게서(前揭書). 다나카 마코토(田中誠)·전게서(前揭書)도 "합병의 방법에 의하여 법정준비금을 임의로 처분할 수 있다"고 하고 있다.

이익산정을 위한 공제항목(Abzugsposten)이지, 특별한 일단을 이루는
재산은 아니다. 순수하게 관념상·계산상의 수액이다. 'Reservefonds(준
비금)'는 아니고 'Reservekonto(준비금액)'라 불리우지 않으면 안 된
다.23) 이런 의미에서 그것은 현실재산과는 엄밀히 구별된다. 그러나 준
비금은 대차대조표의 단순한 소극항목으로서 그것에 대응하는 재산은
이를 어떤 형태로서도 안 가진 것은 아니다. 준비금이라는 특별한 재산
의 일단(一團)이 존재하지 않을 뿐이지, "준비금에 해당하는 재산은 회
사가 현재 가지고 있는 동산·부동산·유가증권·채권 등 모든 재산의 전
부에 걸쳐서 존재하는 것으로서, 구체적으로 그 어떤 부분이 준비금에
해당하는 것이냐는 이를 분별하지 않는 것을 상례로 한다"24)는 것뿐이
다. 이런 의미에서 준비금은 "배당에서 제외되는 순재산의 증가
(Zunahmen des Reinvermögens, die von der Verteilung ausgenommen
wird)"25)라고 한다. 그러므로 준비금을 단순히 대차대조표상의 존재
라고 하는 것은 옳지 않다.26) 준비금의 개념은 회사가 자본금액 위에
다시 이를 보지(保持)하여 배당에서 배제해야 할 순재산의 이상상의 수
액으로서의 의미와, 이익 또는 액면초과액(Agiogewinn)에 의하여 적립
된 사실상 현유하는 순재산으로서의 의미와 함께 포섭하는 것이라고 해
야 할 것이다. 그래서 전자를 Reservekonto라 일컬어야 한다면, 후자는
Reservefonds라 일컬어도 좋다.27) 그리고 이들은 서로 무관계한 것이 아

---

23) Vgl. Simon, Die bilanzen der Agen. 1899, S. 120ff., 230ff.; Rehm, Bilanzen 2.
   Aufl. 1914, S. 234 ff.;Staub-Pinner, Anm. 13 zu § 261; Wieland, Handelsrecht,
   Bd. 2. 1931. S. 31.
24) 마쓰다(松本)·전게서(前揭書) 26면.
25) Fischer, a.a.O.S. 273.
26) Vgl. Staub-Pinner, Anm. 3 zu §262.
27) Vgl. Wieland, a.a.O.S.30. 실제로 철도회사에 대하여는 준비금의 특별이식·특별
   관리를 요구하는 규정이 있고(사설철도주식회사회계준칙 제3조 이하), 또 특수회

니고, Reservefonds는 Reservekonto를 저초(底礎)하고, Reservekonto는 Reservefonds를 구속하는 것이다.

이것은 마치 자본이라는 개념이 이상상의 수액으로서의 이른바 자본금액(Grundkapital)과 그에 상응해야 할 현실재산으로서의 이른바 자본금(Grundvermögen)과를 포섭하는 관계와 '파라렐'하다. 그리고 이 경우, 자본금은 회사가 영업을 개시하자 다른 현실재산과 함께 융합하여져서 특별한 재산의 일단이었던 것에서 허물어져버리는 것도[28] 준비금과 같다. 이리하여, 대차대조표상 자본금액과 준비금액과는 어느 것이나 Sollbetrag(가져야 할 금액)로서 소극에, 또 반면 자본금과 준비금과는 함께 Istbetrag(가지고 있는 금액)로서, 그러나 회사자산일반 속에 포함되어 적극에 게기(揭記)되는 것이다. 다만 이 경우, 그 각자의 성질상 전자는 그 자신 독립된 항목을 이루어 나타나 있지만, 후자는 그 형태를 잃어 회사자산 일반항목 속에 융합되어 숨겨져 있을 뿐이다.

그렇다면, 이러한 견지에 섰을 때의, 합병에 의한 준비금의 승계·불승계의 문제는 어떠한가.[29] 생각건대, 준비금액(Reservekonto)은 통설처럼 승계의 대상으로는 되지 않는다. 왜냐하면 그것은 추상적 수액에

사 정관 중에는, 가령 경도전철정관 제47조 "적립금은 확실한 방법에 의하여 이식을 꾀하여 그 이자액은 이를 기금에 가산하는 것으로 한다"와 같은 규정이 있는데, 이 경우의 준비금이란 어느 것도 이상상의 수액이라는 의미에 있어서의 그것은 아니고, 그에 상응해야 할 재산으로서의 준비금을 가리키는 것이 분명하다. 그리고 Wieland, a.a.O.S. 33은 또 이와 같은 정관의 규정이 있는 경우, 현실로 이자가 있으면, 그 액만큼 준비금액을 증가시켜야 한다고 하고 있다.[동지(同旨), Simon, a.a.O.S.282; Rehm, a.a.O.S. 279ff; Staub-Pinner, Anm. 5 zu §262] 이러한 것은 준비금액에 해당하는 현실재산으로서의 준비금의 존재를 용인하는데서 배태한 것이라고 하지 않으면 안 된다.

28) Vgl. Wieland, a.a.O.S. 20ff.

29) 통설은 법정준비금에 대해서만 논하고 있으나, 본고의 소론은 준비금 일반에 대하여 타당한 것으로 생각된다.

지나지 않기 때문이다. 그런데 준비금(Reservefonds)은 승계된다고 해석되지 않으면 안 된다. 왜냐하면, 준비금은 회사자산의 일부이고, 합병이란 바로 이러한 회사자산의 포괄승계가 아닐 수 없기 때문이다. 즉 합병과 더불어 존속회사는 자기의 기왕의 준비금액과 해산회사의 그것과의 합산액을, 신설회사는 당초부터 해산회사의 준비금액을, 각각 자기의 대차대조표상 준비금액으로서 게기(揭記)할 필요는 조금도 없으나, 해산회사의 준비금은 존속회사 또는 신설회사에 승계되어 현실재산으로서 그 자산을 형성하게 되는 것이다. 그러므로 "준비금은 승계되지 않는다"고 일반적으로 말할 수는 없다. 그리고 이 사정은 자본과 합병과의 관계에 관해서도 그대로 해당된다. 왜냐하면, 합병대차대조표상 똑같이 자본금액과 준비금액은 소극으로, 자본금과 준비금은 적극으로 게기되어 합병에 의해서는 이러한 대차대조표의 적극만이 같이 승계되기 때문이다. 요컨대, 준비금액은 승계되지 않으나, 준비금은 승계되는 것이다. 따라서 준비금은 그 저초(底礎)하여야 할 준비금액이 결여되게 됨으로써 이미 준비금은 아니고, 단지 존속회사 또는 신설회사의 자유로운 재산으로서 거기 존재하는 것이 된다. 그래서야말로 "해산회사가 가지고 있던 준비금은 합병 시 이를 대체하여, 이를 자본의 증액에 충당하여도 무효하다"[30]고도 되는 것이다.

그러면, 이를 해산회사의 주주에게 분배하는 것은 어떠한가. 통설은 기술한 바와 같이, 가볍게 이를 긍정한다. 그러나 그렇게 되면 사정이 전혀 같은 자본에 대하여도 또 똑같이 무조건 긍정하지 않으면 안 된다. 이렇게 되면, 존속회사 또는 신설회사의 자산은 여기에 아무런 제약도 없이, 더군다나 회사채권자와도 무교섭으로 해산회사의 주주에게로 흘

---

30) 마쓰다(松本)·전게서(前揭書) 430면.

러, 나가는 것이 된다. 주식회사 재산은 회사채권자의 유일한 담보라는
점에 비추어 이는 허용될 수 없는 것이다. 통설의 논리의 '갭'은 여기에
있다. 그렇다면 상응하는 경제적 수요를 짊어지면서 또한 통설이 인정
하려는, 상술한 바와 같은 준비금의 분배는 어떻게 근거지워져야 할 것
인가. 생각건대 이 역시, 실제로도 그렇게 불리고 있는 바와 같이[31], 교
부금의 일종인 것이다. 이미 준비금으로서의 성질을 상실한 단순한 회
사자산이긴 하나, 그러면서도 무제약적으로는 아니고, 교부금이란 법적
형태를 취하여 회사채권자와 교섭을 가지면서 주주에게 유출하는 것이
다. 그런 까닭으로 합병계약서의 필요적 기재사항이 되는 것이다.

4) 불량자산의 처리에 의한 교부금

주식회사의 합병의 가장 본질적인 효과는 회사 재산의 포괄승계에
있다. 불량자산이라 하여도 그 테두리 밖에 설 수는 없는 것이다. 그런
데 금융기업 등에 있어서는, 대개 불량자산을 가지고 있어 합병에 의하
여 이것 까지를 승계하는 것은, 특히 신설합병의 경우에는 합병의 동기
가 그 정리에 있다는데서 말하더라도, 견딜 수 있는 일이 아니다. 그렇
다고 해서 이 불량자산만을 해산회사에 유보시킬 수는 없다.[32] 그것은

---

31) 중앙모계(中央毛系)·금화모계(錦華毛系) 간의 합병계약서 제8조에 의하면, 이것
   을 '해산에 즈음한 교부금'이라 부른다. 즉, "전조 이익배당에 가름하는 교부금외
   에 신설회사는 합병기일에 있어서의 중앙 및 금화의 최종주주에 대하여 중앙 및
   금화의 각 적립금 안에서 좌와 같이 해산에 즈음하는 교부금을 지급하기로 한다.
   중앙(中央) 금삼십오만원정(구주 일주에 대하여 금이원오십전, 신주 일주에 대하
   여 금일원팔십칠전오리의 율)"
   금화(金華) 금오만원정(일주에 대하여 금이십오전의 율)"
32) 합병에 의한 재산이전이 포괄승계(Gesamtnachfolge)임은 의문이 없고(Vgl.
   Kohler, "Die Fusion der AG.," Arch. f. Bürgerl. Recht 40, S. 310; Staub-Pinner,

이 유보 자체가 이미 포괄승계라는 합병의 본질에 원리적으로 모순될 뿐 아니라, 그 유보된 불량자산이 귀속돼야 할 주체를 법기술적으로 결여하고 있기 때문이다. 왜냐하면, 합병에 의한 해산회사는 다른 해산의 경우와 같이 청산의 목적의 범위 내에서 존속하는 것(日商 제116조·제430조 제1항;韓商 제245조·제542조 제1항)이 아니라, 합병과 더불어 소멸하여(日商 제103조·제416조 제1항;韓商 제235조 제530조 제2항), 이미 법인격으로서 존재하지 않게 되기 때문이다.

은행합동(銀行合同)의 방법으로서, 종종 '은행매수(상법상 영업의 양도)'나 합병을 앞에 두고서 불량자산을 가진 은행이 그 주주들로써 별개의 정리회사를 설립하여 이에 그 불량자산을 양도하고, 합병에 의한 양도자산에서 이를 제거하여 그 내용을 깨끗이 하고 나서 합병을 하는 방법을 취하는 것은 이러한 불량자산을 처리하기 위한 것이다. 그러나 후자는 판례에 의하여 「법률사무취급의 단속에 관한 법률」 제2조에 저촉하는 것이라 하여 부정되고 있다.[33] 다음으로, 합병에 즈음하여 불량

Anm. 13 zu §360, etc), 따라서 그 일부의 유보는 허용되지 않는 것으로 보아야 한다[마쓰다(松本)·전게서(前揭書) 83면. 다나카(田中)·전게서(前揭書) 140면 등 통설]. 만일, 이전되지 않은 것이 있다고 하면, 그것은 계약에 의하여, 또는 그 성질상 이전을 허용하지 않는 것(민 제466조, 현행 민 제449조 참조)에 한정되어야 할 것이다[R. Goldschmiat, a.a.O.S.75; 오스미(大隅)·전게서(前揭書) 614면 참조]. 더욱이, 이래서 이전되지 않은 것도 또한, 해산회사에 남는 것이 아니고, 합병과 더불어 소멸하는 것으로 보아야 한다. 왜냐하면 이것이 귀속해야 할 주체가 없기 때문이다.

그러나 계속적 계약관계에 따른 채무 및 이른바 신축성 있는 의무(die sog. elastische Verbindlichkeiten)와 합병에 의한 포괄승계와의 관계에 관하여는 어려운 문제가 많다[R. Goldschmidt, a.a.O.S. 75ff. 그리고 오스미(大隅)·「회사합병과 불확정적 내용의 계속적 의무」·『民商』 8권 3호 371면 이하 참조].

33) 日大判·1941.1.25.,『민집』 제20권, 제1호 10면은 "안(案)컨대, 소화 8년(1933) 법률 제54호 법률사무취급에 관한 법률 제2조에는 누구를 불문하고 타인의 권리를 양수하여, 소송 기타의 수단에 의하여 그 권리의 실행을 하는 것을 업으로

자산은 이를 자산계정에서 소각해두는 방법도 생각할 수 있다. 그러나
자산계정에서 소각한다는 것은 그것이 합병비율 계산의 기초가 된다는
데서 제외됨을 의미하고, 결국 이 방법은 해산회사의 주주의 손실로써

할 수 없다고 되어 있어, 그 타인이 불특정 일반인이든 특정인이든, 또는 그 권리
의 양수가 개별적이든 포괄적이든 이를 논하지 않기 때문에 위 법조에는 특정은
행으로부터 그 정리를 할 목적을 위하여 회수 곤란하다고 사료되는, 채무자를 달
리하는 여러 채권을 포괄적으로 양수하여, 소송 기타의 수단에 의하여 그 각 채
권의 실행을 업으로 하는 경우까지도 포함된다고 해석하는 것이 옳다. 본건에 있
어서 원심이 확정한 바는 요컨대 주식회사 고베오카자키은행(神戸岡崎銀行) 외
6은행은 원판시합병 전, 미리 회수 곤란하다고 사료되는 채권에 대하여는 그 추
심을 위하여 각자 회사를 신설하여 여기에 양도해 두었다가 신설회사로 하여금
오로지 위 채권의 추심, 기타 각 은행의 정리사무를 맡도록 하기로 협의하고, 위
고베오카자키은행의 관계에 있어서는 동 은행에서 당시 회수곤란하다고 보여진
채권의 추심, 기타 은행의 정리사무를 목적으로 피상고회사를 설립하였고, 피상
고회사는 오카자키은행으로부터 상고인에 대한 본건 채무를 포함한 채권을 추심
하기 위하여 양수하여 그 추심 및 동 은행의 정리사무만을 그 목적으로 한 것이
라는데 있으므로 이와 같은 것은 전기 법조의 적용을 받을 것이 아니라는 지(旨)
의 판시인 것이다. 그렇지만 위 인정 사실에 의하면 피상고회사는 고베오카자키
은행으로부터 수다한 채권을 포괄적으로 양수하여 동 은행을 위하여 그 채권의
추심 기타의 방법에 의한 정리를 하는 것을 목적으로 하였고, 본건 소송은 그
목적을 위하여 제기된 것임을 찰지(察知)하기에 어렵지 않다. 따라서 만일 피상
고회사가 위 양수채권의 실행을 소송 기타의 수단에 의하여 업으로 하는 경우에
는 전기 법조의 적용을 받아 본건 소송은 허용되어서는 안 된다"라고 하고 있다.
상기 소화 8년(1933)의 법률에 대한 대심원판례는 어느 것도 극히 엄격하게 이를
해석하여 〔소12.7.23, 집16권 1257면, 판민소(判民昭) 12년도 7사건(穗績贊成),
소13.8.16, 집17권 1670면, 판민소 13년도 106사건(野田反對), 소15.7.6, 집19권
257면, 판민소 15년도 64사건(吾妻反對)〕, 목적론적 상대적 해석을 인정하고
있지 않다. 그러나 대체로 이 소화 8년 법률의 입법취지가 이른바 무면허변호사
업무의 단속에 있는 것이므로 본 사안의 경우와 같이 회사의 정리목적이라는 특
정한 목적이 있고, 또 양도인과 양수인과의 경제적 동체성을 이루는 것으로써 무
면허변호사업의 목적이 없음이 명백한 경우는 본법 제2조의 '업'에 속하지 않는
다고 하는 식으로 목적론적으로 해석하여야 할 것이다. 판례에 반대한다(판민소
16년도 (1941) 2사건 野田 참조).

행해질 수밖에 없는 결점을 갖는다. 그러면 이러한 합병의 본질적 효과
로서의 포괄승계라는 법적 요청과 불량자산의 회수 이익은 역시 해산
회사의 주주에게 이를 귀속케 하려는 경제적 요청과를 조화시킬 수 있
는 묘안은 없는 것일까.

　교부금은 이 요청에 응하는 기술로도 될 수 있다.[34] 즉, 해산회사의
자산은 양(良)·불량(不良) 간에 존속회사 또는 신설회사에 포괄적으로
승계하나, 이것은 합병조건산정의 기초로 하지 않고 존속회사 또는 신
설회사에서 이를 해산회사별로 처리하여, 우선 합병조건의 기초가 된
우량자산의 손실전보에 충당한 다음, 일정 기간의 경과 후 그 잔액은
이를 합병 실행일에 있어서의 해산회사의 주주에 대하여 각각 그 주식

---

34) 최근의 합병에 있어서는 산와은행(三和銀行)·산와신탁(三和信託)·도카이은행
　　(東海銀行)의 각 합병(전부 신설합병)에 즈음하여 이 유형의 교부금이 있었다.
　　그 중에서 산와신탁(三和信託)의 합병계약서를 보기로 하자.
　　제10조 갑, 을, 병의 고유계정에 속하는 자산으로부터 각각 외부에 대한 제부채
　　액, 특기납입자본금액, 제8조에 의한 특기적립금액, 제6조 및 제7조에 의한 교부
　　금액, 합병에 있어 소요될 청산소득에 대한 법인세, 등록세　기타 인계자산으
　　로써 지출해야 할 금액을 공제한 잔액은 이를 손실전보의 충당재산으로 하여, 신
　　회사에 있어서 구회사별로 이를 처리하여 그 계산을 명백히 하고, 제12조에 의한
　　손실전보에 충당하고서도 아직 잔액이 있는 때에는 이를 합병기일 현재의 갑, 을,
　　병의 각 주주에 대하여 각기 그 소유의 주식납입금액에 따라 분배하는 것으로
　　한다.
　　제12조 신회사가 인계받은 자산으로서 합병 당시 이미 존재한 손실, 또는 합병
　　시에 이미 알려진 하자 기타의 사유로 인하여 합병 후 만 1년 내에 발생한 손실
　　또는 숨은 하자로 인하여 합병 후 만 3년 내에 발생한 손실은 10조에 의한 인당
　　재산으로써 전보하는 것으로 한다.
　　그러나 산와은행(三和銀行)의 경우에는 불량자산의 관리의 방법을 달리하고 있
　　다. 불량자산을 일단 신회사에서 승계하여 다시 이를 제3회사에 그 관리를 위하
　　여 신탁 양도하거나 또는 이미 합병 전 제3회사에게 신탁 양도하여 수익권으로
　　서 신회사에서 인계받거나 하여, 어쨌든 해산회사의 주주에게 지급할 때에는 실
　　은 현금이 아니고, 이러한 신탁재산의 수익권을 분할양도하는 방법을 취하고 있
　　다(동합병계약서 제8조, 제10조 참조).

에 따라 분배하는 것이다. 이 때 해산회사 주주가 받은 금전은 교부금
이다. 다만, 일정기간 다른 우량자산의 손실전보의 충당재산으로서 유
보되어 손실전보로 충당되지 않는 것을 정지조건으로 하는 것이 특이
할 뿐이다. 그리고 실제에 있어서 이 교부금은 자본액에 영향을 미치지
않는 준비금이었던 재산에서 충당된다. 그러므로 실질상 '준비금의 분
배에 의한 교부금'의 특수형을 이루는 데 지나지 않는다. 따라서 이것
합병계약서의 필요적 기재사항이다.

5) 자본금의 환급에 의한 교부금

합병에 의한 해산회사 재산의 포괄승계의 결과, 존속회사 또는 신설
회사의 자산은 팽창한다. 그리고 이 자산에 대응해야 할 자본금액이 정
해진다. 그런데, 때로는 이 금액이 당해 회사에 있어서의 기업채산(企業
採算) 단위로 보아 너무도 방대할 경우가 있다. 이러한 사정은 근자의
합병에서 많이 볼 수 있는 바와 같이[35], 당사회사가 모두 풍부한 자산
율을 가졌을 때에 생긴다. 그러므로 이러한 경우는 기업채산 단위에 적
응하도록, 합병에 즈음하여 회사 재산을 감소시켜 자본금액을 낮출 수
있도록 하지 않으면 안 된다. 이러한 테크닉으로서 실제에 있어서는 다
음과 같은 방법이 채택되고 있다[36]. 즉 합병계약에 있어서 주식합병의

---

35) 그것은 근자의 합병이 오직 자본운동의 필연적 논리로서의 자유경쟁에 의한 기
    업집중 과정의 한 바퀴니로서 행해지는 평시경제(平時經濟)적 성격뿐 아니라, 이
    처럼 치열해지고 있는 기업집중 경향을 더 한층 촉진시키는 전시경제(戰時經濟)
    적 성격을 함께 가지고 있기 때문이다[다카미야 스스무(高宮晋)·「전시통제경제
    와 기업집중」 경제학논집 11권 9호 참조]. 즉 근자의 합병은 단순한 약육강식의
    결과가 아니고, 기업합리체제 확립을 위한 행정적 종용에 의해서 건전한 기업 사
    이에 행해졌기 때문이다.
36) 실제의 예로서는 산와신탁(三和信託)[교도신탁(共同信託)·간사이신탁(關西信

방법에 의하여 자본금액을 기업채산 단위를 초과하는 액에 해당하는 만큼 감소시켜, 그럼으로써 자본금에서 제외된 자유로운 재산을 해산회사의 주주에게 분배하도록 정하는 것이다. 그러므로 이것은 실질적으로는 주주에게 대한 납입자본금의 일부환급이 아닐 수 없게 되는 것이다.

합병절차에 있어서의 이러한 회사 재산의 유출 과정은 법적으로 어떻게 이해되어야 하는 것인가. 먼저, 존속회사 또는 신설회사는 해산회사의 자본금액을 그대로 계승·유지하지 않아도 좋은가. 다음으로, 그러한 주식병합에 의한 자본감소는 합병에 덧붙어서 별도로 감자(減資)가 행해졌느냐, 아니면 합병의 효력으로서 합병 속에 포섭되는 것인가. 또 그 다음으로는, 이 전제하에 행해진 주식병합에 의한 자본금액 감소 의해 생긴 현실재산을 해산회사의 주주에게 분배한다는 것은 어떠한 법적 근거에 의해서 허용되는가.

생각건대, 존속회사 또는 신설회사는 해산회사의 자본금액을 승계하지 않으므로 그 자본금액은 합병당사회사의 자본금액의 화(和)와 일치

託)·고노이케신탁(鴻池信託)의 해산에 의함]의 신설합병의 경우를 들 수 있다. 즉 3사의 합병조건은 어느 것이나 대등하게 신설회사와의 비율이 5대 3인데도 불구하고(합병계약서 제5조), 여기에 덧붙여 또 다음과 같은 교부금이 있다.

제6조 합병실행당일 현재의 갑, 을, 병의 각 주주는 전조에 의하여 신회사의 주식의 급부를 받는 외에 다음의 비율로써 교부금의 분배를 받는 것으로 한다.

1. 갑의 액면오십원내 금십이원오십전납입주식 5매에 대하여 금이십오원
2. 을의 액면금오십원 전액납입필주식 5매에 대하여 금일백원
3. 병의 액면금오십원 전액납입필주식 5매에 대하여 금일백원

병의 액면금오십원내 금십이원오십전 납입주식 5매에 대하여 금이십오원

즉, 교부금도 역시 납입자본금의 4할이라는 3사 대등의 비율이다. 이러한 예는, 이른바 주식교환 비율에 의한 단액조정을 위한 교부금이 아님이 가장 뚜렷하다. 사실 또 회사 자신이 "기업채산 단위를 고려한 결과 구 3사의 납입자본금 총액의 6할로써 경영하는 것이 상당하다고 인정하였기 때문에 구 회사납입자본금의 4할을 감자(減資) 교부한 것이다. 따라서 위 교부금은 납입자본금으로부터의 환급금이다"라고 하고 있다.

할 필요가 없다고 보아야 한다[37]. 왜냐하면, 이미 '준비금의 분배에 의
한 교부금'의 항에서 상론한 바와 같이, 합병에 의하여 있게 되는 포괄
승계에 있어서는 해산회사의 현실재산만이 문제로 되고, 자본금액과
같은 추상적·관념적 수액은 처음부터 그 대상으로는 되지 않고, 따라
서 이것의 승계·불승계는 문제 삼을 것도 아니기 때문이다. 즉 존속회
사 또는 신설회사의 새로운 자본금액은 해산회사의 자본금액에서는 전
혀 자유로, 또 오로지 이후에 보지(保持)하여야 할 현실재산을 기준으
로 해야 할 것이고(자본충실)의 원칙, 따라서 당사회사의 자본금액의

---

37) 통설. 예컨대, 마쓰다(松本)·전게서(前揭書) 429면, 다나카(田中)·전게서(前揭
書) 775면, 다케다(竹田)·전게(前揭)논문 『民商』 12권5호 784면, 오스미(大隅)·
전게서(前揭書) 624면, 다나카 마코토(田中誠)·회사법제요 74면 등 참조. 특히
상세한 것은 데라오(寺尾)·전게(前揭)논문 97면 이하인데, 그 근거는 각인각색이
다. 마쓰다(松本) 박사는 합병에 의한 주식병합의 특별규정을 그 근거로 삼고 있
으나, 자본액과 관계없는 주식병합(당사회사의 주식금액이 상이한 때)도 생각되
므로 이것만을 가지고서는 결론을 내릴 수 없다. 다케다(竹田)·오스미(大隅) 양
씨(兩氏)(註. 두분)는 합병을 현물출자에 의한 자본증가 또는 설립이라고 보는데
서, "그 증가액은 현물출자인 재산의 평가 여하에 따라 정해질 문제로서, 소멸회
사의 자본액에 의하여 하등 제약을 받아야 할 이유가 없고", "이러한 견지에 있
어서만 참으로 그 기초를 세울 수 있다"고 하고 있으나, 반드시 그런 것도 아니
다. 아니, 이러한 입론 근거조차가 본문에서 설명한 바와 같이 자본금액의 관념
적 성격을 기초로 하지 않고서는 왜 자본금액이 현물출자의 대상이 되지 않는가
를 설명할 수 없을 것이다. 그리고 또 이것을 근거로 하는 한 합병에 있어서의
재산의 이전을 현물출자로 보지 않아도, 자본금액이 현물재산에 제약되는 소이는
자본충실의 원칙에 의해 도리어 보아 근원적으로 설명될 수 없는 것도 아니다.
다나카(田中) 박사는 "왜냐하면 합병은 회사 재산의 포괄승계를 낳게 되나, 자본
과는 하등 관계없이 생길 수도 있기 때문이다"라고 한다. 비견(卑見)과 동지(同
旨)로 볼 수 있지 않겠는가. 다나카 마코토(田中誠) 박사는 따로 이유를 들고 있
지 않다. 반대설, 가타야마(片山)·전게서(前揭書) 1077면. 이것은 자본금액의 성
격을 무시한 것이 아닌가 생각된다.
생각건대, 준비금액의 승계·유지에 관하여는 그 관념적 성격을 왈가왈부하는 제
(諸) 설이, 그것과 같은 성격을 가진 자본금액의 승계·유지를 문제 삼을 때는 이
것을 고려하지 않는 것은 이해하기 어려운 점이다.

화(和)보다 적게도 크게도 할 수 있다[38]). 아니, 전혀 자본금액의 증가
가 없는 경우조차 있을 수 있을 것이다[39]). 이와 같이 합병과 자본증가
와의 관계는 필연적은 아니다[40]). 따라서 또 이와 같은 자본금액의 증
감은 합병의 본래적 효력으로서의 포괄승계의 성질에 기하는 것으로
서, 즉 합병의 효과로서 합병에 포섭되는 것으로서, 이 경우 합병이외
에 합병에 병합하여 증자(增資) 또는 감자(減資)가 행해진 것이라 볼
것은 아니다[41]). 이것은 상법이 '합병으로 인한 주식병합'(日商 제416조
제3항·제377~379조, 韓商 제530조·제440~444조)을 인정하고 있는 데
서도 추단할 수 있을 것이다.

　이와 같이 하여 존속회사 또는 신설회사의 자본액은 해산회사의 자
본액보다도 적게 하는 것이 법적으로 허용된다. 더구나 그것은 합병의
효력으로서이지, 그것과는 별개의 감자(減資)가 있은 것은 아니다. 그
러므로 감소된 자본금액을 자본금으로서 저초(低礎)하고 있던 재산의
해산회사주주에 대한 분배는 감자(減資)에 의한 자본금의 환급일 수는

---

38) 존속회사의 경우, 존속회사가 가진 해산회사의 주식에 대하여는 합병에 의한 신
　주의 배정을 하지 않는다. 그러므로 이러한 경우는 그 액만큼의 자본증가를 하지
　않아도 된다. 독일주식법 제228조 제1항(1965년법 제344조 제1항)에는 명문이
　있다. Schlegelberger-Quassowski, Anm. 9-11 zu §238에 의하면 이러한 경우는
　오히려 자본증가를 할 수 없다고 봐야 할 것이다. 왜냐하면 자기주식인수금지의
　원칙에 반하기 때문이라고 한다.
39) 예컨대, 1인회사인 자회사를 모회사가 합병한 경우. 이러한 경우는 이른바 '자본
　증가를 수반하지 않는 합병(Verschmelzung ohne Kapitalerhöhung)'이다.
　(Schlegelberger-Quassowski, Anm. 3 zu §238). 그리고 이러한 때에는 "존속합병
　은 현물출자에 의한 자본증가이다"라고 하는 것은 부정된다.
40) "합병에 있어서 자본증가는 필연적이냐?"는 합병에 관한 중요 논제의 하나임은
　주지하는 바와 같다. 이는 독일주식법 제228조(1965년법 제344조)에 의하여 입
　법적으로 부정되었다. HGB 시대의 통설이기도 하였다. 예컨대, Staub-Pinner,
　Anm. 14 zu §305. 상세한 것은 R .Goldschmidt, a.a.O.S. 61ff. 참조.
41) 같은 취지는 데라오(寺尾)·전게서(前揭書) 98면.

없다. 나는 이것을, 실제에 있어서도 그렇게 부르고 있는 것처럼[42], 교부금의 한 형(型)으로서 정립하려고 한다. 따라서 합병계약서의 필요적 기재 사항이 되는 것이다.

6) 총괄

이상이 교부금이 가지는 경제적 기능에 따른 그 태양이다. 그러나 이러한 제(諸) 유형은 각기 저마다의 독자의 법률적 의미를 가지는 것은 아니다. 즉, 하나하나가 독립된 법률적 유형을 이루는 것은 아니다. 법률적으로는 합병에 있어서 해산회사의 주주에게 존속회사 또는 신설회사의 주식 이외에 금전이 지급되는, 예외적 사상이라는 점에서 일반이다. 그 경제 동기가 다양함은 어쨌든, 어느 것이나 똑같이 '교부금'이라는 법적 형상을 취하는 합병에 즈음한 회사 재산의 주주에의 유출이외의 아무 것도 아니다. 그 재산이, 이익·준비금액·자본금액의 어느 것에 대응한 것이든 간에 사정은 다르지 않았다. 그리고 그것은 합병대차대조표상, 이익·준비금액·자본금액등 다 각각 독립된 소극 항목을 이루는 것이기는 하나, 적극에서는 다 같이 그 형태를 무너뜨려 회사재산 속에 융합되어 그 구체적 현실적 의미는 어느 것이나 동일하고, 또 합병이란 바로 이러한 회사재산의 포괄승계가 아닐 수 없다는 점에 그 근거를 두고 있었다. 따라서 상술한 제 유형의 현금이 법적 형상으로서의 '교부금'이라는 개념에 포섭되는 의미는 전혀 같다고 하지 않으면 안 된다.

그런데, 오스미(大隅) 교수에 의하면 "당사회사의 재산관계가 간단한 비율에 의한 주식의 모든 배정을 허용하지 않는 경우에 있어서는 그

---

42) 주 31 참조.

단액을 조정하기 위하여 금전을 지급할 필요가 생긴다. 합병에 있어 해 산회사의 주주에게 금전을 지급하는 것은 이러한 경우에 또 그 한도에 있어서만 허용된다고 보아야 할 것이다"[43]라고 하고 있다. 이 견해에 따른다면, 상술한 여러 형의 교부금 가운데서 오직 '단액조정을 위한 교부금'만이 허용된다는 것이 된다. 따라서 그 나머지의 교부금이 있는 합병계약은 허용되지 않는 것이 되어, 적어도 합병으로서는 무효이고, 합병 이외의 다른 어떤 것(예컨대 회사의 영업양도)이라고 하지 않으면 안 되게 될 것이다. 그러나 오스미(大隅) 교수는 왜 상술한 여러 가지 의 경제적 연유 가운데서 유독 '단액조정'의 수요만을 골라서 허용하 고, 다른 것은 모두 위법이라고 하는가를 밝히고 있지 않다(법정준비금 의 분배는 다른 이유의 근거를 대고 있는 것은 기술한 바와 같다). 교 수는 그 이유로서, 다만 '단액을 조정하기 위하여 금전을 지급해야 할 필요'에만 언급하고 있으나, 기술한 바와 같이 경제적 수요[44]는 상기한 여러 형의 교부금을 있게 한 어느 연유에도 똑같이 존재하고, 또 비록 그 사이에 정도의 강약은 있다손 치더라도, 그로써 위법인 것을 합법으 로 하는 질적 변화를 가져올 만큼 그 만큼이나 강렬한 차이가 있다고 는 볼 수 없다. 사실에 있어서는 오히려 거꾸로 '이익배당에 가름하는 교부금'의 경제적 수요는 단액조정의 수여를 능가하고도 남음이 있을 것이라 함은, 전자는 거의 모든 합병에 존재하고 있는 데에서 충분히 증명될 것이다. 한걸음 더 나아가서 또 모든 합병에 있어서 과연 단액 조정의 수요의 정도가 그 밖이 연유보다 반드시 강하다고 일반적으로

---

43) 오스미(大隅)·전게서(前揭書) 618면. 방점 필자. 또 오스미(大隅)·「상법개정요강 에 있어서의 회사합병의 문제」, 『법총』 26권 5호 740면 주(註)도 같은 취지이다.
44) 경제적 수요와 법과의 관계에 관하여 더욱 상세히는 니시하라(西原)·「경제적 수 요와 상사판례」(昭和 13년·1938)에 맡긴다.

단정할 수는 없을 것이다.[45)]

요컨대, 경제적 연유의 차이에 의해서 교부금의 위법 여부를 결정하는 것은 허용될 수 없다. 법률적으로는 어떠한 형태의 교부금도 허용되거나, 아니면 어느 것도 허용되어서는 안 된다. 상술한 어느 경제적 동기도 그것은 오직 원인으로서, 법 앞에서는 평등하기 때문이다.

다음으로, 이들 제(諸) 유형의 교부금은 하나의 합병에 있어서 한 가지 형의 교부금이 존재한다 해서 곧 다른 형의 교부금의 존재를 허용하지 않을 만큼 배타적이어야 할 이유는 없다. 저마다의 경제적 동기가 존재하는 한, 그에 대응하는 형의 교부금이 병존할 수 있다. 실제로, 산와신탁(三和信託)이 합병했을 때에는 '이익배당에 가름하는 교부금'·'불량자산의 정리에 의한 교부금'·'자본금의 환급에 의한 교부금'이 병존하였다. 아니, 상술한 모든 교부금이 병존하는 합병도 생각할 수 있다. 그러므로 교부금의 한계의 문제는 교부금의 여러 유형의 하나하나에 대한 한계는 아니고, 하나의 합병에 있어서 전(全)교부금 총화의 한계에 관한 문제이다. 그렇다면 이러한 의미의 교부금의 한계는 무엇에 의거하여 어디에 찾아야 할 것인가.

3. 교부금의 한계

교부금을 에워싼 HGB 시대의 논쟁은 네 가지 입장에서 대립하고 있

---

45) 예컨대, 산와신탁(三和信託)의 합병 시에는 단액조정의 수요는 없으면서도 다른 3개 유형의 교부가 존재한다. 이것은 이 경우에는 다른 수요야말로 강하다는 것을 의미한다. 또 이러한 경제적 수요의 특수성과 일반성에 관하여 상세히는 니시하라(西原)·전게서(前揭書) 26면 이하 참조.

었다. 교부금을 부인하는 입장, 단액조정을 위한 교부금만을 인정하는 입장, 종급부로서의 교부금을 인정하는 입장, 그리고 교부금을 제한하지 않는 입장이 그것이다. 그런데 이들 제(諸) 입장은 비단 교부금의 한계의 문제에만 국한된 것이 아니라, 더 깊이 교부금 급여 그 자체의 합법·위법의 문제를 가지고 다투고 있는 것이다. 이미 말한 바와 같이 이 두 개의 문제를 입법에 의하여 해결한 독일주식법에 있어서는 이 논쟁의 자취는 바로 J.v. Gierke의 말과 같이,[46) 합병에 관한 다른 많은 문헌과 함께 이미 진부한 것이 되고 말았다. 그러나 교부금의 한계에 관한 규정을 두고 있지 않는 상법에 있어서는 사정이 다르다. 왜냐하면 교부금의 한계의 문제는, 해산회사의 주주는 존속회사 또는 신설회사로부터 주식의 급여만을 받아야 한다는 원리의 파괴의 한계의 문제로서, 교부금의 합법·위법의 문제와 깊이 얽혀 있으며, 따라서 이것을 해명하기 위하여는 결국 교부금에 관계되는 모든 연관들을 그 근저로 돌아가서 명백히 하지 않으면 안 되고, 또 교부금에 관한 논쟁은 바로 여기에 문제를 전개시키고 있었기 때문이다. 그러므로, 먼저, HGB 시대의 이 네 가지 입장을 대표하는 사람 한 사람씩을 골라 말해보자. 다음으로는 이들의 주장이 독일주식법의 입법에 어떻게 반영되어나갔는가, 즉 독일주식법의 교부금에 관한 규정의 이론적 의의를 천명해보자. 마지막으로 이를 비판하면서 우리 상법의 입장에서 교부금의 한계를 생각해보자.

1) HGB의 입장

HGB는 구상법과 같이[47) 교부금의 합법·위법·한계의 문제에 관하여

---

46) Vgl. J.v. Gierke, Handelsrecht und Schiffahrtsrecht, 5 Aufl. II Teil, S.326.
47) 다만, 마쓰다(松本)·전게서(前揭書) 431면은 구상법 제225조 제3항이 "해산회사

아무런 규정도 갖고 있지 않다. 모든 것은 이론에 맡겨지고 있었던 것
이다.

(1) 교부금을 부인하는 설

HGB 시대의 독일에서 거의 통설이었다.[48] 그러나 어느 것도 형식적
근거를 세우는 데 그치고 있으나,[49] 그중에서는 Brodmann[50]이 가장
철저한 이론을 전개한다.

(a) 우선 그는 합병의 본질에서부터 논한다. 합병에 의한 재산의 양
도는 반대급부에 대한 급부(Leistung gegen Gegenleistung)·쌍무적 법률
행위는 아니고, 참가를 위한 급부(Leistung auf Beteiligung)이다. 주주는
그 해산회사의 재산상의 지분을 새로운 '주식의 급여'에 대하여 양도한
것이다. 즉 출자(einbringen)한 것이다. 어떤 이가 10만 마르크 상당의

의 주식을 목적으로 하는 질권의 합병으로 인한 주식 및 금전상에 있어야 한다는
뜻을 규정한 것은 위의 경우(교부금의 급여)까지도 예상한 것으로 볼 수 있다"고
하여 교부금의 합법성의 근거를 구상법 하에서도 상법의 규정 속에서 찾으려 하
고 있었다.

48) Ritter, Kommentar. 1910, Anm. 2 zu §305; Makower, Kommentar. 1906~7, Anm.
1f. 1 zu §305; Lehmann, Das Recht der AGen. Bd. II. 1904, S. 534; F.
Goldschmidt, Die AG. 1927, Anm. 9 zu §305; Horrwitz, Das Recht der GV. der
AGen. u. KGen. A.A.1913, S. 453; Heymann, "Aktienrechtliche Fusion", ZHR.
92, S. 217; Staub-Pinner, Anm. 3 zu §305 etc.

49) 이들 통설의 근거는 HGB 제305조의 문언 "그 존속회사주식의 급부와 상환으로
gegen Gewährung von Aktien der über-nehmenden Gesellschaft)"에 집착하고 있
는 것이 많다. 그리하여 이 '상환으로(gegen)'를 '상환으로만(nur gegen)'으로 해
석한다. 그러나 지금 문제로 삼고 있는 것은 바로 이렇게 해석할 것인가 아닌가
에 있는 만큼, 이들의 제설은 이른바 petitio principi(부당전제)의 오진을 범한 것
이다.

50) Brodmann, "Warum sind bei Fusionen Zuzahlungen wider das Gesetz?" ZBH.
1927, S. 124 ff. 앞으로는 Brodmann, Zuzahlungen으로 약기한다.

토지를 현물로 출자할 때에 그 대가로서 5만 마르크는 주식으로, 나머지는 금전으로 지급받았다고 한다면, 이것은 전 토지를 출자한 것으로는 되지 않고, 그 관념적 2분의 1의 현물출자가 되는 데 지나지 않는다. 이와 마찬가지로 합병에 즈음하여 교부금이 있으면, 해산회사의 전 재산이 출자·'참가를 위한 급부'로는 되지 않고, 교부금이 있은 만큼 쌍무적 법률행위가 있다는 것이 된다. 순수한 '참가를 위한 급부'는 아니다. 즉, 합병은 아니게 된다.

(b) 다음으로, 교부금은 상법 제223조(출자환급금지의 원칙)에 반한다. 독립의 인격에 귀속되는 회사재산은 그 주주와의 관계에 있어 완전히 차단되어, 회사가 존속하는 한 주주는 다만 매년의 대차대조표상의 순익에 대한 분배청구권을 가질 뿐이다. 그 밖에는 어떤 것도 지급되어서는 안 된다(HGB 제215조 참조. 이것은 주식회사법의 가장 깊은 곳에 있는 핵심이기조차 하다. 그런데 합병에 즈음하여 교부금을 급여하는 것은 배당이익의 급여는 아니고, 자본의 환급이다. 이것이 허용되어서는 안 될 것이다. ① 교부금의 지급이 자기회사로부터가 아니고 제3의 회사로부터 나온 것이라 하여도 사정은 달라지지 않는다. 왜냐하면, 예컨대 회사가 토지를 팔아 그 가격을 제3자를 위해서 하는 계약의 형식으로 매수인으로부터 직접 주주에게 그 주식 수에 비례하여 지급케 한 것과 다르지 않기 때문이다. 그리고 이것은 명백히 제213조·제215조의 탈법행위이다. 아니, 위반행위이다. ② 또 회사가 존속하는 것은 아니고 합병과 동시에 회사는 해산되어 교부금이 급여되는 경우에는, 이때에는 이미 회사가 완전히 소멸되었으므로 상관없다고 하는 것도 옳지 않다. 왜냐하면 주주에게는 차단기간(HGB 제306조 제2항·제3항 참조)이 경과할 때까지는 어쨌든 아무것도 지급되어서는 안 되기 때문이다. 아니, 이 기간에야말로 채권자가 만족할 때까지는 아무것도 지급해서는 안 된

다. 채권자보호가 충분치 못함에도 불구하고 입법자가 그것으로 만족한
것은, 합병은 전혀 당사회사의 내부 관계에서 행해져 외부 관계로서는
재산의 포괄승계 이외에는 아무것도 없다고 보았기 때문이다. "합병이
라는 주식회사의 해산형식의 모든 특수성은 당사회사의 재산이 실체의
손실(Substanzverlust) 없이 합일된다는 점에서 정당화되는 것이다."[51]
그러므로 이 기간 전의 지급인 교부금은 금지되지 않으면 안 된다.

이리하여 그는 교부금의 급여는 허용될 수 없는 것이라 하고 있는
것이다. 그런데 그는 이어서 말하기를 "생각건대, 교부금은 해산회사의
주주로 하여금 기꺼이 그 뜻에 따르도록 하는 것을 노리고 있다"[52]라
고 하면서, 마침내 경제적 수요와 타협해버리고, 두 가지 조건 아래 교
부금을 허용하는 것이다. ① 감내할 수 있는(erträglich) 교환 비율을 가
능케할만한 조정(Ausgleich)을 위한 것이어야 할 것, ② 교부금의 총액
이 당사회사의 재산총액으로 보아 사소(些小)하여 회사채권자의 손해
를 끼칠 여지가 전적으로 배제되어야 할 것, 그러므로 교부금과 주식의
명목가격보다도 실질적 가격과의 비율을 다시 당사회사의 재산의 총액
과의 비율과 함께 고려할 것. 즉, Brodmann은 교부금은 이론적으로는
전적으로 위법이라 하면서도 경제적 근거에서 이를 제한된 범위에서나
마 허용한다.

(2) 단액조정을 위한 교부금만을 인정하는 설

교부금을 법적으로 전혀 허용되어서는 안 된다고는 하지 않고, 당사
회사의 재산관계가 간단한 비율에 의한 주식의 급여를 허용하지 않는
경우에 그 단액을 조정하기 위해 주는 교부금은 인정되어야 한다고 하

---

51) Ders., Aktienrecht (Komm.) 1928, Anm. 7 (a) Zu §306.
52) Ders., Zuzahlungen, S. 130.

는 것이다.

R. Fischer는 말한다.[53] 합병은 사단법적 행위(ein Geschäft des Korporationsrechtes)이다. 따라서 존속회사의 반대급부는 원칙적으로 그 주식의 형태에 의한 참가권(das Recht der Beteiligung in Gestalt ihrer Aktien)이어야 한다. 그렇지만 어떠한 사정하에서도 주식 이외의 급부는 허용되어서는 안 된다고 하는 것은 옳지 않다. 즉, 당사회사의 비율평가에 따라서는 주식의 급여가 불가능할 때, 다시 말해, 이른바 단액조정을 위하여는(zur Begleichung der sog. Spitzen) 교부금은 허용된다. 그리고 이를 인정해야 할 근거는 관습법에서 찾아야 하며, 교부금은 이에 의하여 비판되어야 한다고 한다.

Hueck는 또 이러한 의미의 교부금은 실정법상 인정된다고 한다[54]. 흔히 말하는바, 합병이 청산 절차를 밟지 않음으로써 저해될 염려가 있는 것은 존속회사의 채권자의 이익뿐이다. 그런데 그 보호는 이른바 회사채권자 보호규정만으로써는, 존속회사가 신뢰하기에 족하고 견실하지 않는 한, 아직 불충분하다. 그러므로 존속회사가 누구이냐에 커다란 관심을 갖는다. 따라서, 주주가 합병상대방을 선택함에 있어 신중을 기한다는 것이 회사채권자의 이익에 관련된다. 그리고 주주는 되도록 강하게(될 수 있는 한 많은 주식으로써) 존속회사에 참가하게 되면 될수록 그만큼 더 신중하게 될 터이다. 그러기 위하여는 교부금을 급여함으로써 평명(平明)한 교환율로 만들지 않으면 안 된다. 그러므로 평명한 교환율을 가능케 하기 위한 교부금은 해산회사의 채권자를 강하게 보

---

53) Fischer, a.a.O.SS. 416,417.

54) Hueck, "Sind bei einer Fusion Barzahlungen an die Aktionäre der aufzunehmenden Gesellschaft zulässkg?" ZBH. 1930, S.278 ff. Hueck는 스스로 자기의 의견이 후술하는 Hachenburg의 의견에 가장 합치된다고 말한다.(a.a.o.S. 283). 그러나 그 근거에 있어서나 결론에 있어서나 뜻은 크게 다르다.

호하려는 법의 취지와 일치하여 허용될 수 있는 것이다. 그러나 교부금이 이 범위를 넘어, 도리어 존속회사의 선택에 있어 주주의 이익에 본질적으로 영향을 미치게 하는 것과 같은 일은 허용될 수 없다. 교부금은 그 자신 독립된 의의를 가지는 것은 아니다. 그리하여 주식의 교환비율이 복잡화하지 않으면서 동시에 교부금은 가장 적도록 교환비율을 골라야 한다면, 교부금이 합법일 수 있는 충분하고 엄밀한 한계를 설정할 수 있다[55]. 다음으로, Brodmann이 교부금은 HGB 제213조·출자환급금지의 원칙에 어긋난다고 하는 것은 옳지 않다. 물론, 이 규정이 출자의 환급을 배척하여 주주에게는 회사가 존속하는 한 오직 이익배당청구권만을 줌으로써, 회사채권자의 이익을 그 제1선에서 보호하고 있는 것은 확실하다. 그러나 해산회사의 채권자는 해산회사의 재산으로부터만 변제를 받을 권리를 가졌던 자이다. 그 때문에 이 재산은 주주에게는 순익 외에는 추호도 유출되어서는 안 된다. 그런데 교부금은 존속회사의 재산에서 지출되고, 다른 한편 해산회사의 재산은 조금도 감소되지 않은 채 인도되어 분리관리되고 있다. 그러므로 해산회사의 재산에는 조금도 손대지 않고, 존속회사의 재산에서 하는 교부금의 지급은 하등 제213조에 반하는 것은 아니다, 라고 할 수 있겠다.

(3) 종급부인 교부금을 인정하는 설

교부금이 존속회사가 주는 총급부에서 보아 종급부[56](Nebenleistung)

___

55) 예컨대, 존속회사의 주식시세는 138%, 해산회사의 그것은 103%라고 하면, 해산회사의 주주는 4주(1천 마르크 주로 가격 4천 20마르크) 대신에 존속회사의 주식 3주(가격 4천 10마르크)와 10마르크의 교부금을 받는다. 이에 반하면 위법이다.

56) 이 말은 Hachenburg 자신이 쓴 것은 아니다. 후일 다른 학자(예컨대, J. Junck, R. Goldschmidt)가 그렇게 규정한 것이다.

라는 성격을 갖는한 허용되어야 한다고 하는 것이다.

통설에 대한 최초의 신랄한 비판으로서 Hachenburg[57])가 주장한 것이다. 흔히 말하는바, 모든 법률행위에 있어서 결정적인 것은 주된 급부(Hauptleistung)이다. 주된 급부가 그 행위에 극인(極印)을 찍는다. 주된 급부가 '주식의 급여'인 한, 얼마간의 교부금이 있더라도 상관없다. ① 그러므로 주식은 아주 근소한 부분에 대해서 급여하고, 대부분을 금전으로 지급하는 때에는 법률이 말하고 있는 것과 같은 의미에 있어서의 '주식의 급여'는 없다. 따라서 합병은 아니다. 영업의 양도이다. ② 또 동일 주주가 2개의 회사를 설립하여 곧 합병하고 과당평가(過當評價)를 하여 주식의 급여 외에 대가 이상의 금전을 급여하면, 출자환급금지의 원칙을 잠탈하는 것이 된다고 하나(Makover), 이것은 당치 않다. 왜냐하면, 양수재산이 있으므로 단순한 환급은 아니기 때문이다. 과당평가라면 주식만을 급여하는 경우에도 똑같이 일어날 수 있는 것이다. 다음으로, 합병에 의하여 해산회사의 주주와 채권자의 이익은 조금도 침해되지 않는다. 왜냐하면 주주는 특별결의에 의하여(HGB 303조), 회사채권자는 양도회사 재산이 HGB 제306조에 의하여, 분리관리되어 차단기간이 경과할 때까지 채권자에 대한 관계에 있어서는 여전히 해산회사의 재산으로 간주되고, 게다가 존속회사의 이사 및 감사는 이 관리행위의 집행에 연대책임을 짐으로써 각각 그 이익을 담보게 되어 그 보호는 청산의 경우와 다르지 않기 때문이다. 그리하여 합병은 청산이 없는 해산형식이다. "그러므로 회사채권자의 이익으로서는 해산회사의 주주가 주식만을 취득하느냐 또는 그와 함께 금전도 취득하느냐 않느냐는 중요한 것이 아니다. 왜냐하면 그들의 채무자의 재산은

---

57) Hachenburd, "Sind bei der Fusion zweier AGen. neben der Gewährung von Aktien auch andere Leistungen zulässig?" LZ. 1911, S.646 ff.

그들을 위하여 언제나 훼손되지 않고(intakt) 있기 때문이다." 끝으로
합병을 두 주식회사가 하나의 새로운 법인으로 합일되는 행위라고 해
석하여 하나의 회사로부터 다른 회사의 주주에 대한 금전의 지급을 개
념적으로 생각할 수 없다고 하는 것은 경계할 일이다. 이러한 반신비감
(半神秘感, halb-mystisches Gefühl)이 통설의 밑바닥에 깔려 있는 것 같
다. 그렇지만 합병은 하나의 회사의 재산이 다른 회사에 양도되는 것으
로써 행해진다. 주주를 수용하는 것은 오직 기업의 획득의 대가로서 주
식이 급여되기 때문임에 지나지 않는다. 따라서 그 주식과 함께 금전이
급여되는 것은 이 합병의 본질에 하등 모순되는 것이 아니다. 일상의
합병에 있어서는 거의 언제나 교부금으로 조정하고 있는 금액이 있다.
이 때문에 그 합병임을 의심하는 사람은 없다. 이 거래상의 관념
(Verkehrsanffassung)이 여기서도 결정적이어야 할 것이다. 다만 이 경
우 '주식의 급여'라고 하는 극인(極印)이 찍혀 있지 않으면 안 된다. 그
것뿐이다. 그리고 이것은 등기법원에 의하여 감시·확정된다고 한다.

(4) 교부금 제한하지 않는 설

J. Junck의 입장이다. 교부금은 무제한으로 허용된다. 다만 계획에 따
라서(planmässig) 해산회사의 모든 주주가 존속회사의 주주로 되도록 하
는 것이 필요하다고 할 뿐이다. 이것이 그의 최초의 논문58)의 결론이었
다. 그런데 제2의 논문59)에 있어서는 더욱 급진적으로 주주병합이란 요
건을 버리고, 교부금에 대하여 전적인 자유를 허용하는 것이다.

---

58) J. Junck, "Sind bei der Fusion(Verschmelzung) zweier AGen. neben der
    Gewährung von Aktien auch andere Leistungen zulässig?" LZ. 1924, S. 489 ff.
59) Ders., "Über Umwandlung von Gesellschaften." Jher. Jahrb. 77. S. 297 ff. 이하
    Junck, Umwandlung.이라 약칭한다.

우선, 제1의 논문부터 보기로 하자. 무릇, 합병이 수행되면 해산회사는 소멸한다. 존속회사는 그 포괄승계인이 된다. 마치 상속의 경우와 같이. 따라서 해산회사의 주주는 그 회사에 있어서의 사원권을 잃는다. 그 대신에 존속회사의 주주로 되는 것이다. '주식의 교환'은 단순한 외적 사상(事象)에 지나지 않는다. 이것으로 미루어 보면, 해산회사의 주주가 존속회사의 주주가 될 수 있는 만큼의 주식은 발행되어야만 한다. 계획에 따라서, 해산회사의 모든 주주에게 적어도 1주는 배정되지 않으면 안 된다. 즉 합병계약 안에 어떠한 비율로써 해산회사의 주주가 존속회사의 주주로 되느냐가 정해져 있어야 한다. 그렇기만 하다면, 합병이란 개념은 보존되고, 그 범위 내에서 교부금은 제한이 없다. 그러나 합병을 실행함에 있어서 해산회사의 주주가 그 소지한 주식수를 보충하지 못하여 존속회사의 주주로 될 수 없는 것은 문제가 되지 않는다.

이러한 의미의 교부금이 주식회사법상의 어떤 원칙에 어긋나는 것일까. 먼저, '자본유지'를 위한 HGB 제213조는 이 경우 문제가 되지 않는다. 왜냐하면, 해산회사의 주주는 교부금을 존속회사의 새 주주로서는 아니고, 해산회사 재산을 이전하여 그 회사에 있어서의 사원권을 포기하는 대가의 일부분으로서 수령하는 것이므로, 존속회사는 교부금으로써 새로운 재산을 획득하는 것이 되기 때문이다. 다음으로, 존속회사의 주주의 이익에 관하여, 필요 이상으로 많은 주식은 발행되지 않는 것이 바람직하다. 이 때문에 적어도 부분적으로는 현금으로 조정되지 않으면 안 된다. 더구나 그 때문에 존속회사의 재산이 감소되는 일은 조금도 없다. 해산회사의 재산의 형태로 보상을 받기 때문이다. 과당평가라면 주식만을 발행하는 경우에도 일어날 수 있는 것이고, 또 그것은 HGB 제2779조에 의하여 보장되고 있다. 해산회사의 주주에 대하여는 과당평가는 문제가 되지 않으며, 과소평가라면 이것 역시 주식만을 급

여하는 경우에도 생길 수 있고, 또 그것은 다수결의 원리 또는 자기의
경영참가권으로 처리되지 않으면 안 된다. 왜냐하면, 법률은 합병여부
를 주주총회에 맡기고 있기 때문이다. 마지막으로, 회사채권자의 이익
에 관하여. 존속회사의 채권자의 보호는 주주의 경우와 같으나, 해산회
사의 채권자의 지위는 어떠한가. 이들을 보호하기 위하여 상법은 분명
히 특별한 고려를 베풀고 있다. 청산의 결여를 보상하고도 남음이 있을
여러 규정을 연쇄적으로 두게 함으로써 이를 담보하고 있다고 할 수
있다.

그런데 그는 제2의 논문에서 한 걸음 더 나가고 있다. 제1의 논문에
서는, 다만 해산회사의 모든 주주가 존속회사의 주주로 될 수 있다는 것
으로 만족하지 않으면 안 된다고 하였다. 그러나, "다만 그 범위를 넘어
교부금을 소득하는 것은 상관이 없다. 해산회사의 주주에게 득이면 득
이 되었지 아무에게도 손해를 끼치지 않는다."[60] "요컨대, 왜 계약에 의
한 청산의 배제를 오직 주식과 맞바꾸는 경우에만 허용하여야 할 것이
냐의 합리적 근거가 없다."[61] 하나의 주식회사의 재산이 그 회사의 해
산에 따라 다른 회사에 양도되는 때에는 언제나 청산을 배제해야 한다
고 하는 것이다. 여기서는, 해산회사의 주식은 1주도 없이 오직 교부금
만의 급여를 받는 것도 허용된다.[62]

---

60) Ders., Umwandlung., S. 314.
61) Ders., Umwandlung., S. 318.
62) Breit, "Fusion und Aktienrechtsreform" ZHR. 94, S. 404ff., bes. S. 416ff.도 같은
    취지이다.

2) 독일주식법의 입장

교부금의 성질·한계에 대하여 독일주식법 이전 HGB 시대에 있어서는 상술한 바와 같은 네 가지 입장이 병립하고 있었다. 그런데 이에 대하여는 독일주식법 제238조 제2항(1965년법 제344조 제2항)에 의하여 이미 말한 바와 같은 주도한 규정이 정립되어, 여기 위 제(諸) 입장은 일단 입법에 의하여 비판된 셈이다. 그렇다면 독일주식법은 어떤 근거에 의거, 어떤 입장을 취하게된 것인가. 상술한 제이론은 독일주식법에 어떻게 반영되었는가. 상술한 제 입장을 비판하면서 상법의 입장을 살펴보기로 하거니와 그에 앞서, 먼저 독일주식법에 의한 비판이 어떤 것이었던가를 되돌아보지 않으면 안된다.

우선, 주식회사법 개정운동의 최초의 구체적 형식이었던『제34회 독일법조회(쾰른)에 의하여 주식회사법개정조사를 위해 설치한 위원회(die durch den 34. Juristentag zur Prüfung einer Reform des Aktienrechts eingesetzten Kommission)』가 1926년부터 1928년에 걸친 심사후 작성한 보고[63]는 교부금의 문제에 대하여 다음과 같이 제안하고 있다.

"주식과 맞바꾸는 합병(Fusion gegen Aktien)에 있어서는 주식 외에 해산회사주식의 권면액의 10%까지는 현금을 급여해도 좋도록 허용되어야 한다."

또 보고는 계속하여 그 근거를 말한다. 이것은 단액조정을 초과하는 교부금의 거부가 합병의 수행을 어렵게 한다는 경제적 수요에 의한 것이다. 그러나 다른 한편으로 이러한 현금의 지급에는 한계가 없어서는

---

63) Bericht der durch den 34. Juristentag zur Prüfung einer Reform des Aktienrechts eingesetzten Kommission, herausgeben von der ständigen Deputation des deutschen Juristentags, 1928. (이하 Bericht des Juristentags라 약기한다) S.37.

안된다. 종급부라는 성격(Charakter von Nebenleistung)을 잃어서는 안
된다. 이리하여 위원회는 해산회사 주식의 권면액의 10% 선에 그 정당
한 한계를 구한 것이다, 라고 할 수 있다.

즉, 독일법조회 주식회사법 개정위원회는 '종급부라는 교부금을 인
정하는 입장'을 그대로 답습한 것이다. 사리(事理)는 그렇게 될 수밖에
없었다. 왜냐하면 이 위원회의 회장은 이미 말한 종급부설의 대표자인
Hachenburg 바로 그 사람이었기 때문이다.64) 그리하여 여기서는 왜 교
부금이 종급부라는 성격을 가져야 하는가는 아무런 근거도 제시되지
않고 있다. 10%라는 한계는 자의적이기조차 하다.65) 즉, 이 제안에서
는 어떠한 이론의 심화를 기대할 수는 없다. 그리고 이 제안에 대하여
는 Brodmann이 재빨리 반대하였다66). 이것 역시 그의 입장에서 보면
당연한 것이다. 즉, 이러한 현금은 자본의 환급으로서 원래가 위법인
것이므로, 단액조정을 위해서만 제한된다면 – 그 밖에는 인정해야 할
아무런 수요가 없다 – 한층 그 한계를 축소해야하고, 또 해산회사의
주식의 실가가 그 권면액의 10%에 지나지 않을 경우도 있을 것이므로
당사회사의 주식의 실가(innerer Wert)의 합계액의 2~3%에서 잘라야
한다, 고 한다.

다음으로, 이러한 정세하에서 1929년 3월과 6월의 두 차례에 걸쳐,
독일법무장관이 각계에 보낸 주식회사법 개정문제에 관한 질문표67)
(Fragebogen)를 주목하지 않으면 안된다. 설문사항 (7) '기업집중이 주

---

64) Vgl. Bericht des Juristentags, S. 1.

65) Vgl. Breit, a.a.O.S. 416.

66) Brodmann, "Über den Bericht der Aktienrechtskommission des Juristentages."
    ZHR. 94, SS. 80, 81.

67) 이 질문표에 대하여는 다나카(田中)·「전환사채에 대하여」, 『상법연구』 제2권
    581면, 582면 및 동소(同所) 주(1) 소게(所揭) 문헌 참조.

식회사법에 미치는 영향' 중의 제8장 '합병' C '주식과 맞바꾸는 합병
에 있어서의 계산수행의 편의화(Erleichterungen der rechnerischen
Durchführung der Fusion gegen Aktien)'의 항에서 다음과 같은 세 질문
이 제기되고 있다(각 항목 위의 숫자)는 설문 제2부에 들어 있는 질문
사항의 일련번호이다).

(62) 주식과 맞바꾸는 합병에 있어 계산수행을 편리하게 하기 위하여, 해산회사에
주식 이외에 금전으로 지급할 단액을 초과하여 현금을 교부해도 좋을 것인가?
(63) ① 이러한 현금지급의 최고한도는 어떻게 정할 것인가? 존속회사 주식의 권
면액의 백분비에 의할 것인가, 아니면 교부금 총액이 당사회사 재산의 총가격에
대해 차지하는 비율에 의할 것인가(Brodmann·주식법 제306조 주 7a 참조). 또
아니라면 존속회사의 주식시세에 의할 것인가?
(64) ② 최고한도로서는 어떠한 비율을 생각할 수 있는가?

이 질문표에 대한 회답으로서 내가 참조한 것은 '독일변호사회' 및
'독일회계사단'의 답신이다[68]. 이 가운데서는 전자가 약간 상세하다.
즉, (62)를 긍정하여 이러한 교부금의 최고한도로서는 간단하고도 확
정된 수액을 선정하지 않으면 안 되고, 그러기 위하여는 합병실행을 위
해 필요한 주식의 총권면액의 백분비가 좋고, 또 그러한 것으로서 독일
법조회위원회의 10%를 거부할 근거는 어느 곳에도 없다, 고 말하고 있
다. 후자는 이 보다도 더 간단하게 (62)를 긍정하고, 역시 권면액의
10%가 적당하다고 하고 있을 뿐이다.

이리하여 이러한 기초위에서 1930년의 「주식회사 및 주식합자회사

---

68) Deutscheranwaltverein, Zur Reform des Aktienrechts. Antworten des Deutschen
Anwaltvereins auf die Fragen des Reichsjustizministers, 2. Teil, 1919, S. 89 und
Verband Deutscher Bücherrevisoren, Zur Reform des Aktienrechts, Stellungnahme
des VDB zu dem Fragebogen des Reichsjustizministeriums 1930, S. 51.

에 관한 법률초안」, 이른바 제1초안의 제215조 제2항[69])의 의 규정과
또 1931년의 「주식회사 및 주식합자회사에 관한 법률의 정부초안」, 이
른바 제2초안의 제213조 제2항[70])이 성안(成案)된 것이다.

그런데, 1933년 이른바 국민혁명이 발발하였다. 그리고 나치즘은 문화
전 영역에 확충되어 갔다. 주식회사법 이론 또한 그 테두리밖에 서 있을
수는 없게 되었다. 즉, 주식회사에의 지도자원리(Führreprinzip)의 도입과
주식회사로부터의 무명성(Anonymität)의 배제라는 두 개의 지도이념하
에 주식회사법 개정의 문제는 여기 논의를 다시 해야만 하게 되었다[71]).
그렇지만, 교부금의 문제에 대하여는 독일법학사원 주식법개정위원회의
제1보고 및 제2보고[72]) 어느 것에서도 전혀 언급이 없다. 그리고 이들 보
고서를 토대로 제정되어 1937년 10월 1일부터 시행된 「주식회사 및 주

---

69) Entwurf eines Gesetzes über AGen. und KGen. a.A.nebst erläuternden
   Bemerkungen. Veröffentlicht durch das Reichsjustizministerium 1930, S. 72에 의
   하면 §215. Durchführung der Verschmelzung, (2) Bare Zuzahlungen zu den
   Aktien der übernehmenden Gesellschaft dürfe den zehnten Teil des Nennwerts
   dieser Aktien nicht übersteigen. "존속회사의 주식에 첨가하는 교부금은 이 주식
   의 권면액의 10분의 1을 초과할 수 없다"고 되어 있다.
70) 이 초안은 1931년 경제사정이 급박하여 긴급명령에 의하여 HGB 가운데 주식회
   사에 관한 규정의 부분적 개정이 행해졌고, 다시 동년 이 개정부분 이외의 점에
   대하여 제1초안에 약간의 수정을 가한 것이다. Amtlicher Entwurf eines Gesetzes
   über AGen. und KGen. a. A. sowie Entwurf eines Einführungsgesetzes.
   Veröffentlicht auf Anordnung des Reichsjustizministeriums 1931, S. 31에 의하면
   §213. Durchführun gder Verschmelzung, (2) Bare Zuzahlungen durch die
   übersteigen. 이라고 되어 있어, 제1초안의 그것과 달라진 것이 거의 없다.
71) 상세한 것은 니시하라(西原)·「주식회사에 있어서의 나치 사상」, 『법협』 54권 8호·9호·
   10호·오모리(大森)·「나치의 주식법개정론」, 『논총』 35권 2호 418면 이하에 맡긴다.
72) Vgl. Bericht des Ausschusses für Aktienrecht der Akademie für Deutsches Recht,
   ZAkDR. 1. Jahrg.(1934), Heft I. S. 20ff.; Zweiter Bericht über die Arbeiten des
   Aktienrechtsausschusses der Akademie für Deutsches Recht, ZAkDR. 2. Jahrg.,
   Heft 5. S. 247 ff.

식합자회사에 관한 법률(주식법)[Gesetz über Aktiengesellschaften und Kommanditgesellschaften auf Aktien(Aktiengesetz)]의 제238조 제2항[73]은 교부금에 대하여는 다른 여러 규정과 같이 1931년의 제2초안을 그대로 계수하고 만 것이다.

따라서 독일주식법의 입장은 근원적으로는 제1초안과 나아가 법조회 주식회사개정위원회의 제안으로 거슬러 올라가, 결국은 Hachenburg의 입장에 연원(淵源)하는 것이라[74] 하지 않을 수 없다. 다만, Hachenburg 의 입장에 대하여, 다른 제(諸) 입장들이 한결같이 지적하고 있던 Nebenleistung의 한계로서의 불명확성은, 법조회의 제안 이래 명확한 숫자로써 한계가 그어졌다. 그러나 그것 역시 아직은 기술적 수정이 가해졌다는데 그치고, 이론적으로는 여전히 Hachenburg에 그 거점을 구할 수 밖에 없다. 그렇기에 Hachenburg의 입장은 우리들 앞에 제정법적 권위를 가지고 다가오는 것이다. 그러나 그 입법의 과정은 상술한 바와 같이 하등 이론의 심화가 있었던 것이 아니다. 오히려, 그 과정에 있어 Hachenburg가 법조회주식회사법개정위원회의 회장이었다고 하는, 이론외의 사실의 힘을 무시할 수는 없다. 즉, 교부금에 관한 제 입장에 대한 독일주식회사법의 비판은 그 이론적 권위가 희박하다. 우리는 일단 독일주식법을 떠나서 백지에서 생각해보자. 우리는 앞서 말한 교부금의 이론을 어떻게 비판하고, 어떻게 배울 것인가.

---

73) 시험삼아 Aktiengesetz, §238. Durchführung der Verschmelzung, (2)를 게기(揭記)하면 Leistet die übernehmende Gesellschaft bare Zuzahlungen, so dürfen diese nicht den zehnten Teil des Gesamtnennbetrags des gewährten Aktien der übernehmenden Gesellschaft übersteigen.라고 말하고 있어, 제2초안과 비슷함을 쉽게 알 수 있다.

74) 주식법기초자 Schlegelberger, Quassowski도 그 Kommentar, Anm. 16 zu §238에 서 "그렇지만, 교부금은 종급부(Nebenleistung)이어야 한다. 따라서 법은 그 최고 한도를 확정한 것이다"라고 한 것은 이 사정을 말해 주는 것이다.

3) 일본상법의 입장

상술한 네 가지 입장은 교부금의 위법·합법, 나아가서 그 한계를 에 워싸고 서로 대립하는 것이지만, 그러나 그들의 관심의 장은 모두 같 고, 필경 교부금은 합병에 있어서의 사단법적 계기에 모순되지 않는가, 또 출자환급금지의 원칙에 위배되는 것은 없는가의 두 가지 점에 집중 할 수밖에 없었다. 그것은 교부금이 합병에 즈음하여 해산회사의 주주 에게는 주식만을 급여하여야 한다는 원리를 깨는 것으로서 전자에 관 계되고, 또 다른 한편으로는 회사재산의 주주에 대한 유출로서 후자와 얽히기 때문이다. 즉, 이 두 개의 물음에 대한 해명 여하에, 앞서 말한 교부금에 관한 제1, 제2의 문제의 해명이 달려 있다. 그러므로 이 두 가지 물음에 관한 각 입장의 해명을 비판하면서 일본상법에 대한 입장 을 생각해 보자.

편의상 먼저 ① 출자환급금지의 원칙(HGB 제213조, 주식법 제52조, 현행법 제57조, 일본상법에는 이런 규정이 없다)과 교부금과의 관계에 대하여.

회사재산은 주식회사에 있어서는 회사채권자에 대한 담보이다. 그러 므로 주주는 회사가 존속하는 한 오직 연도대차대조표상 생긴 이익에 대해서만 청구권을 가지며, 그 밖에 회사재산이 그 주주에게 유출하는 것과 같은 일이 있어서는 안 된다. 이것이 출자환급금지의 원칙이다. 즉, 이 원칙은 전적으로 회사채권자를 보호하기 위한 것이다.[75]

그런데, HGB 제306조에 의하면, 해산회사의 재산은 합병과 함께 분

---

75) 이 원칙을 입언한 HGB 제213조에 대하여 Brodmann, Kommentar, Anm. 1.a.zu §213; Staub-Pinner, Anm. 1 zu §213; Wieland, a.a.O.S. 25 u.s.w.는 이것을 인정 하고 있다.

리 관리되어 회사채권자에 대한 관계에 있어서는 여전히 해산회사의 재산으로 간주되고, 더구나 그 관리행위의 집행에 관하여 존속회사의 이사 및 감사는 연대책임을 지게 되어 있어, Hachenburg가 말하는 바와 같이 회사채권자 앞에 조금도 훼손되지 않고(intakt) 보지(保持)되고 있다.[76] 게다가 교부금은 존속회사로부터 교부되는 것이다. 그러므로 여기에서는 출자의 환급은 일어날 리가 없다. 이런 의미에서 Bordmann 이하 통설[77]이 교부금은 출자환급금지의 원칙에 어긋난다고 하는 것이 당치 않다. 또 교부금이 해산회사의 채권자를 해하는 일은 없는 데도 불구하고, 회사채권자의 보호가 아직 불충분하다는 것을 전제로 하여 입론한 Hueck의 입장[78]도 그 추론과정의 교치(巧緻)에도 불구하고 부당하다고 하지 않을 수 없다.

그런데, 일본상법에 있어서는 합병에 있어서의 회사채권보호절차(日商 제100조, 제416조)가 이것과는 다르다. 채권자에게 이의권이 주어져 있을 뿐, HGB와 같이 해산회사의 재산이 채권자를 위하여 따로 분리·관리되지 않는다(독일주식법도 뜻을 같이 한다). 합병과 함께 존속회사 또는 신설회사의 재산과 혼합되며, 또 교부금은 이 혼합된 재산에서 하는 주주에 대한 회사재산의 유출, 바로 그것인 것이다. 그렇다면 교부금은 일본상법에 있어서는 출자환급으로서 위법인 것이, 제409조 제3호와 제410조 제3호에 의하여 예외적인 것으로 특히 허용된 것일까. 그렇지 않다고 본다. 명문은 없으나 일본상법에 있어서도 물론 출자환급은 금지되고 있다. 그러나 그것은 회사채권자의 보호를 목적으로 하기 때문에 회사채권자와 교섭 없이 행해지는 경우의 그것을 말하는 것

---

76) 전술 1) (3) 참조.
77) 전술 1) (1) 참조.
78) 전술 1) (2) 참조.

이지, 합병의 경우처럼 회사채권자와 교섭을 가진 출자환급은 따로 이를 금지하여야 할 이유가 아무데도 없다. 왜냐하면, 해를 입을 염려가 있는 채권자는 합병 그 자체에 대하여 이의권을 행사하면 족하기 때문이다. 그러므로 교부금에 의한 회사재산의 유출은 이른바 출자환급금지의 원칙에 저촉되는 것은 아니다. 더구나 개정상법에 의한다면 교부금은 합병계약서의 필요적 기재사항으로 되며 또 특별총회의 승인을 거치지 않으면 안 되도록 되었다(商 제408조 제1항, 韓商 제522조 제1항). 그러므로 합병계약서는 의사록에 수록되어(商 제244조, 韓商 제373조), 공시된다(商 제263조, 韓商 제396조). 그리고 회사채권자에 대한 최고는 그 후에 행해진다(商 제100조·제416조, 韓商 제23조·제530조 참조). 따라서 회사채권자는 교부금의 존재를 쉽게 알 수 있고, 교부금에 의하여 해를 입을 채권자는 용이하게 이의를 신청할 수가 있게 되어 있는 셈이다. 교부금을 합병계약서의 필요적 기재사항으로 한 입법취지는 주주보호 이외에도 또 여기에서 찾아야 하는 것이다. 즉, 일본상법과 같은 법제에 있어서도 교부금은 부당한 출자환급은 아니다.

요컨대, 출자환급금지의 원칙을 가지고서는 교부금을 위법이라고 하거나 또는 제한을 해야만 할 하등의 근거가 주어져 있지 않다. 이런 의미에서 Hachenburg가 교부금은 출자환급이 되지 않는다는 점을 가장 강하게 증명하면서 더구나 교부금을 종급부(Nebenleistung)로만 제한[79]하는 것을 가리켜 Brodmann이 "너무 많이 증명하였다(zuviel beweisen)"[80]라고 힐난한 것은 옳다고 해야 할 것이다.

다음은 ② 합병에 있어서의 사단법적 계기[81]와 교부금과의 관계에 대하여.

---

79) 전술 1) (3) 참조.
80) Brodmann, Zuzahlungen. S. 124.
81) 주식회사 합병의 본질에 관하여 "그 사단법적 가면 또는 재산법적 가면 중 어느

Brodmann과 같이[82] 합병의 본질을 오로지 사단법적(Korporationsrechtlich) 으로만 생각한다면, 해산회사재산의 승계의 보상이어야 할 반대급부는 주식의 형태를 취하는 참가권(Beteiligungsrecht)이어야 한다. 적어도 Fischer가 말하는 바와 같이[83] 이것이 원칙이 아니면 안 된다. 즉, 합병 에 있어 해석회사의 주주에게는 주식만을 급여하여야 한다는 원리는 이러한 합병의 사단법적 구성에 기하는 것이다. 그러므로 합병에 있어 사단법적 측면만을 본다면, 교부금은 이 원리를 깨는 것으로서 위법이 거나, 아니면 Fischer가 말하는 바와 같이[84] 예외라고 하지 않으면 안 되게 된다. 통설[85]에 의하면, 회사의 합병이란 2개 이상의 회사를 합동 하여 하나의 회사로 하는 계약이라고 하여, 순사단법적으로 보고 있으 므로, 교부금에 대하여는 Brodmann 내지 Fischer의 설로 가지 않을 수 없을 것이다. 그러나 회사의 합병, 특히 주식회사의 합병이 그렇듯 사 단법적인 것일까. 주식회사합병에 있어서의 사단법적 계기란 어떠해야 하는 것일까.

Hachenburg[86]는 HGB가 합병을 '재산의 전부 양도(Veräusserung des Vermögens im ganzen)'로서 구성하고 있는 것을 근거로 하여, 이러한 회사합병의 사단법적 관찰의 방법이야말로 반신비적(半身秘的) (halbmystisch)이라고 배척하고 있다. 그러나 HGB와는 구성의 방법을 달리 하고 있는 일본상법(독일주식법)도 이것과 취지를 같이 한다. 제

것을 더 강조하느냐'에 따라 합병에 있어서의 개개의 문제가 어떻게 달리 해석되 는가에 관하여는 Vgl. R. Goldschmidt, a.a.O.S. 22 ff.
82) 전술 1) (1) 참조.
83) 전술 1) (2) 참조.
84) 전술 1) (2) 참조.
85) 예컨대, 전게서(前揭書), 132면 참조.
86) Hachenburg, a.a.O.S. 655.

233조 참조 하에서는 어떠한가. 이미 말한 바와 같이 일본의 통설은 합병을 전적으로 사단법적으로 관찰하고 있는 것인데, 이것은 다케다(竹田) 박사[87])와 오스미(大隅) 교수[88])에 의하여 강하게 의문이 던져지고 있다. 즉, 통설은 합병을 사단법적으로만 구성하는 결과 해산회사의 재산의 이전을 단순히 합병의 부수적 효과라고 하는 데 대하여 오히려 거꾸로 회사재산의 포괄승계야말로 합병본래의 목적으로서 법률상 회사합병의 본질로 삼아야 할 것이다. 왜냐하면 합병의 제도취지는 "말할 나위도 없이 기업의 유지, 즉, 회사로 하여금 청산에 의한 기업의 해체에 따른 경제상의 불이익으로부터 면하게 하려는데 있기" 때문이라 하는 것이다. 생각건대, 이것은 Hachenburg보다도 실질적으로 합병의 본질을 통찰하여 일본에 있어서는 최초로 합병에 있어서의 재산법적(vermögensrechtlich) 계기에 착안한 탁론(卓論)이라 하지 않을 수 없다. Brodmann, Fischer 및 통설의 합병본질관은 합병에 있어서의 이러한 재산법적 계기를 전적으로 보지 못하고 있는 점에서 적어도 1면관(面觀)임을 면치 못한다고 말할 수 있다.

그러나, 이렇게 해서 Hachenburg·다케다(竹田) 박사 및 오스미(大隅) 교수처럼 합병에 있어서의 사단법적 계기를 전적으로 사상(捨象)하여 버린다면, 교부금은 여기 완전히 자유가 되는 셈이다. 그 급여가 단지 합법이라는 것 뿐 아니라 제한해야 할 이유도 없어진다. 왜냐하면 바로

---

87) 전게서(前揭書). 1면 이하. 2면에서는 통설의 구성이야말로 '로맨틱'하다고 평하고 있다.

88) 전게(前揭)논문, 726면 이하, 특히 730면 이하에 의하면, 통설에 대하여는 "법인격을 가지는 사단으로서의 회사를 합쳐서 한 회사로 하는 것이 법리상 과연 가능한가, 또 설사 가능하다 하더라도 회사의 합병을 이러한 행위로 해석하는 것이 합병제도 본래의 목적에 비추어 타당하느냐는 의문이 없을 수 없는 것으로 생각한다"고 한다.

그것으로써 합병에 있어 해산회사의 주주에게는 주식만을 급여하여야 한다는 원리도 또 전적으로 무너져버리기 때문이다. 그런데, Hachenburg·다케다(竹田) 박사·오스미(大隅) 교수는 각양각색, 이렇게는 결론을 내리지 않는다. 먼저 Hachenburg는 교부금은 종급부(Nebenleistung)에 한정돼야 하고, 또 주식의 급여가 주급부(Hauptleistung)여야 한다고[89] 한다. 그러나 합병에 있어서 사단법적 계기를 사상(捨象)해버리고 해산회사의 주주에게는 주식만을 급여하여야 한다는 원리가 무너지고 만 지금, 그렇다면 무엇을 근거로 하여 주식의 급여가 주급부이어야 한다는 것을 논증하려고 하는가. 제305조에서의 '주식의 급여와 맞바꾸어서(gegen Gewährung von Aktien)'라는 문언을 든다는 것인가. 이것조차도 형식적 근거일 뿐이다.[90] 교부금이 종급부여야 할 실질적 근거는 합병에 있어서의 사단법적 계기의 전적인 사상과 함께 이미 없어진 것이다. Hachenburg의 입장은 독일주식법 제238조 제2항(현행법 제344조 제2항)으로 입법화[91]되었음에도 불구하고, 우리는 이에 따를 수 없다. 이러한 이론적 결함은 차치하고서라도, 또 '종급부'라는 것은 개념적으로 불분명 불확정한 것이어서 합병 그 자체의 효력까지도 흔들리게 하는, 교부금의 한계로서는 기술적 난점[92]이 더욱 크다. 독일주식법처럼 입법적으로 그 한계를 정한다면 또 몰라도 그렇지 아니한 일본상법에서 독일주식법의 "부여된 존속회사의 주식의 총권면액의 10분의 1"로써

---

89) 전술 1) (3) 참조. 데라오(寺尾)·전게서(前揭書), 46면은 교부금의 한계로서 "그 공연성·평등성을 해하지 않는 한 별다른 지장은 없을 것으로 믿는다"고 하면서, 자기와 같은 주장으로서 Hachenburg와 Fischer를 들고 있는데, 그 의도가 분명하지 않기 때문에 감히 비평을 피한다.

90) 바로 이러한 형식적 근거에서 떠나는 것이 그의 출발점이었다.

91) 전술 2) 참조.

92) Vgl. Staub-Pinner, Anm. 3 zu §305; Junck, a.a.O.S. 494.

그 한계를 삼을 수도 없다. 왜냐하면 이 주식법은 한계는 하등 이론적 한계는 아니기 때문이다. 어쨌든 Hachenburg의 입장이 일본상법의 입장으로 될 수는 없다. 다음으로, 다케다(竹田) 박사[93]는 교부금은 "주금을 환급하는 것이 되어, 법이 인정하지 않는 것"이므로 "부득이한 경우에 한하여", 즉 "합병계획 전체에서 보아 주식의 비율을 정하는 조절상의 필요가 있는 경우만으로 한정해도 큰 잘못은 없다"고 하는 것이다. 그러나 그 근거는 이미 본항 (1)에서 부정되었던 것이다. 마지막으로, 오스미(大隅) 교수는 교부금의 한계를 '단액조정'에 찾으려 했었다 함은 기술한 바와 같다. 그 근거는 따로 언급하고 있지 않으나, 교부금을 '단액조정'의 경우에만 한하여 허용한다 함으로써 그렇게 추론될 수밖에 없을 것이다. 그러나 교부금 그 자체를 그처럼 그 동기에 따라 한정하는 것이 부당하다는 소이(所以)에 대해서는 기술한 바와 같다. 생각건대, 다케다(竹田) 박사 및 오스미(大隅) 교수가 이렇듯 교부금을 한정하는 근거는 좀 더 깊게 양씨(兩氏)(註. 두분)가 가진 합병에 관한 본질관에서 구해야 하는 것은 아닐까. 왜냐하면 양씨는 이미 말한 바와 같이 합병에 있어 재산의 이전을 중시하여 회사합병이야말로 "현물출자로써 하는 회사의 자본증가(흡수합병) 또는 설립(신설합병)이외의 아무 것도 아니다[94]"라 하고 있는데, 회사재산의 주주에의 유출인 교부금과 현물'출자'와는 이미 개념적으로 서로 모순되기 때문이다. 그렇지만, 나는 합병의 그러한 개념규정 그 자체에 의문을 품고 있는 것이다. 왜냐하면, 양씨가 말하는 바와 같이, 합병의 본질은 법률상으로도 또한 해산회사 재산의 '포괄승계'에 있는 것인데 양씨의 합병개념인 '현물출자', '자본증가' 및 '설립'의 개념은 그 어느 것도 '포괄승계'라는 관념을 논

---

93) 다케다(竹田)·전게서(前揭書), 8면 이하.
94) 다케다(竹田)·전게서(前揭書), 1면. 오스미(大隅)·전게서(前揭書), 607면.

리필연적으로 포섭하고 있지는 않기 때문이다. 요컨대, 교부금을 제한하는 제(諸) 입장은 그 제한의 태양이 어떠하든, 무엇보다 근원적인 그 제한의 필연성에 대한 이론적 근거가 없다는 것이다.

그렇다면, 주식회사의 합병에 있어 교부금은 이에 전적인 자유를 향유할 수 있게 되는 것일까. 완전히 무제한적으로, 즉 1개의 주식의 급부도 없이 전적으로 교부금에 의한 주식회사합병(Fusion gegen Geld)이 합병으로서 허용되는 것일까. 이 경우 해산회사의 주주는 한 사람도 존속회사 또는 신설회사에는 승계되지 않는다. 이것은 주식회사 합병에 있어서의 사단법적 계기를 완벽하게 사상(捨象)하는 것을 의미한다. 왜냐하면 해산회사의 주주가 당연히 존속회사에 합병된다고 하는 것은 주식회사 합병에 있어서의 사단법적 계기의 가장 근원적인 요청이기 때문이다[95]. 그러면 주식회사 합병에 있어 사단법적 계기를 그토록 전적으로 사상해 버린다는 것이 가능한 것일까. 물론 주식회사란 물적회사이며, 또 그 구조변혁(Strukturwandlung)은 더욱 더 그 물적 수요를 현재화하고, 인적요소를 사상해 버리면서 물적 요소의 순수형으로 치달아 목적재산(Zweckvermögen) 그 자체로 발전해 가는 것이기는 하다. 그렇지만 주식회사란 법적으로는 여전히 사단으로서 구성되어 있다(商 제52조 제1항, 韓商 제169조). 그런 한에 있어 사단으로서의 주식회사의 합병을 그 요소인 주주로부터 떠나서 생각할 수는 없다.[96] 주식회사의 합병에 있어서도 역시 회사합병 일반과 같이, 합병에 의하여 해산된 회사의 주주는 당연히 존속회사 또는 신설회사에 병합되지 않으면

---

95) 오스미(大隅) 교수도 주주병합을 합병의 요건으로 하고 있으나, 그것은 합병의 본질에서 오는 것이 아니라, "상법의 규정의 해석상 인정할 수 있는 하나의 결론이요, 통설과는 전혀 그 의미가 다르다"라고 하고 있다.

96) 같은 취지, 다나카(田中)·전게서(前揭書), 137면.

안 된다. 그리고 바로 여기에 주식회사에 있어서의 합병과 영업양도 사이의 궁극적인 차이를 찾을 수 있을 것이다. 그러므로 주식회사 합병에 있어서의 사단법적 계기는 이 한도에서는 역시 보지(保持)되고 있지 않으면 안 된다. 바꿔 말하면 주식회사의 합병에 있어서 사단법적 계기의 사상(捨象)은 여기다 한계를 짓지 않으면 안 된다. 따라서 주식회사 합병에 있어서의 사단법적 계기의 사상으로써 허용될 수 있는 교부금도 역시 여기에 한계가 지어지는 것이 된다. 이리하여 교부금에 의하여 해산회사 주주의 존속회사 또는 신설회사에 의한 병합까지 침범할 수는 없다고 해야 할 것이다. 교부금의 한계를 짓는 근거도 또 그 극한도, 실로 여기에 그 거점을 찾을 수 있는 것이다.

요컨대, 교부금은 '주주의 병합'이라는 사단법적 계기만 침해하지 않는 한에 있어서는 자유이다. Junck의 제2논문이 이 한계마저를 무시하는 것은97) 주식회사 합병에 있어서의 사단법적 계기의 사상의 한계를 알지 못했기 때문일 것이다. 오히려, 나는 상술한 바와 같은 사단법적 계기의 보지가 필요하다는 이론적 근거를 제시하면서 그의 제1논문의 결론98)에 따른다. 즉, "해산회사의 주주가 존속회사의 주주로 될 수 있을 만한 주식이 급여되어야 한다"는 것이 필요하다. 그러기 위해서는 "계획에 따라서 해산회사의 각 주주에게 적어도 1주만이라도 존속회사의 주식이 주어지도록 정해져 있지 않으면 안 된다."99) 즉 "합병계약에

---

97) 전술 1) (4) 참조.
98) 전술 1) (4) 참조.
99) 그러면, "해산회사의 주식 백에 대하여 존속회사의 주식은 1주밖에 배정하지 않고 돈은 몇 천 원씩 지급해야 한다는 식으로 정한 것"은 어떠한가. 마쓰다(松本)·「주식회사법개정의 요점」 224면은 "이 같은 경우에는 합병보다는 오히려 해산회사의 영업의 매수처럼 보인다"라고 한다. 그러나, 본문과 같은 견해에 따른다면 이 경우도 또한 합병이라고 하지 않으면 안 된다. 왜냐하면 이 경우에 있어서도 주주의 병합이라는 사단법적 계기는 교부금에 의해서는 조금도 훼손되어 있지

있어 어떠한 비율로 해산회사의 주주가 존속회사의 주주로 되는가가 정해져 있지 않으면 안 된다." "그렇게만 된다면 합병이란 개념은 보존된다." 물론, 단주의 소지자가 강제처분(商 제416조 제3항·제379조 제1항, 韓商 제530조 제3항·제443조 제1항)에 의하여 현실로 존속회사 또는 신설회사의 주주로 되지 못했다는 것은 합병이라는 성질을 손상치 않는다. 상법 제409조 제2호(韓商 제523조 제3호)와 제410조 제2호(韓商 제524조 제2호)는 "합병으로 인하여 소멸하는 회사의 주주에 대한 신주의 배정에 관한 사항"·"각 회사의 주주에 대한 주식의 배정에 관한 사항"을 각각 합병계약서의 필요적 기재사항으로 하고 있다. 생각건대, 이것은 주주의 보호를 위해서 뿐만이 아니고, 실로 상술한 바와 같은 합병 그 자체의 본질적 요청에 기하는 것이다. 교부금은 이것만 침범하지 않는 한 유효하다. 그러므로 교부금의 최대한은 주주의 병합이 최소한에 있어서 행해진 때이다. 바꾸어 말하면, 주식회사 합병에 있어서의 교부금의 '맥시멈'은 사단법적 계기의 '미니멈'이다, 라고 말할 수 있을 것이다.

고(稿)를 맺으면서 다케이(竹井)·니시하라(西原) 두 선생으로부터 돈독한 지도를 받았음을 부기하며, 여기 감사의 미의(微意)를 표하는 바이다.

〔필자·경성제국대학 법문학부 조수〕

않기 때문이다. 그리고 이 경우 주식교환비율이 100대 1이기 때문에 100주 이하 단주의 소지자는 주주의 병합엣 배제되었다고 하고 있지만, 그것은 단주의 처분(상법 제16조 제3항·제379조·註. 韓商 제530조 제3항·제443조)에 의한 것이고, 교부금이 그것을 침해한 때문은 아니다.

주식회사 합병의 본질

- 다케다(竹田)박사의 고교(高敎)에 관련하여 -

일본 『민상법잡지(民商法雜誌)』 제17권 제5호(1943년 1월 발행) 게재

주식회사 합병의 본질

- 다케다(竹田) 박사의 고교(高敎)에 관련하여 -

1. 머리말

회사합병의 본질은 통설에 의하면 "2개 이상의 회사가 하나로 되는 물권적 효력을 가지는 일종 특별한 계약"이라 하여, 오로지 사단의 움직임의 면에서 파악되고 있다. 그리고 주식회사의 합병에도 이러한 견해는 그대로 적용된다. 그런데, 이에 대하여 다케다(竹田) 박사 및 오스미(大隅) 교수는 주식회사의 합병의 본질은 "현물출자로써 하는 회사의 자본증가(흡수합병의 경우) 또는 설립(신설합병의 경우)에 지나지 않는다"라고 한다. 그리고 그 근거로서 오스미(大隅) 교수는 "회사합병의 본질은 법률상으로도 회사재산의 포괄적 이전에 있는 것으로 해석해야 함이 명백하고, 말하자면 인격합병이라고나 해야 할 무리한 관념을 가져와서 오히려 본체인 재산의 이전을 그 하나의 부속적 효과라고

해야 할 이유는 추호도 없다"는 데 있다고 한다. 여기에서는 합병에 있어서의 재산의 움직임의 면이 두드러진다.

주식회사 합병의 본질관에 관한 이렇듯 대립적인 견해에 대하여, 나는 전에 「주식회사 합병에 있어서의 교부금」(경성제국대학·법학회논집 13책 1호 103면 이하)을 논하면서 약간 사견을 피력한 바 있었다. 그런데 이 졸고(拙稿)에 대하여 최근 다케다(竹田) 박사는 「再び會社の合併について(다시금 회사의 합병에 관하여)」(『민상』16권 6호 1면 이하)로써 간곡한 비판을 하였다. 여기에 감사의 뜻을 표하는 바이다. 그런데, 박사의 결론에 의하면, 우선 주식회사 합병의 본질에 관하여 ① "독일에서 말하는 재산법적 또는 사단법적 의미에서 본다면, 비견(卑見, 박사의 견해) 같은 것은 씨(氏)(註. 유민) 필자가 말하는 것과는 반대로 순사단법적이고, 더구나 Brodmann이나 Fischer보다도 더 한층 순수히 사단법적이라고까지 생각할 수 있다"[다케다(竹田)·전게(前揭)논문 4면], ② "독일에 있어서의 이른바 재산법적 견해는 일본에서는 아무도 그러한 설을 주장한 일이 없고, 나 역시 일본에서는 채용될 여지가 없는 것으로 생각한다"[전게(前揭) 6면], ③ "씨(氏)는 일본의 통설은 이른바 사단법적인 견지에 서는 것으로서, Brodmann이나 Fischer와 동렬에 놓고 있는데 그것은 사단법적인 견해임에는 틀림이 없으나, 독일에 있어서 Brodmann이나 Fischer 등의 견해를 사단법적이라고 일컫는 것과는 전혀 뜻이 다르다"[전게(前揭) 6면]고 하고, 다음으로 교부금의 한계에 관한 필자의 졸론(拙論)에 대하여 여러 가지 의문을 던졌다.

박사의 이러한 고교(高敎)를 기연(機緣)으로 하여 본고는 다음과 같은 사항을 고찰하고자 한다. 먼저, 주식회사 합병의 본질에 관하여 이른바 사단법적 또는 재산법적이란 어떠한 의미로 쓰이는 것인가. 그리고 그러한 학설 가운데서 일본 학설의 위치는 어떠한가. 특히 사단법적 또는 재

산법적이란 견해는 과연 박사가 말하는 것처럼 일본의 학설에는 타당할
수 없는 것일까. 다음으로 주식회사의 합병에 있어 자본증가는 어떠한 의
미를 가지는 것일까. 다케다(竹田) 박사 및 오스미(大隅) 교수의 합병본질
관에 있어서는 자본의 증가는 그 본질적 계기를 이룬다. 그러나 과연 자
본증가가 주식회사의 합병에 있어 그처럼 본질적인 것일까. 모든 합병은
그 본질적 요소로서 반드시 자본증가를 수반하여야만 하는 것일까. 만일
'자본증가를 수반하지 않는 합병(Verschmelzung ohne Kapitalerhöhung)'이
있다한다면, 이것은 이미 합병이라고는 인용될 수 없는 것일까. 합병이 되자
면 반드시 '자본증가를 수반하는 합병(Verschmelzung mit Kapitalerhöhung)'
이어야만 하는 것일까. 이 "주식회사 합병에 있어서 자본증가는 필연적이
냐"라는 문제는, 일찍이 HGB 시대 독일에서 즐겨 다투어졌던 테마였고[1],
또한 다케다(竹田) 박사 자신도 논급한 일이 있었다[2]. 따라서 여기에는 독
일 제(諸) 학설의 사단법적 또는 재산법적 이란 색채가 이미 선명하게
나타나 있기 때문에, 이것과 대비하면서 박사의 견해를 성격짓기에 좋은
방편이 되는 것이다. 박사 스스로 가리켜 사단법적이라고 하는 구성이
과연 이 문제에 있어 박사 자신에 의하여 끝까지 관철되고 있는가. 그리
고 마지막으로 이렇게 해서 정립된 주식회사 합병의 본질관에 입각하여
주식회사 합병에 있어서의 교부금에 관한 졸론(拙論)에 박사가 하신 비
판에 대하여 생각해 보고자 한다.

---

1) Vgl. R. Goldschmidt, Die sofortige Verschmelzung (Fusion) von Agen. 1930, S. 63ff.
2) 다케다(竹田)·「합병회사의 주주로서의 피합병회사(合併會社の株主としての被合併會社)」(『민상』 6권 1호 18면 이하) 및 「동회사의 합병에 관하여(同會社の合併について)」(『민상』 12권 5호 15면 이하) 참조.[이하 이 논문은 다케다(竹田)·「회사의 합병에 관하여(會社の合併について)」로 약칭한다.]

2. 주식회사의 합병에 있어서의 사단법적 측면과
재산법적 측면

주식회사의 합병은 그 적극적 효과로서 (가) 해산회사 주주의 존속회사 또는 신설회사에 의한 병합과 (나) 해산회사 재산의 존속회사 또는 신설회사로의 포괄승계와를 가져온다. 그리고, 주주의 합일(Vereinigung der Mitglieder)은 그 사단법적 측면(Korporationsrechtliche Seite)을 이루고, 재산의 합일(Vereinigung der Vermögen)은 그 재산법적 측면(vermögensrechtliche Seite)을 이룬다. 이 두 개의 다른 면의 어느 것이 주식회사 합병의 본질적 계기를 이루는 것일까. 이 답에 의하여 합병의 본질은 규정된다. 따라서 합병에 따르는 모든 개별적 문제, 가령, ① 해산회사의 주주로서의 존속회사는 해산회사의 합병결의에 있어 그 결의권을 행사할 수 있는가 ② 주식 이외에 교부금을 급여하는 것은 허용되는가 ③ 존속회사에는 반드시 자본증가가 있어야만 하는가 등을 해명할 열쇠도 여기에 있다.

그런데, 합병을 주로 사단의 움직임의 면에서 파악하여 사단법적으로 구성하려는 사람은 법인격의 이행(Übergang der Rechtspersönlichkeit)에 의한 주주의 병합을 제1차적인 것으로 보고, 재산의 이행(Übergang des Vermögens)을 부차적인 것으로 간주하는 데 대하여, 이와는 반대로, 재산의 움직임의 면을 부각시켜 합병을 재산법적으로 구성하려는 사람은 재산의 이전이야말로 합병에 있어 본질적인 것이고 주주의 병합은 기껏해야 그 결과에 지나지 않는 것이라 한다. 이처럼 합병의 사단법적 성격을 강조하는 입장과 그 재산법적 성격을 강조하는 입장과의 대립은 HGB에 대한 독일의 제(諸) 학설에 있어서 해명했다.[3]

---

3) Vgl. R. Goldschmidt, a.a.O.S.22ff.

HGB는, 주지하는 바와 같이, 일반적인 규정으로서 제303조에서 회사 재산의 전부양도를 규정하고, 이어서 특별규정으로서 제305조, 제306조에서 합병을 규정하고 있다. 즉, 여기에서는 합병은 영업양도에 연속한다. 따라서, 이러한 합병에 있어서는, 재산의 이행이 제1차적인 것으로 되고 법인격의 이행은 제2차적인 것으로 된다. 바꾸어 말하면, 재산법적인 것을 전면으로 내세워 합병을 단순히 일면적로 사단법적 행위(Geschäft des Korporationsrechts)라고는 하지 않는다. 아니, 주식회사의 합병이란 바로 주식과 맞바꾸는 재산의 양도이고, 재산이 없어진 회사의 소멸은 그 결과에 지나지 않는다고 한다. 이런 견해에 따른다면 합병은 영업양도의 한 아종(亞種)으로서 그 차이는 합병이 주식과 맞바꾸는 재산양도(Vermögensveräusserung gegen Aktien)인 데 대하여 영업양도는 금전과 맞바꾸는 재산양도(Vermögensveräusserung gegen Geld)일 뿐이다. 즉, HGB의 합병구성은 재산법적이다, 라고 단정할 수 있다.

이러한 제도법의 구성에도 불구하고 일련의 학설들은 합병에 있어서의 사단법적 계기만을 순화시킨다. 가령 Fischer[4]는 말한다. "합병은 사단법적 행위이다. 바로 그렇기 때문에 존속회사로부터의 반대급부는 원칙적으로 그 주식이어야 한다. 더욱이 그 주식은 특히 그 때문에(ad hoc) 행해진 자본증가결의에 의해 발행된 것이 아니면 안 된다. 해산회사의 주주는 그 재산을 존속회사로 옮기고 그 때문에 해산한 회사의 사원권을 포기하는 대신에 존속회사의 사단적 행위(korporativer Akt)에 의하여 그 사원권을 부여받아 그 사원으로서 수용(aufnehmen)된다. 합병이라는 행위에 있어서는 해산된 사단은 소멸(untergehen)한다고 하기보다는 오히려 확충된 다른 사단 안으로 이행(aufgehen)하는 것이다"라

---

4) Fischer, Die Aktiengesellschaft, in Ehrenbergs Hdb. Bd. III Abt. a, S. 417.

고 한다. 이러한 설명의 원형은 이미 K. Lehmann에서 찾아볼 수 있다. 그
는[5], "합병이란 2개 이상의 회사가 하나의 회사로 합일되는 것이다. 이
합일의 방법은 가지가지다. 즉, 합병은 합병하는 회사가 모두 기존의 법
인격을 새로운 회사를 위하여 포기하거나 또는 그 한 회사가 다른 회사
안으로 이행(aufgeher)함으로써 행해진다"라고 한다. 또 가령 Brodmann[6]
은 합병에 의한 재산의 양도는 반대급부에 대한 급부 (Leistung gegen
Geigenleistung) 내지 쌍무적 법률행위는 아니고, 참가를 위한 급부
(Leistung gegen Beteiligung)이다, 라고 한다. 또 예컨대 Heymann[7]은 "합
병은 사단법적 행위이다. 그러므로 여기서는 BGB 제433조·제515조의 의
미에 있어서의 가격이 약속되고 수여되는 것이 아니고, 2개의 주식회사
의 회사법적 합일(eine gesellschaftliche Verschmelzung)이 행해지고, 반
대급부로서는 오직 회사법적 권리(gesellschaftliche Rechte)만이 주어져
해산회사는 남김없이 존속회사에 이행된다"라고 한다. 또 가령
Schultze v. Lasaulx는[8] "합병은 사단법적 요소와 함께 개인법적 재산
법적 요소를 하나로 하고 있다. 그러나 사단법적 원리(Korporations
-rechtliche Grundsätz)에 압도적으로 지배받고 있다. 아니, 합병은 몇몇
의 연쇄적인 개별적 행위, 즉 이른바 합병계약·당사회사의 총회결의·
법원에 대한 신고와 등기 등을 통합하는 사단법적 공동행위(ein
Korporationsrechtlicher Gesamtakt)이다. 이 합동행위를 경경하게 개인법

---

5) Vgl. K. Lehmann, Das Recht der Aktiengesellschaften, Bd. 2, SS. 523, 524.
6) Vgl. Brodmann, "Warum sind bei Fusionen Zuzahlungen wider das Gesetz?"
　 ZBH. 1927, S. 124 ff. bes. S. 126 u. Ders., Aktienrecht(Komm.) 1928, Anm.
　 7(b) zu §306.
7) Heymann (Bremen), "Aktienrechtliche Fusion" ZHR. 92, SS. 220, 221.
8) Schultze v. Lasaulx, "Zur Fusion von Aktiengesellschaften u. Genossenschaften,"
　 Jher. Jb. 79, S. 354.

적 행위 (Rechtsgeschäft des Individualrechts)에 비(比)해서는 안 된다. 왜
냐하면, 합병은 개인법과는 전혀 친할 수 없는 존속회사에 의한 주주의
합병과 등기라는 점에서 사단법적 규정에 따르면서 동시에 HGB 제303
조에 의한 재산의 양도행위라는 재산법적인 핵심을 가지고 있기 때문
이다"라고 한다.

이렇게 합병에 있어서의 사단법적 계기를 거의 일면적으로 강조하는
데 대립하면서, 단지 HGB의 구성을 형식적인 거점으로 삼는데 그치지
않고, 합병 그 자체의 본질에서 합병에 있어서의 재산법적 계기를 두드
러지게 하는 학설이 있다. Junk[9], Ullmann[10], Breit[11] 외에 가령
Hacherburg[12] 같은 사람은, 합병을 2개의 주식회사가 하나의 새로운
법인으로 합일(vereinigen)되는 행위라고 하고, 존속회사로부터 해산회
사의 주주에게 주는 교부금의 지급을 개념적으로 생각할 수 없다고 하
는 것은 삼가야 한다. 이러한 반신비감(半神秘感, halbmystisches
Gefühl)이 통설의 기초에 깔려 있는 것 같다. 그러나 합병은 해산회사
의 재산이 다른 회사에 양도됨으로써 행하여진다. 주주를 수용하는 것
은 다만 기업의 획득의 대가로서 주식이 급여되는 결과에 지나지 않는
다, 라고 한다.

그러면, 일본상법에 있어서는 어떠한가. 통설[13]은 회사의 합병이란

9) Vgl. Junck, "Sind bei der Fusion (Verschmelzung) zweier Aktiengesellschaften
   neben der Gewährung von Aktien auch andere Leistungen Zulässig,?" LZ. 1924.
   Sp. 489 ff.
10) Vgl. Ullmann, Die Veräusserung des Vermögens einer Aktiengesellschaft im
    Ganzen, 1915 S. 35 ff.
11) Vgl. Beit, "Fusion u. Aktienrechtsreform?", ZHR. 95 S. 23 ff.
12) Vgl. Hachenburg, "Sind bei der Fusion zweier AGen. neben der Gewährung von
    Aktien auch andere Leistungen zulässig.?" LZ. 1911, S. 646 ff. bes. S. 655.
13) 예컨대, 다나카(田中)·「회사법개론」, 132면 참조.

"두 개 이상의 회사가 하나로 되는 물권적 효력을 가지는 일종 특별한 계약"으로서 주주의 병합은 그 주된 당연한 결과이고, 재산의 병합은 "합병계약에 부수케 된 결과"에 지나지 않는다, 라고 한다. 이것은 이미 말한 K. Lehmann, Fischer, Heymann 등과 바로 같은 유파(流派)에 속하는 것이다. 다케다(竹田) 박사가 일본의 통설은 독일에서의 이른바 사단법적이라고 일컫는 것과는 "전혀, 취지가 다르다"고 하는 것은 참으로 이해하기 곤란한바다. 즉, 일본의 통설은 합병에 있어 오로지 사단의 움직임의 면을 잡아 합병의 사단법적 측면을 두드러지게 한다. 이에 대하여 오스미(大隅) 교수는 일찍이 의문을 던졌다.14) 즉, "법인격을 가진 사단으로서의 회사를 합쳐 하나의 회사로 하는 것이 법리상과연 가능한가. 또 설사 가능하다 하더라도 회사의 합병을 그런 행위로보는 것이 합병제도 본래의 목적으로 보아 타당한가는 의심치 않을 수없다." "도시 법률이 회사에 대하여 특히 합병이란 제도를 인정한 이유는, 말할 나위도 없이 기업의 유지 즉 회사로서 청산에 의한 기업의 해체에 따르는 경제상의 불이익을 면하게 하고자 하는데 있다. 그리고 법률이 그 목적을 위해 채택하여온 수단이 회사재산의 포괄승계에 의한이전이다. 우리는 다만 이 사실을 직시하면 된다. 그렇다면 회사합병의본질은 법률상으로도 회사재산의 포괄적 이전에 있다고 해석해야 한다는 것이 명백하고, 이를테면 인격합병이라고나 해야 할 무리한 관념을잡아와서 오히려 본체인 재산의 이전을 가지고 그 하나의 부수적 효과라고 할 이유는 추호도 없다." "나도 일본상법상의 합병에 있어서는 해산회사의 사원이 존속회사 또는 신설회사의 사원으로 되는 것을 요건으로 한다고 생각하나, 그것은 합병이 법률상 사단법인을 합일하는 행

---

14) 오스미(大隅)·「상법개정요강에 있어서의 회사합병의 문제(商法改正要綱に於る會社合併の問題)」, 『법총』26권 5호 80-88면 참조.

위여야 하기 때문이 아니라, 상법규정의 해석상 인정되어야 할 한 결과이고, 통설과는 그 의미가 전혀 같지 않다"고 한다. 약언(約言)한다면, 합병의 본질은 재산의 병합·포괄승계에 있는 것이지, 주주의 병합·인격의 병합에 있는 것은 아니며, 아니, 오히려 후자야말로 전자의 부수적 효과에 지나지 않는다고 갈파하는 것이다. 여기서는 합병의 재산법적 측면이 빛나고 있다. 이미 전고(傳稿)에서도 말한 바와 같이[졸고(拙稿) 144면], 일본에 있어서는 최초로 합병에 있어서의 재산법적 계기에 착안한 탁론(卓論)이라고 해야 할 것이다. 교수는 다시 한걸음 더 나아가 "회사의 합병은 회사재산을 전체로서 이전하는바 행위이고, 그런 한에 있어서는 합병도 회사의 영업 전부의 양도도, 다를 바는 없는 것이나, 그 이전이 전자에 있어서는 다른 회사에 대한 재산출자라는 의미를 가지는데 반하여, 후자에 있어서는 매매 또는 교환으로서 행해진다는 점에 그 근본적 상이가 있다"[전게(前揭) 87면]고 단정한다. 여기에 있어서는 합병에 있어서의 재산법적 계기의 강조의 극한을 볼 수 있다. 이것은 이미 말한 바와 같이 독일에 있어서도 합병의 재산법적 구성의 순수형이라 하던 것이다. 이러한 사상(事象)을 앞에 두고 다케다(竹田) 박사가 "독일에 있어서의 이른바 재산법적 견지는 일본에 있어서는 누구에 의해서도 주장된 바 없다"고 하는 것은 도대체 어떻게 이해되어야 할 것인가.

　어떻든, 이러한 대립 가운데서, 독일에서나 일본에서나 다 같이 합병에 있어서의 사단법적 계기를 일면적으로 추상(抽象)하는 입장이 오히려 통설이 되고 있었다.[15] 그것은 생각건대, 이러한 사단법적 견해는 본시 O.v. Gierke의 '단체이론'에서 연원(淵源)하는 것이었기 때문일 것

---

15) Vgl. Hachenburg. a.a.O.S. 655; R. Goldschmidt, a.a.O.SS. 24, 25, 41. 그 밖에도 졸고(拙稿)·전게(前揭), 130면 주 1 참조

이다.[16] 그리고 이렇듯 주식회사 합병에 있어서의 사단법적 계기의 강조는 바로 주식회사 그 자체에 있어서의 사단법적 계기의 강조의 한 투영(投影)이 아니겠는가.[17] 왜냐하면, 주식회사의 사단성의 순화는 그 합병에 있어서의 사단법적 측면을 두드러지게 하지 않을 수가 없을 것이기 때문이다. 그리고 바로 그 반대로, 그러한 합병의 순수한 사단법적 구성에 대하여 의혹이 생기게 된다면, 그것은 바로 주식회사 그 자체의 순수한 사단성의 동요(動搖)를 반영하는 것이라고 말할 수는 없겠는가. 즉, 주식회사 합병에 있어 재산법적 계기의 조출(彫出)은 주식회사 그 자체에 있어서의 재산법적 계기의 발견을 말하여 주는 것일 것이다. 좀 더 단적으로 말한다면, 주식회사 합병에 있어서의 사단법적·재산법적이란 문제는, 실은 주식회사 그 자체의 사단법적·재산법적이란 문제의 축도적(縮圖的) 현현(顯現)에 불과한 것이 아니겠는가.

어쨌든 Wieland에 의하여 주식회사의 사단성의 절대성이 공격받은 이후 주식회사의 사단성은 크게 의심받았다.[18] 나치 정권하의 주식회사법 개정위원회의 제1보고서[19]는 "주식사단(Aktienverein)을 없애고 대신 진정한 의미에 있어서의 주식조합(Aktiengesellschaft)을 가져오지 않으면 안 된다"고 주장하여 1937년의 주식법은 마침내 그 모두에다

16) Vgl. R. Goldschmidt, a.a.O.S. 22 ff.; O.v.Gierke, Die Genossenschaftstheorie und die Deutsche Rechtsprechung 1887, S. 825 ff.

17) R. Goldschmidt, a.a.O.S. 25 Anm. 3은 일반적으로 사단법적 견해를 현대 주식회사에 끌어넣는 것 자체를 의아시하고 있다.

18) Vgl. Wieland, Handelsrecht, Bd. 1, S. 336 ff. Zahn, Gegen den körperschaftlichen Aufbau des Aktiengesellschaft, Deutsche Justiz, 1935 S. 27 ff. 또 마쓰다(松田)·「주식회사의 기초이론(株式會社の基礎理論)」(소화 17년), 76면 이하 및 225면 이하(以下). 도요사키(豊崎)·「주식회사에 있어서 다수결의 남용(株式會社に於ける多數決の濫用)」,「법협」 58권 5호 23면 이하 참조.

19) Vgl. Bericht des Ausschus es für Aktienrecht der Akademie für Deutsches Recht, ZAKDR. 1. Jahrg. (1934) Heft 1. S. 20 ff.

"주식회사는 고유의 법인격을 갖는 Gesellschaft이다"[20]라고 규정하였
다. 여기서 우선이나마 주식회사법은 그 사단성의 퇴색을 강요받지 않
을 수 없었던 것이다. 더구나 그것은 단순한 '도그마'로서가 아니고, 주
식회사에 있어서의 소유와 경영의 분리, 1인 회사 등의 사실로써 강하
게 저초(低礎)되고 있다. 뿐만 아니라 주식회사의 구조변혁은 그 물적
요소를 현재화하고 인적 요소를 후퇴시키면서 사단형태로부터 재단형
태로 발전하는 것으로 생각된다.[21] 그리고 이러한 경향은 주식회사 합
병의 본질에도 스며들지 않을 수 없다. 주식회사 합병에 있어서의 재산
법적 계기의 강조는 바로 이 조류를 따르는 것에 지나지 않는다. 독일
주식법은 '합병의 본질'이라고 제(題)하고 그 제233조(1965년법 제339
조)에서 "주식회사는 청산을 거치지 않고 이를 합일(합병)케 할 수 있
다. 합병은 ① 한 회사(양도회사)의 재산을 전체로서 다른 회사(양수회
사)에 양도하고 그 대신 이 회사의 주식의 급여를 받거나 또는 ② 새로
운 주식회사를 설립하여 합일시키려는 각 회사의 재산을 전체로서 이
전하고, 그 대신 신회사의 주식의 급여를 받는 것으로써 이를 행한다"
고 규정한다. HGB 시대의 지배적 학설이 강하게 사단법적이었음에도

---

20) 주식법 기초자인 Schlegelberger, Quassowski도 그 Kommentar, Anm. 2 zu §1에
    서, 이 점을 가리켜 민법상의 조합과는 다르나, 역시 특수한 조합으로 인정한
    것이라고 한다. 그러나 사단설은 역시 입을 다물고 있지 않다. 예컨대
    J.v.Gierke, Handelsrecht u. Schiffahrtsrecht, 5 Aufl. II Teil, 1941, S. 170,
    Teichmann -Koehler, Aktiengesetz, 1937, 2c zu §1, etc에는 여전히 사단설이 유
    지되고 있다. 또 마쓰다(松田)·전게서(前揭書), 144면 이하, 특히 147면도 주식
    회사의 사단성을 강력히 주장한다. 이에 대하여는 니시하라(西原)·「신간비평,
    마쓰다(松田) 박사 저(著) 주식회사의 기초이론(株式會社の基礎理論)」, 『법시』
    14권 12호 59면 참조.
21) 니시하라(西原)·전게서(前揭書), 59면 참조. 이러한 견해는 Wieland, Zahn 등과
    같이 주식회사를 조합이라고는 하지 않지만, 주식회사의 사단성 강조를 부정하고
    있는 점에서는 공통의 지반에 서 있다고 생각한다.

불구하고, 합병에 있어서의 재산법적 계기를 고려하지 않을 수 없었던 것이다. 즉, 여기에서는, 합병에 있어서의 사단법적 계기에다 재산법적 계기가 융연(融然)히 녹아들어 있는 것이다.22) 나 역시, 합병의 본질은 재산의 합일·포괄승계에 있다고 생각한다. 그렇지만 상법에 있어서는 주식회사는 아직도 사단으로서 구성되어 있다(商 제52조 제1항 현행상 제169조). 그런 한에 있어 사단으로서의 주식회사의 합병을 그 하나의 요소라고 하는 주주로부터 전혀 떨어져서 생각할 수는 없다. 바꾸어 말하면, 주주의 병합이라는 사단법적 계기를 전적으로 사상(捨象)해 버릴 수는 없다. 즉, 주식회사의 합병은 이미 HGB 시대부터 R. Goldschmidt23), Gibert24) 등에 의하여 절묘하게도 갈파(喝破)되어 있듯이 사단법적이고도 재산법적인 법률행위라고 하여야 할 것이다.

그런데, 오스미(大隅) 교수는 앞서 말한 바와 같이 주식회사의 합병을 재산법적으로 구성하여, 합병의 본질은 "법률상으로도 회사재산의 포괄승계에 있다"고 하고나서 다시 "현물출자로써 하는 회사의 자본증가(흡수합병) 또는 설립(신설합병)과 다를 바 없다"라고 규정하는 것이다. 그리고, 다케다(竹田) 박사도 또 기술한 바와 같이 "주식회사의 합병이란 해산회사의 영업 전부로써 존속회사의 자본증가 또는 신회사의 설립이다"라고 한다. 그리고 스스로 "오스미(大隅) 교수의 소설(所說)과 거의 동일한 것이다"라고 한다. 한 걸음 더 나아가 박사는 통설의 구성 - "두 개 이상이 회사가 하나로 되는 물권적 효력을 가지는 일종 특별한 계약"이라고 하는 설명은 "필경 일장(一場)의 비유(比喩)에 지나지 않는다" "로맨틱하다"라고 한다. 여기 Hachenburg가 독일에 있어

22) Vgl. Schegelberger-Quassowski, Aktiengesetz, Anm. 15 zu §233.

23) R. Goldschmidt, a.a.O.S. 25.

24) Gilbert, "Formzwang für Fusionsverträge?" JW. 1928, S. 2598.

서의 통설의 사단법적 구성을 가리켜 halbmystisch라고 한 것을 상기할 때, 나는 다케다(竹田) 박사의 견해가 그 근본에 있어 재산법적 견해에 선 것으로 단정하는 데 조금도 서슴지 아니하였던 것이다. 그런데, 이제 박사는 스스로 자신의 견해는 사단법적이라고 한다. 그러면서도 박사는 주식회사의 합병에 있어 주주의 병합과 재산의 병합과의 어느 면을 그 본질적 계기로 삼는가에 대하여는 아무 말도 하지 않고 있다. 즉 박사는 스스로 독일에서 말하는 의미에 있어서 "Brodmann 및 Fischer와 공통의 사단법적 입장에 선다"라고 말하면서 바로 그렇게 말해야 할 근거에 대하여는 아무 긍인(肯認)할만한 설명을 하지 않는다. 물론 박사가 합병의 본질이라고 하는 자본증가·설립이라는 행위는 회사법 특유의 사단법적 행위이기는 하다. 그러나, 합병의 구성의 방법으로서 사단법적·재산법적이라 일컫는 것은 기술한 바와 같이 그런 점에서 규정되는 것은 아니다. 생각건대, 오스미(大隅) 교수의 경우, '현물출자'· '자본증가' 및 '설립'의 어떤 관념 내지 그것들의 결합도 박사 자신이 정당하게도 합병의 본질적 계기라고 하는, 회사재산의 '포괄승계'라는 관념을 논리 필연적으로 포섭하고는 있지 않은 것과 마찬가지로, 다케다(竹田) 박사의 경우, 합병의 본질에 관하여 사단법적이라는 것, 즉 박사 자신의 말에 의하면, "존속회사가 해산회사의 주주를 그 조직 속에 수용하는 것이 합병의 본체이다"라고 하는 것과 합병을 "현물출자로써 하는 자본증가 또는 설립"이라고 하는 것과는 아무런 필연적 연관이 없다. 같은 결론을 내리면서 오스미(大隅) 교수는 재산법적이라고, 다케다(竹田) 박사는 사단법적이라고 하는데, 이미 그 결론과 재산법적· 사단법적이라고 하는 것과의 사이의 필연적 연관의 결여가 분명히 나타나 있는 것이다. 그럼에도 불구하고, 박사는 스스로 사단법적이라고 못 박고 있다.

3. 주식회사의 합병에 있어서의 자본증가

주식회사의 합병 특히 흡수합병은 흔히 자본증가에 비유된다. 가령,
K. Lehmann[25]은 흡수합병에 있어서는 '현물출자가 등장하는 자본증
가'를 볼 수 있으며, 신설합병은 '현물출자가 있는 변태적(變態的) 설립
(qualifizierte Gründung)'으로 볼 수 있다고 말하고, Brodmann[26]도
"HGB의 이른바 합병이란 존속회사의 입장에서 말하면, 변태적 자본증
가(qualifizierte Kapitalerhöhung) 바꾸어 말하면 오로지 현물출자만에
의한 자본증가이다"라고 말한다. 일본에 있어서는 다케다(竹田) 박사와
오스미(大隅) 교수에 의하여 다 같이 "주식회사의 흡수합병의 본질은
해산회사의 영업 전부를 현물출자로 하는 존속회사의 자본증가에 있
다"라고 한다. 이것은 통설과는 현저한 격차가 있는 유니크한 설명이
다. 그러나 합병의 이러한 본질규정은, 오스미(大隅) 교수에 의하여 정
당하게도 합병의 본질적 개념요소라고 하는 재산양도의 포괄성을 그
내포로서 포섭하지는 않고 있다. 물론 이러한 것은 오스미(大隅) 교수
와는 달리 사단법적 견지에 서 있는 다케다(竹田) 박사에게는 아무런
걱정거리가 아닌지도 모른다. 그러나 단순한 현물출자와 자본증가와의
결합(商 제348조·제350조·제353조·제355조의 결합을 생각할 것)이 곧
바로는 결코 흡수합병이 될 수는 없을 것이다. 합병의 관념은 출자에
의한 자본증가는 흡수합병이 함축하는 갖가지 요소 가운데 하나에 지
나지 않는다. 현물 자본증가의 관념보다 훨씬 더 포괄적이다[27]. 이 점

---

25) K. Lehmann, a.a.O.S. 524 ff.

26) Brodmann, Anm. 1 b zu §305; ders, "Über den Bericht der Aktienrechtskommission
   des Juristentags," ZHR, 94 S. 81. 그 밖에도 예컨대, Wieland, a.a.O.S. 360.

27) Heymann은 말하기를, "합병을 자본증가에 있어서의 출자행위에서 구별하는 것
   은 어렵다. 합병은 종종 자본증가)의 하나의 아종이라고 하나, 그것은 옳지 않다.

에서 우선 상술한 바와 같은 합병의 본질규정에는 수긍할 수 없다.

뿐만 아니라 과연 존속합병에 있어서 자본증가는 그렇게 꼭 필연적인 것일까. 어떠한 존속합병에 있어서도 자본증가는 반드시 존재하여야만 하는 것일까. 다시 또 현물출자된 금액만큼 자본증가가 되지 않으면 안되는 것일까. 만일 이에 저촉하면, 가령 '자본증가를 수반하지 않는 합병(Verschmelzung ohne Kapitalerhöhung)'[28] 같은 것은 합병으로서 무효인 것인가. 문제는 ① 존속회사와 해산회사가 지주관계에 있을 때와 ② 당사회사에 자기주식이 있는 때에 생긴다.

1) 존속회사가 해산회사의 주식을 가지고 있을 때

이러한 당사회사 사이의 합병일 때, 존속회사는 자기가 가지고 있는 해산회사의 주식에 대하여 자기의 신주를 발행할 수 있는 것일까. 이는 곧 자기주식의 인수가 되어 허용될 수 없는 것이다.[29] 왜냐하면, 합병

물론 그 두 가지 경우가 다 순회사법적 행위이기는 하나, 합병은 자본증가보다는 훨씬 포괄적이다. 설사 재산의 포괄적 출자에 의한 자본증가와 비교할 경우에도" 라고 한다. Vgl, Heymann, a.a.O.S. 222.

28) Vgl. Schmitt, "Fusion ohne Kapitalerhöhung," ZBH, 1927, S.24 ff.; RGZ. 124, S. 304etc.

29) 동지(同旨), Ullmann, a.a.O.S. 47; R. Goldschmidt, a.a.O.S. 43; Schlegelberger -Quassowski, Anm. 9 zu §238 u. Anm. 2 zu §237; v. Godin-Wilhelmi, Aktiengesetz, 1937, Anm. 3 zu §238 u. Anm. 17 zu §65, 다케다(竹田)·「합병회사의 주주로서의 피합병회사(合併會社の株主としての皮合併會社)」,『민상』6권 1호 25면 및 동·회사합병, 16면은 이 결론과는 달라서, 이 경우는 주식의 자기인수임은 인정하면서도, 아직 "자기인수에 의한 취득도 합병에 의한 취득과 다름이 없으므로" "상법의 규정(제210조)은 이 경우까지도 포함하여 규정한 것으로 보아야 한다"고 한다. 그러나 자기주식인수의 예외규정인 제210조가 이러한 경우도 포괄하는 것일까. 더군다나 박사 스스로 흡수합병을 자본증가의 한 이종이라 하고, 나아가 그 실익은 거기에 있어서의 법리를 여기에 채용할 수 있는 점에 있

에 있어서 주식의 교환은 인수와 성질을 같이 하는 것이기 때문이다. 그러므로 존속회사가 해산회사의 주식을 가지는 한도만큼 자본증가는 할 수 없다고 하지 않으면 안 된다. 실제의 합병계약이, 존속회사는 해산회사의 주식을 가지고 있는 한도만큼은 신주를 발행하지 않는다, 라고 규정하는 것은 바로 이 때문이다[30]. 따라서 이 한도에 있어서 자본증가의 필연성은 부정된다. 그리고 또 그 한도에 있어서 현물출자액과 자본증가액과는 들어맞지 않을 터이다.

존속회사가 해산회사의 모든 주식을 소유하는 일도 있을 수 있다. 이러한 1인회사(Einmanngesellschaft)의 존재는 일본상법(韓商 제404조, 舊商法 제221조 제3호 참조)도 이를 허용한다. 이러한 친자회사 사이의 합병일 때에는 상술과 같은 이유에 의하여 자본증가는 전혀 결여되어야 할 것이다. 주식의 교환·배정은 하나도 없다. 해산회사의 주식은 합병의 시점에 있어서 소멸하고, 주권은 소각되지 않으면 안된다. 그러므로 실질상으로는 존속회사에 있어서 장부상 또는 대차대조표상 증권의 항이 말소되고, 그 대신에 해산회사의 각종 구체적 재산이 기입되어 가는데 지나지 않는다. 여기에 있어서는 자본증가의 필연성은 전혀 부정된다. '자본증가를 수반하지 않는 합병(Verschmelzung ohne Kapitaler-höhung)의 순수형이다. 주주의 병합도 생길 리가 없다. 합병에 있어서의 사단법적 계기는 완전히 결여되고 있다. 다만, 이것은 1인 회사 그 자체가 이미 사단성을 전혀 결여하고 있었다는 데 기인하는 것이다. 이러한

다고 하면서, 자본증가에 있어서는 인정되지 않는 자기주식인수를 합병에 이어서는 인정하는 것은 참으로 모순이다. 아니나 다를까, 박사도 "합병회사는 그가 가지는 피합병회사의 주식에 대하여는 합병에 의하여 발행하는 자기의 신주를 취득하지 않는 것으로 하는 것도 법률상으로는 가능하다"라고 부연하는 까닭이 여기에 있다.

30) Ullmann, a.a.O.S. 46; Staub-Pinner, Anm. 6 zu §305.

합병도 역시 합병으로서 인정될 수 있는 것일까.

2) 존속회사가 자기주식을 가지고 있는 때

일본상법은 독일주식법과 같은 저장주(Vorratsaktien)라는 것을 인정하고 있지 않다. 그러나 합병 때 존속회사가 때로는 상법 제210조(韓商 제341조)에 의한 자기주식을 소지하고 있을 수는 있다. 이 경우 이 구주를 합병에 의한 주식의 배정에 돌릴 수는 없는 것일까. 물론 이 구주의 존재에도 불구하고, 합병에 의한 자본증가를 이유로 신주를 발행할 수도 있다. 그러나 기존의 구주를 해산회사의 주주에게 배정하는 것은 어떠한 점에서 위법이 되는 것일까.[31] 자기주식에 대한 제211조(韓商 제342조) 후단의 '처분'의 취지에 반하는 것으로는 생각되지 않는다. 그렇다면, 어떠한 점에서 합병의 본질에 어긋나는 것일까.

만일에 이것이 허용되는 것이라면, 자기가 가진 주식의 한도만큼 자본증가의 필연성은 결여된다. 그리고 현물출자액 자본증가액과는 들어맞지 않게 된다. 특히 합병에 의하여 필요한 모든 주식교환을 전부로 이 구주로 때우는 데, 이때는 자본증가는 전혀 결여되게 된다. 즉 여기에 '자본증가를 수반하지 않는 합병'의 순수형을 볼 수 있게 된다. 때문에 문제는 존속합병에 있어 자본증가는 그토록 필연적이냐 라는 것으로 바뀌어진다.

---

31) Schlegelberger-Quassowski, Anm. II zu §238은 이를 인용한다.

3) 해산회사가 존속회사의 주식을 가지고 있는 때

합병에 의하여 이들 주식은 존속회사에 승계된다. 그러한 자기주식의 취득은, 아니 이 취득만이, 이 상법 제210조(韓商 제431조)에 의하여 허용된다. 이 경우 존속회사에 있어서는 그러한 자기주식까지도 포함한 해산회사의 전 재산을 평가하여 자본증가를 할 수도 있다. 그러나 그러한 자기주식을 그 합병에 있어서 해산회사의 주주에 대한 배정으로 돌릴 수는 없는 것일까.[32] (2)와 동일한 문제가 제기된다. 만일 이것이 허용된다고 한다면, 자기주식 취득의 한도만큼 자본증가의 필연성은 부정된다. 그리고 여기서도 현물출자액과 자본증가액과는 일치하지 않는다. 그러한 자기주식의 처분방법은 상법 제211조(韓商 제342조)에 위배되지 않는 것이 명백한 것이니, 그 밖에 합병의 본질에 어긋나는 점은 무엇이겠는가.

4) 해산회사가 자기주식을 가지고 있는 때

존속회사가 해산회사 재산을 포괄승계함으로써 이들 주식은 존속회사의 소유가 된다. 그러므로 (1)의 경우와 같이 이에 대하여 합병에 의한 신주를 배정할 수는 없다. 그 한도만큼 자본증가의 필연성은 없어진다. 그러나 이 경우는 (1)의 경우와는 달리, 현물출자액과 자본증가액과는 일치한다. 왜냐하면, 본래 이러한 자기주식은 하등 합병의 대상이 될 재산을 형성하지 않기 때문이다.

이 네 가지 경우의 문제는 필경 "흡수합병에 있어서 자본증가는 필연

---

32) Schlegelberger-Quassowski, Anm, 7 zu §238; v. Godin-Wilhelmi, Anm. 17 zu §66는 어느 것도 이를 인용한다.

적이냐" 하는 것으로 집약된다. 이 물음에 대한 HGB 시대의 학설의 해답은 둘로 갈라진다. 합병에 있어서의 사단법적 측면을 강조하는 입장은 이를 긍정한다. 이것을 Fischer로 하여금 대표시킨다[33])면, "합병은 사단법적 행위이다. 그러므로 존속회사의 반대급부는 그 주식이어야만 한다. 더욱이 특히 그 때문에(ad hoc) 행한 자본증가결의에 따라 발행된 주식이 아니면 안 된다. 만일 허용될 수 있는 교부금 이외에 자기주식이든, 개인법적 행위에 의하여 기왕의 주주로부터 단순히 유가증권으로서 취득한 것이든, 그것을 급여한다면 다같이 개인법적·비사단법적 행위가 있었는데 불과하다." 따라서 합병이라고는 할 수 없다고 한다. 즉, '금전과 맞바꾸는 합병(Fusion gegen Geld)'이 합병이 아닌 것은 말할 나위도 없고, 진정한 합병이란 단지 '주식과 맞바꾸는 합병(Fusion gegen Aktien)'이어야 할 뿐 아니라, 특히 그 때문에 한 자본증가에 의하여 발행하게 된 '새로운 주식과 맞바꾸는 합병(Fusion gegen junge Aktien)'이 아니면 안 된다. 자본증가의 필연성은 엄히 지켜지지 않으면 안 된다. 합병은 언제나 '자본증가를 수반하는 합병(Fusion mit Kapitalerhöhung'이 아니면 안 된다고 하는 것이다. 이에 대하여 합병에 있어서의 재산법적 측면에 중점을 두는 입장은 전술의 물음을 부정한다[34]). 즉 합병에

---

33) Fischel, a.a.O.S. 417. 그 외, 예를 들면, Brodmann, Aktienrecht, Anm. 7a zu §306; Heymann, a.a.O.S.232.도 동지(同旨)이다.

34) "자본증가는 합병의 본질적 개념요소가 아니다", "자본증가는 필연적인 것은 아니다"라고 하는 주장에는 가령, Staub-Pinner, §305, Anm. 14; Ullmann, a.a.O.S. 41; Lehmann, a.a.O.S. 524; F. Goldschmidt, Anm. 11 zu §305; Horrwitz, Recht der Generalversammlung, S. 453; Müller-Erzbach, Deutsches Handelsrecht, 2/3 Aufl. 1928, S. 314; Schmitt, a.a.O.S. 24가 있고, 판례도 또 이 입장에 선다(Vgl. RGZ. 124, S. 279 ff. bes. S. 304.). 그러나 그러한 재산법적 결론을 택한 자 가운데에는 가령 Staub-Pinner, Lehmann, Goldschmidt, Horrwitz etc.과 같이 교부금에 관하여는 제한적 입장, 즉 사단법적 견해의 결론을 택하여 그 입장이 일관하지 않는데 대해 Breit, a.a.O.S. 404 ff. bes SS. 411, 412.가 통격(痛擊)하고 있는

있어 자본증가는 필연적이 아니다. 아니, 위법일 경우까지 있다. '자본증가를 수반하지 않는 합병'도 또한 합병이다. 현물출자액의 일부에 대해서만 자본증가가 행해졌다 해도 역시 '완전합병(Vollverschmelzung)'[35]임에 틀림없다. 자본증가가 있는 부분만이 합병인 것은 아니다, 라는 것이다. 이러한 재산법적 견해는 독일법조회 주식회사법개정위원회를 지배하고,[36] 1930년의 제1초안과 1932년의 제2초안을 일관하고,[37] 다시 독일주식법 제238조 제1항(1965년법 제344조제1항) "존속회사는 해산회사의 주식 또는 자기주식을 소유하는 한도만큼 자본증가를 하지 않는 합병을 할 수 있다"는 것으로 결정되었다. '자본증가를 수반하지 않는 합병'은 여기서 제정법적으로 인용되었던 것이다. 일본상법의 해석으로서도 나는 이 결론에 따른다. 그런데 다케다(竹田) 박사[38]는 "존속회사가 소멸회사의 주식을 가지고 있는 경우에는 합병의 실제에 있어서는 존속회사가 그 소유의 소멸회사의 주식에 대하여 신주권을 발행하지 않는다는 뜻을 규정하는 경우가 많고, 혹은 오히려 이것이 통상의 방법이

바와 같다. 생각건대, 합병에 있어서의 사단법적·재산법적이라는 것을 뚜렷한 대립 속에서 의식하면서 합병에 관한 여러 학설을 정서한 것은 겨우 R. Goldschmidt에 이르러서야 비로소 이루어진 것이고, 그 이전에는 이러한 입장의 의식이 결여돼 있었기 때문에 동일학설이 서로 모순되는 결론을 취하고 있는 것 같다.

35) RGZ. 124 S. 304는 현물출자액의 일부에 대해서만 자본증가가 있어도 역시 Vollschmelzung od. Vollfusion이라고 한다. 즉 이것을 자본증가가 있은 부분만의 합병, 말하자면 Teilverschmelzung 이라고 볼 것은 아니다.

36) Vgl. Bericht der durch den 34. Juristentag zur Prüfung einer Reform des Aktienrechtseingesetzten Kommission, hrsg. von der ständigen Deputation des deutschen Juristentags. 1938, S.38.

37) 제1초안 제215조 제1항 및 제2초안 제213조 제1항 참조. 또 입법례로서는 구 폴란드 상법 제143조 제3항도 이것과 같은 입장에 서 있다는 것에 대하여는 Hallstein, Die Aktienrechte der Gegenwart, 1931, SS. 379 u. 389 참조.

38) 다케다(竹田)·「회사합병」, 『민상』 12권 5호 17면 참조.

라고 생각된다. 이 방법에 대하여서도 법률에는 직접 규정은 없으나, 이 것을 허용하지 않는다고 할 아무런 이유도 존재하지 않는다"라고 할 뿐 아니라, 더 나아가서 "위의 방법을 인정한다고 하면, 증자(增資)를 수반 하지 않는 합병도 또한 이를 인정할 수 있다는 것이 된다. 즉, 존속회사 가 소멸회사의 전 주식을 가지고 있는 경우 그 주식에 대하여 신주를 발행하지 않는 것으로 하면, 자본은 전혀 증가하지 않아도 좋게 되는 것 이다"라고 단정한다. 즉, 박사도 이른바 '자본증가를 수반하지 않는 합 병'을 역시, 합병으로서 긍인(肯認)하고 있는 것이다. 박사는 흡수합병 에 있어서 자본증가를 그 본질적 계기라 하면서 그러고도 자본증가의 필연성은 부정하는 것이다. 뿐만 아니라 이것은 상술한 바와 같이 재산 법적 견해의 결론이었던 것이다. 즉, 박사의 견해는 박사 스스로 독일에 서 말하는 의미에 있어서의 사단법적이라고 하면서 그 독일에서의 재산 법적이라고 하는 결론을 좇고 있다. 더구나 이것은 합병의 지엽(枝葉)부 분에 관해서가 아니다. 박사 스스로 존속합병의 본질이라고 하는 바로 그 부분에 관하여서다. 이것은 도대체 어떻게 이해되어야 할 것인가.

4. 주식회사의 합병에 있어서의 교부금

주식회사의 합병에 있어서의 교부금이란, 해산회사의 주주가 존속회 사) 또는 신설회사로부터 합병계약에 따라 급여를 받는 금전을 말한다. 상법 제409조 제3호(韓商 제523조 제4호) 및 제410조 제3호(韓商 제 524조 제4호)에 의하여 그 급여는 허용되고 있다. 그런데, 주식회사의 합병을 사단법적으로 구성하고, 그 본질은 "2개 이상의 주식회사가 하 나로 되는 물권적 효력을 가지는 일종 특별한 계약이다"라고 한다면,

그 주된 효과는 해산회사 주주의 존속회사 또는 신설회사에 의한 병합, 즉 해산회사의 주주가 존속회사 또는 신설회사의 '주식의 급여'를 받는 것으로 그치지 않으면 안 된다. 단적으로 말하면, 되풀이해서 말한 바와 같이 주식회사합병의 사단법적 구성은 '주식과 맞바꾸는 합병(Fusion gegen Aktien)'을 이상형으로 한다. 그러나 이 이상형은 여기 교부금에 의하여 깨어졌다. 그리고 그 파괴된 자리를 '금전과 맞바꾸는 합병(Fusion gegen Geld)'이 차지한다. 교부금은 이러한 의미를 갖는 것이다. 그러면, 교부금의 한계는 어떠한가. 즉, 어떠한 한도로 주식에 가름하는 교부금의 급여가 허용되는가. '주식과 맞바꾸는 합병'이라는 사단법적 이상은 어디까지 깨뜨릴 수 있는 것인가.

이리하여 교부금의 한계의 문제도 합병에 있어서의 사단법적 또는 재산법적 계기의 문제와 관련시키면서 전개되지 않으면 안 된다[39]. 이에 대하여 다케다(竹田) 박사는 "교부금의 허용 및 그 한도는 합병이 재산법적인 것이냐, 사단법적인 것이냐 따위에 따라 판단할 수 있는 것이 아니다[40]"라고 한다. 그러나 박사 스스로는 교부금의 한계를 정함에 있어 "합병은 해산회사의 수용이므로, 첫째로, 존속 또는 신설회사의 주식에 가름하여 교부금을 급여하는 것은 허용되지 않는다[41]"라고 하고 있다. 즉, 교부금의 위법의 근거를 "합병은 해산회사의 수용이다"라는 것에서 구하고 있다. 이것은 바로 합병의 사단법적 성격을 강조함으로써 교부금의 위법을 추론하는 것이다. 그리고 이것은 독일에 있어서의 사단법적 논조 이외의 아무 것도 아니다[상술 (1) 참조]. 어떻든 다케다(竹田)

---

39) 전게(前揭) 졸고(拙稿)·「주식회사의 합병에 있어서의 교부금」은 이러한 견지에 입각하여 교부금의 실제에 있어서의 제(諸) 태양과 한계에 관한 고찰을 시도한 것이다.
40) 다케다(竹田)·「다시금 회사에 관하여(再び會社のついて)」, 3면 및 9면 참조.
41) 다케다(竹田)·전게서(前揭書), 9면.

박사는 교부금의 문제에서 비로소 사단법적으로 되었다.[42)]

---

42) 그러나 이러한 이론구성은 박사의 전게(前揭)·「회사합병에 관하여(會社合倂に
ついて)」에 있어서는 아직 볼 수 없었던 것이다. 즉, 이때까지는 교부금은 "주금
의 환급으로 되어 있어 법이 인정하지 않는 것"이므로 "부득이한 경우에 한하
여", 즉 "합병계획 전체로 보아, 주식교환의 비율을 정하는 조절상의 필요가 있는
경우에만 국한하여도 대과는 없지 않을까"라고 하고 있었다. 사단법적 색채는 신
고·「다시금 회사의 합병에 관하여(再び會社の合倂について)」에서 비로소 분
명하게 나타나게 된다.
　그리고 교부금의 제한의 근거로서 박사는 교부금은 청산절차의 잠탈에 의한 주
금의 환급이 된다고 한다. 그렇지만 대체로 상법이 합병에 있어서 청산절차를 배
제한 것은 오스미(大隅) 교수도 정당하게 지적한 바와 같이 "청산에 의한 기업의
해체에 기한 경제상의 불이익을 면하게 하려는 데 있다." 더욱이 여기에서 '기업
의 해체'라고 하는 것은 '해산회사의 청산'에 의하는 것을 말한다. 독일에 있어서
교부금을 허용하는 여러 학설이 교부금은 존속회사로부터 지급되는 점을 강조한
것은 교부금이 해산회사의 청산에 기하는 것이 아님을 지적하고자 하는 데 있었
다. 그러나 박사는 이러한 선해는 '실질적'이 아니라고 한다. 나는 출자환급금지
는 결국 회사채권자의 보호를 위한 것이므로 회사채권자와 교섭 없이 행해지는
경우를 말하는 것이고 주식회사의 합병에 있어서와 같이 교부금은 합병계약서의
필요적 기재사항으로 하고, 특별총회의 승인을 거쳐(商 제408조 제1항, 韓商 제
522조 제1항), 의사록에 수록되어(商 제244조, 韓商 제273조), 공시되고(商 제
263조, 韓商 제396조), 합병의 회사채권자에 대한 최고는 그 후에 행해지므로(商
재416조·제100조, 韓商 제530조·제232조) 회사채권자는 교부금의 존재를 쉽게
알 수 있게 되어 해를 입을 염려가 있는 채권자는 용이하게 이의를 제출할 수
있도록 하는 식으로 회사채권자와 교섭을 가진 출자의 환급은 상관없다고 하였
던 것이다[졸고(拙稿) 143면 참조]. 이에 대하여 박사는 그런 논법으로 말한다면
주식회사가 임의청산을 할 수도 있지 않느냐고 비난한다. 그러나 주식회사에서
임의청산을 인정하지 않는 이유는 오직 회사채권자의 보호만을 위한 것뿐이다.
아니, "이는 인적회사는 소수의 서로 신뢰하는 자의 단체임에 반하여, 주식회사
는 다수의 미지의 자의 집단이라는 근본적 차이에 기하고, 주식회사에 있어서는
임의청산은 주주가 무지냉담하기 때문에 폐해가 있으므로 법은 법정청산을 명하
여 청산을 법의 지배하에 따르도록 한"[다나카(田中)·전게(前揭) 767면] 것으로
서 오히려 주주의 보호를 위한 것이다[오스미(大隅) 교수)·「회사법론」, 454면도
"한편 주주 상호간에 인적신뢰관계를 결하고 또 다수결주의가 행해지는 결과 대
주주의 전자의 위험에 놓여 있는 일반주주의 이익을 보호하기 위하여"라고 한
다). 그것과 이것은 궤를 같이 하지 않는다. 하물며 교부금은 商 제409조 제3호·

그런데 나는 교부금의 한계에 관하여 전고(前稿)에서 "교부금은 주주의 병합이라는 사단법적 계기만 침해하지 않는 한 자유이다"라고 결론하였다[43]. 즉, Junck의 말에 따르면[44] "해산회사의 주주가 존속회사의 주주로 될 수 있는 만큼의 주식이 주어지지 않으면 안 된다." 그러기 위해서는 "계획에 따라서 해산회사의 각 주주에게 적어도 1주의 존속회사의 주식이 급여되도록 정해져있지 않으면 안 된다." 즉, "합병계약에 있어서 어떠한 비율로 해산회사의 주주가 존속회사의 주주로 되는가가 정해져 있지 않으면 안 된다.", "그렇기만 하면 합병이라는 관념은 유지된다."라고 하였던 것이다. 이에 대하여 다케다(竹田) 박사는 다음과 같은 의문을 제기한다. 즉, "무슨 까닭으로 주주인 사람에만 착안하여 해산회사의 주주가 그 머릿수대로 전부 수용되기만 하면 그 지주는 그것을 무시해도 좋다는 것인가", "이른바 사단법적이라는 것은

제410조 제3호의 규정을 가지는 데 대하여 임의청산은 이러한 인용규정을 갖고 있지 않은 데 있어서랴.

다음으로 박사는 "교부금의 교부는 일본상법의 합병의 본질상 원칙적으로 허용될 수 없다"는 데 귀착한다. 그리고 전혀 이를 인정하지 않는다고 하는 것은 이론으로서는 좋으나, 실제로 관철하기는 거의 불가능하다고 할 수 있으므로 "주식교환의 비율을 조절하는 데 필요한 한도만큼 교부금의 교부가 있어도 좋다"라고 하면서, 내가 말하는 '단액조정을 위한 교부금'·'이익배당에 가름할 교부금'·'준비금의 분배에 의한 교부금'·'불량자산의 정리에 의한 교부금'·자본금의 환급에 의한 교부금 가운데에서 '단액조정을 위한 교부금'·'이익배당에 가름하는 교부금'·'불량자산의 정리에 의한 교부금'의 3자는 이를 무조건 인정한다. 그리고 다른 2자는 의의가 있다고 하고 있다. 그렇지만 박사의 논거에 의해서라면 '단액조정을 위한 교부금'은 인정되는 것이나, 다른 2자는 인정될 수 없는 것이다. 나는 처음부터 박사가 이론상 교부금을 거부하면서, 경제적 수요만으로 이를 인용하려는 데에 불만을 품는 것이다[졸고(拙稿) 전게(前揭)·125면, 126면 참조]. 또 경제적 수요의 관점에서 말하면 박사가 인정하는 3자와 다른 2자와의 사이에 도대체 어떠한 본질적 경정이 있는 것일까.

43) 전게(前揭) 졸고(拙稿) 147면 이하 참조
44) Junck. a.a.O.s. 489 ff.

해산회사의 전 주주가 더욱이 그 지주의 전부에 따라서 존속 또는 신설 회사의 주주로 되는 것이라고 하지 않으면 아무 의미가 없는 것"[45)]이 아 니겠는가, 라고 한다. 그러나 이 비난은 당치 않다. "계획에 따라서 해산 회사의 각 주주에게 적어도 1주의 해산회사의 주식이 급여되지 않으면 안 된다"고 한 것은 결코 각 주주의 지주를 무시하여 지주의 수와 관계 없이 모두 똑같이 해산회사의 주식 1주씩을 급여하고 나머지는 교부금 으로 때워도 좋다는 것을 말하는 것은 아니다. 왜냐하면, 이것은 무엇보 다도 먼저 주주평등의 원칙에 위배되기 때문이다. 그 의미를 뒤집어서 말하면, 해산회사의 주식 수에 대한 존속회사의 주식의 비율은 적어도 1 주는 되어야 한다는 뜻인 것이다. 그 비율의 1항이 영(零)으로 되어서는 안 된다. 이러한 것은 다만, "합병계약에 있어서 어떠한 비율로 해산회사 의 주주가 존속회사의 주주로 되는가가 정해져" 있기만 하면 언제나 지 켜지는 것이다. 그리고 이것은 상법 제409조 제2호(韓商 제523조 제3호) 엔 '소멸하는 회사의 주주에 대한 신주의 배정에 관한 사항', 제410조 제 2호(韓商 제524조 제2호)엔 '각 회사의 주주에 대한 주식의 배정에 관한 사항'이 각각 합병계약서의 필요적 기재사항으로 되어 있는 것에 의하여 담보되고 있다. 교부금이 이것만을 침범하지 않으면, 다시 말해서 전부 를 교부금으로 때우지 않는 한 합병은 유효인 것이다. 마쓰다(松本) 박사 가 든 예, 즉, "해산회사의 주식 백에 대하여 존속회사의 주식은 1주밖에 배정하지 않고, 돈은 몇 천 원이나 지급한다는 것과 같은 약정을 한 것" 은 어떠한가. 마쓰다(松本) 박사[46)]는 "이러한 경우는 합병보다는 오히려 해산회사의 영업의 매수처럼 보인다"고 한다. 그러나 나의 견해에 따르

---

45) 다케다(竹田)・「다시금 회사의 합병에 관하여(再び會社の合併について)」, 8, 9
    면 참조

46) 마쓰다(松本)・『주식회사개정법의 요점(株式會社法改正の要點)』, 224면 참조.

면, 이 경우에도 역시 합병이라고 하지 않으면 안 된다. 왜냐하면, 이 경
우에 있어서도 해산회사의 "전(全)주주가 더구나 그 지주(持株)의 전부
에 따라서" 존속회사의 주주로 되도록 정해져 있기 때문이다. 주주의 병
합이라는 사단법적 계기는 조금도 손상되고 있지는 않다. 이 경우 만일
주식의 교환비율이 백(百) 대 일(一)이기 때문에 백(百)주 이하의 단주의
소지자가 주주의 병합에 배제되었다고 하여도, 그것은, 단주의 처분(商
제416조 제3항·제379조, 현행상 제530조 제3항·제443조)에 의하는 것이
지 교부금이 관지(關知)할 바는 아니다. 좀 더 극단의 예로서, 해산회사
의 총 주식에 대하여 존속회사의 주식은 겨우 1주밖에 배정되지 않은 경
우를 생각해보자. 이 경우도 역시 합병이란 개념은 지켜진다. 생각건대,
최후의 1주에 있어서일망정 합병계약에서 해산회사의 주주는 그 지주에
따라 존속회사에 병합되도록 정해져(영업양도와의 궁극적 차이), 설사
결과적으로 대다수의 해산회사의 주주가 존속회사의 주주로 될 수 없었
다고 하여도 그것은 단주의 소유자인 까닭이고, 교부금이 주주의 병합
을 침해한 때문은 아니라는 것은 앞의 예와 다를 바 없기 때문이다. 그
러나 여기서는 주주의 병합은 최소한으로 행해지고 있다. 이것을 넘어
설 때, 1주의 주식도 없이 전부를 교부금으로 때우는 합병(Fusion gegen
Geld)은 이미 합병은 아니다. 왜냐하면, 합병이 되기 위해서는 주주의
병합이 최소한으로나마 역시 존재하지 않으면 안 되기 때문이다. 이러
한 의미에서 "주식회사의 합병에 있어 교부금의 '맥시멈'은 사단법적
계기의 '미니멈'이다"[47]라고 할 수 있겠다.

〔필자·경성지방법원 동법관 시보〕

---

47) 전게(前揭) 졸고(拙稿) 148면 참조.

영미법과 대류법

『법정』 제1권 제1호(1946년 10월호)~제2권 제1호(1947년 1월호) 게재

영미법과 대륙법

1. 머리말

법계보학

현대 세계법제는 대륙법계와 영미법계가 대립한다. 국경과 민족을 초월하고 현대 세계 각국 법제는 이 두 거대의 혈통으로 끊긴다.

J.H. Wigmore의 『세계 제법계 파노라마(Panorama of the Wordls's Legal System, 3vols, 1928.)』를 보면 그 외에도 이집트법계·이슬람법계·중국법계·희랍법계등 합 16법계가 지금도 아직 많은 민족의 생활 규율하고 있는 것을 세밀히 서술한다. 그러나 이러한 종교적 민속적인 법계는 특정종교·민족과 긴밀히 결합되어 그러한 종교를 신봉치 않고 그 민족에 속하지 않는 데까지 분포하여 가지 못한다. 뿐만 아니라 그

러한 특수한 법계의 나라에서도 친족·상속 같은 한정된 분야를 제외하고는 대륙법이나 영미법의 강한 영향 밑에 있다. 단순한 중국법계·단순한 이슬람법계의 나라는 없다. 그의 토착법이 대륙법이나 영미법의 강한 영향으로 변용(變容)되어 그 토착법 자신의 색채보다도 오히려 대륙법이나 영미법계의 후예의 하나로 살 수 밖에 없다. 따라서 세계법제는 대륙법계와 영미법계의 두 선조를 각각 섬기는 두 군(群)으로 끊기는 게 틀림이 없다.

동양에서는 중화민국·일본·태국·베트남·프랑스령 인도차이나·네덜란드령 인도차이나·캄보디아·시리아·터키·페르시아(이란) 등은 대륙법계에 속하고, 호주·뉴질랜드·인도·버마·영국령 말레이시아·보르네오·파키스탄·팔레스타인 등은 영미법계에 속한다. 그리고 필리핀은 일시 스페인 통치하에 있었던 이유로 대륙법계와 영미법계가 복합적으로 지배한다. 유럽에서는 독일·프랑스·이탈리아·스페인·포르투갈·폴란드·헝가리·오스트리아·스위스·스웨덴·핀란드·체코슬로바키아·불가리아·유고슬라비아·덴마크·라트비아·에스토니아·리투아니아·아이슬란드·그린란드 등 대륙 제국은 대륙법계고, 영국과 아일랜드가 영미법계에 속하나, 스코틀랜드는 양(兩)법계의 복합체이다. 아메리카 양(兩) 주에서는 아르헨티나·볼리비아·쿠바·에콰도르·네덜란드령 기아나·멕시코·파라과이·우루과이·페루·베네수엘라는 대륙법계에 속하고, 캐나다·북미합중국·영국령 기아나는 영미법계다. 북미합중국에서 루이지애나주는 영미법계와 대륙법계[특히 불(佛)법]의 복합적 체계다. 아프리카주에서는 영국령 아프리카·라이베리아·나이지리아·영국령·소말리아·남아연방·우간다가 영미법계일 뿐 그 외는 대륙법계다. 소련은 1917년 혁명 이후 종래의 슬라브적 독특한 색채가 농후하던 법제는 전복되고 공산주의적 법률체계는 대륙법계적 법률기술(技術)로써 표현되었다.

이렇게 세계법제체계는 두 법계로 선명히 분열·대립되어 있다(Wigmore, ibid. pp.1141).

이 두 법체계의 대립을 조급히 통일하려 함은 오늘에 있어서는 아직 '유토피아'에 가깝다. 제1차 세계대전 후 세계적 법률 통일이 고창(高唱)되었을 무렵(1920~1934), 국제연맹의 힘으로 수형(手形)(註. 어음을 의미)·소절수(小切手)(註. 수표를 의미)법의 세계통일이 기도되었으나 수부수형법(壽府手形法)(註. 제네바어음법을 의미)통일국제회의(統一國際會意), 영미(英美) 양국은 이에 가입치 않고, 따라서 통일수형법(統一手刑法)과 통일소절수법[統一小切手法, 이른바 수부통일법(手府統一法)]은 대륙법계 간의 통일로 그친 것은 아직도 기억이 새로운 바이다. 연혁적으로도 같이 상관습법에서 나온 법의 분야고, 또 이론적으로도 통일의 가능성이 많다고 생각되는 순기술적인 수형법의 분야에 있어 벌써 그러하니 황차 법의 다른 분야에 있어서랴.

우리는 이 양(兩)법계의 대립의 현실을 직시하여야 한다. 40년간이나 가장 순수한 형태의 대륙법계인 독(獨)법계 일본법 밑에서 살아온 우리는 이제 싫든 좋든 영미법을 대하여야 할 이 때, 대륙법계와 영미법계의 관계에 대한 성찰을 깊이 하여야 한다. 이러한 견지에서 본고는 다음과 같은 문제를 생각해 보려고 한다.

우선 ① 대륙법계의 로마법이 어떻게 흐르고 흘러 발전을 거듭하며 구주대륙(歐洲大陸)을 석권하고 일본까지 미쳤다. 대륙법계의 발전을 찾아보자. ② 다음에는 이 대륙법의 범위 밖에서 사적 개성을 지키고 섬나라 영국에서 자라난 영(英)법이 어떻게 한 법계를 이루는가. 영미법계의 탄생을 살펴보자. ③ 또 다음에는 그러면 대륙법과 대립되는 영미법의 특징은 무엇인가. ④ 끝으로 이러한 특색 있는 영미법은 과연 신생 조선에 계수될 것인가. 계수된다면 얼마나 어떻게 어느 점이 계수될 것인가. 영미법과 신조선법제와의 관계는 어떠한가.

　이러한 문제에 대하여는 영미법에 대한 참으로 깊은 지식이 요청된다. 더구나 영미법제사에 대한 깊은 소양이 있어야 대답할 수 있을 것이다. 대륙법에 대한 천식(淺識) 밖에 없는 필자로서는 대담한 기도라 아니할 수 없다. 그러나 조선의 법학도로서 현재 긴박하게 일응의 지식이라도 요구하는 이 공통의 문제에 우선 몇 마디 해답을 해보았다. 독자 제형이여, 이것을 밟고 넘어서 진보하시기를.

2. 대륙법계의 발전

　대륙법계라는 것은 곧 로마법의 분포·발전의 계열이다. 대륙법계의 단초는 로마법이다. 기원전 753년 로마의 건국과 함께 일어난 로마법의 발전은 기원후 6세기 로마의 황제 Justianus의 법전편찬으로써 1시기를 획(劃)한다. 보통 로마법이라 함은 이 사이의 로마의 법률을 가리킨다.

　로마는 건국 후 수세기 동안에 지중해를 내해로 하는 큰 세계국이 되어 고대의 제 민족과 그의 문화를 종합 통일하면서 번영하였다. 세기 후 3세기의 초엽부터 차차로 노쇠기로 들어가 광대한 영토는 동서로 끊기어 차례로 독립하여 서제국은 5세기 중엽에 멸망하였다. 동제국은 발칸반도를 영토로 하는 지방적 국가로 전락하여 15세기 중엽까지 존속하였다.

　그동안 6세기 중엽에 동제국의 황제 Justianus는 그때까지의 로마의 발전을 총결산하여 법전을 편찬하였다. 법의 발전의 역사에 큰 전회점

(轉回點)을 찍었다. 로마문화사상 법전의 시초로 알려진 '12표법'으로부터 시작한 로마의 법은 여기에 집중적으로 결정(結晶)되었다. 이 법전은 대부분 사본으로써 전해져 1세기의 이탈리아 주석학파 및 14세기의 후기주석학파들은 이것을 존중하고 연구하여 그것에다 주석을 붙여 그 이론을 발전시켰다. 17세기에 이르러서 프랑스의 로마법학자 Dionysus Gottotredus가 이것을 일체로써 간행함에 로마법대전(corpus juris civilis)이란 이름을 붙였다.

이러한 로마법이 중세 말부터 근세 초두에 걸쳐 구주제국의 현행법제로서 계수되었다. 이런 법제는 또 그의 후진국가에게 계수되었다. 이계수의 연속이 곧 대륙법계의 발전이다.

우선 (1) 이탈리아에 있어서는 벌써 Justianus 때부터 그의 법전이 시행되어 와서 12세기 이후는 더구나 주석학파·후기주석학파의 노력으로 로마법의 발전을 북돋우며 재래의 게르만고유법과 융화하여 발전하여 드디어 현행 이탈리아법을 형성하였다.

다음 (2) 프랑스에 있어서는 13세기에 남부 성문법지방과 중부북부의 관습법지방이 생겨 전자에는 주석학파 및 후기주석학파의 주석이 붙은 로마법대전이 그대로 성문법으로 시행되고 후자에는 고유의 관습법이 지배하였다. 현대 각국 민법전의 선구가 된 1804년의 프랑스 민법전[소위 나폴레옹법전(Code Napolèon)]은 성문법지방의 로마법과 관습법지방의 고유법과 양지방에 공통하게 발포된 국왕의 각종의 명령(Ordonances)을 재료로 편찬된 것이다. 뒤를 이어 형법·상법·민형소송법의 법전이 달성되었다.

(3) 독일에서는 각 지방이 분립하여 통일적 입법을 할 중앙권력의 결여와 신성 로마제국은 로마제국의 계승자이니 따라서 로마법대전은 선조의 법이니 당연히 독일에 시행되어야 한다는 사상(이른바 이론적 계

승)이 원인이 되어 1495년의 제실재판소판례 이래 독일 전토에 대하여 특별한 입법(지방법) 또는 적당한 관습이 없는 경우에 보충적으로 적용되는 보통법(Gemeines Recht)이 되었다(이른바 실제적 계수). 이리하여 독일에 있어서는 프랑스나 네덜란드에 있어서와 같이 역사적 연구보다 오히려 로마법의 실용화·로마법의 현대적 관용의 연구가 많았다.

1900년에 시행된 현행 민법전 BGH은 게르만적 요소도 다분히 채용하였으나 오랜 동안의 전통인 로마법적 요소가 오히려 그의 근저가 되었다[히라노 요시타로(平野義太郎), 「민법에 있어서 로마사상과 게르만사상」 참조].

이 민법전의 제1초안은 너무도 로마법적 요소가 짙다는 비난을 받고 다시 고쳐 만든 제2초안이 시행되어 민법전이 성립된 것이다. 일본민법전은 불(佛)민법을 기초로 한 구민법과 이 독민법전 제1초안을 주요한 자료로 하여 작성되었다.

(4) 스위스법제는 독일법제의 지배적 영향을 받으면서도 유니크한 성격을 갖는다. 가령 저 유명한 1911년 7월 7일의 '채무법(Obligationsrecht)'을 보자.

스위스의 민법을 구성하는 기본적 법원은 1907년 12월 10일의 스위스민법 제1편 내지 제4편과 이 '채무법'인데 형식상 전자의 일부가 되는 속편으로 되었으나 조문이 전자와는 별로이 제1조부터 쓰여졌을 뿐 아니라 그 내용에 있어서도 상법적 규정을 포함하여 전자보다 더 내용이 크다.

19세기 초두 유럽대륙 제국이 서로 차례로 통일적 민상법전 제정사업을 완성하였는데 스위스에서는 통일법전의 제정이 늦었다. 1898년에 이르러서 비로소 스위스 고유법의 많은 이해를 가진 법제사가 Eugen Huber를 중심으로 한 위원회가 현행법전을 제정하였다.

다음과 같은 특색을 들 수 있다. ① 그 성립의 연대가 가리키듯이 그것은 20세기 초두의 가장 새로운 사상을 대표한다. 근대법전은 삼권분립사상의 영향을 받아 성문법 무결(無缺)을 사상으로 하여 조문의 번다(繁多)를 특색으로 하였으나 본법은 재판관의 재량에 맡기는 일반적 규정을 만들어 조문의 번다를 피하여 법의 내용에 융통성을 주고 문장을 알기 쉽게 한 것. ② 독일민법이 로마적 색채가 짙은데 비하여 고유법을 많이 고려하여 거래관행을 존중한다. 따라서 독일민법이 형식적 논리성이 우수한데 대하여 사회적 관행의 존중에 특색이 있다. ③ 독불(獨佛)의 민법이 개인의 권리중심에 철저한데 반하여 사회적 윤리성을 가미한 것. 권리행사와 같이 의무이행에도 성실신의의 원칙을 적용한 것. ④ 민·상이법(民·商二法) 통일주의를 채용한 것. 이러한 근대적 법사상을 흡족히 실현한 새 입법은 민법이론 구성에서 뿐만 아니라 입법에 있어서도 외국에 많은 영향을 주었다. 리히텐슈타인(1922, 1926) 및 터키(1926)가 이것을 계승하고 또 소련 민법 및 중화국민 민법도 많은 영향을 여기서 얻었다.

(5) 원래 중국에는 고대로부터 성문법전을 가졌으나 한(漢)·당(唐)의 입법 이래 아무런 변화·진보가 없고 대청률(大淸律)도 당률(唐律)의 모방에 지나지 않았다. 이때까지는 순수한 지나법계의 법제이었다. 그러나 근대열국의 법률문화의 진전에 착목한 청조(淸朝)는 법률개정에 의한 사회국가의 진전['변법자강(變法自疆)']을 기도하여 20세기 초두에 외국법 계승을 목적으로 한 '민법초안', '신형률(新刑律)' 등을 완성하였으나 이것은 실시 아니되고 청조는 망했다. 혁명정부는 청률(淸律)을 폐하였기 때문에 일시는 적용할 법규도 없다가(광동정부·북경정부 각각 임시편법으로 모색타가), 민국 17년 남경정부가 확립되자 치외법권 철폐의 전제로서 내국법률제도의 정비의 필요를 통감하고 입법원으로

하여금 각 법전을 기초시켜 민국 18년, 19년(1929, 1930)에 중화국민민법을, 민국 24년(1935)에 형법전을 각각 공포 실시케 하였다. 두 법전이 다 대륙법계의 독일·스위스·일본의 깊은 영향을 받았다. 더구나 민법전은 스위스 채무법의 영향아래 상행위에 관한 규정을 채편에 가입시켜 민상법통일법전의 체제를 가졌다.

   (6) 러시아의 법제는 1917년 3월 혁명전에는 슬라브·게르만·희랍·로마법계의 혼합체였다. 혁명이후 공산주의적인 소연방헌법이 제정되고 (1924), 종래의 법제는 재판소와 함께 전폐되어 일시는 법률적 혼란을 가져왔다. 공산주의의 당연의 결과로서 전체적 통제경제로 개인의 사법적 자치의 여지조차 없어 사법의 영역에는 확립된 법규가 없고, 근근 56개의 개별적 법규가 있었을 뿐. 1918년의 친족에 관한 법전이 저명한 것이었다. 그러다가 1921~22년의 이른바 신경제정책(NEP)에의 전환으로써 어느 정도의 사유재산·개인기업이 인정되어 비로소 민사입법이 필요로 되었다. 그래서 1922년 5월부터 이에 착수하여 동년 10월에 토지법·노동법과 함께 전노중앙집행위원회(全勞中央執行委員會)에서 이것을 채택하여 11월 15일 공포하였다. 그 담은 사상에 있어 부르주아민법과의 차이는 말할 필요가 없으나 법률기술(技術)적 형식에 있어 진보적 부르주아민법, 특히 스위스민족을 답습한 데가 많다. 민상법 통일법전주의도 답습하였다. 1924년 소연방헌법이, 1926년 형법이 각각 제정되었다. 그의 법계적 특징이 대륙법계적 법률기술로 표현되고 슬라브적 색채는 희박하다.

   이리하여 중세기이후 로마법은 소위 '계수'로써 유럽대륙의 대부분, 아니 영국 및 그의 식민지를 제외한 세계의 대부분을 로마형의 법사상으로 지배하였다. 그것은 당시 자본주의경제의 발흥에 당하여 종래에 쓰여지던 게르만법계통, 기타 토착의 고유법은 그의 중세적 봉건성 때문에 도저히 신시대의 요구에 적응할 나위도 없었기 때문에 자유원골 (自由圓滑)의 취인(取人) 거래법, 만민법으로서 자본주의적 법리를 포장하고 있는 로마법이 필연적으로 받아들이게 되었던 것이다.

이러한 로마법의 제패를 Jhering은 그의 명저『로마법의 정신』의 개권벽두(開卷劈頭)에서 다음과 같이 구가(謳歌)하였다. 즉 "로마는 세 번 천하를 호령하고 세 번 제 국민에게 통일을 주었다. 최초는 로마 국민의 실력이 넘쳐흘러 국가에 의한 통일을, 두 번째는 이러한 국가가 복멸한 뒤에 교회에 의한 통일을, 세 번째는 로마법의 계승에 의한 중세에 있어서의 법에 의한 통일을. 최초는 외적 강제로 하는 무력으로, 나중 두 번은 정신으로다."

그러나 저 작은 섬나라 영국만은 로마법과는 다른 '커먼 로우'가 일찍부터 생겨 그 창궐하는 로마법계수의 대파(大波)에도 쏠리지 않고 이에 저항하면서 그의 사적 개성을 유지하였다. 영미법학자들은 자기들의 '커먼 로우'와 대립시켜 국경을 무시하고서 로마법의 영향 밑에 선 각국법을 일괄하여 대륙법(Continental Law) 또는 근대로마법 Modern Roman Law, Romanesque Law, Civil Law라고 부른다.

'대륙법'이란 이름은 대륙법학자의 작명이 아니다. 그러면 대륙법과 대립하여 독자적 고립을 지켜 드디어 세계이대법계의 하나가 된 '커먼 로우'는 어떻게 형성되었는가.

3. 영미법계의 탄생

영미법을 의미하는 언표로서 보통 Anglo-American Law, Anglican Legal System or Common Law 라는 말들을 쓴다. 그 중에서도 영미법

률가는 '커먼 로우(보통법, Common Law)'라는 말을 가장 즐겨 쓴다. 그들은 이 '커먼 로우'라는 음만 들어도 가슴이 설렌다고까지 한다. 그러나 이 '커먼 로우'라는 말은 무척 신축성 있는 다의적인 언표(言表)이다.

(1) '커먼 로우'의 가장 엄격하고 본래적인 의미는 영국에 있어 보통재판소(The Common Law Courts)의 판례의 누적연마(累積練磨)로써 형성된 판례법을 말한다. 정의대로 새긴다면 '커먼 로우'란 말은 특별법에 대한 일반법, 즉 보통법이라고 말하겠다. 따라서 영국에 있어서 성문법·특별재판소의 판례법·지방관습법은 여기 포섭되지 않는다. 성문법 일반을 제외하고서 보통재판소에서 고래(古來)의 관습을 기초로 하고 형성된 판례법을 들어 '커먼 로우(일반법)'라 일컬음은 성문법이 특수적 예외적이고 판례법이 원칙적이라 생각하는 때문이다. 다음은

(2) '커먼 로우'는 판례법 중에서도 형평법(Equity)의 대립개념으로 이것을 제외한 것을 의미한다. '이퀴티(형평법)'라는 것은 영국에 있어 1875년의 최고재판소구성법의 실시까지 독립한 재판소로서 행동하던 형평법재판소(Court Equity)의 판례의 누적으로써 형성된 판례법이다. 그 기원은 왕이 보통재판소에 위임한 외에 보유한 고유의 재판권을 행사하여 '커먼 로우'의 결함을 도덕적 형평으로 시정하려 하는 데 있어 나중에는 '커먼 로우'의 재판소와 대립하는 형평법재판소가 생겨 서로 항쟁타가 1875년의 구성법에 의하여 영국의 재판소가 단일의 계통으로 통일됨에 이르러 재판소의 이원주의는 해소되고 형평법과 '커먼 로우'의 형식적 구별은 소멸하였다. 이리하여 이제 와서는 '커먼 로우'와 '이퀴티'의 구별은 이미 역사적인 것에 지나지 않는다. 현행법 법원으로서는 판례법(Judiciary Law)과 성문법(Statute law)과의 대립뿐이 남는다. 그래서

(3) '커먼 로우'라고 하여 제일의 뜻의 '커먼 로우'에다가 형평법(이

퀴티)을 넣어 온 판례법을 의미하기도 한다. 이것은 성문법 일반과의 대조적 의미에서 쓰이는 것이다. 끝으로

(4) 성문법·판례법을 막론하고 영미법계의 법률체제 일반을 가장 광범하게 포섭한다. 이러한 가지가지의 의의 중에서 가장 광범한 그것으로서의 '커먼 로우'는 바로 대륙법(Civil Law, Continental Law)이란 언표(言表)와 같이 어떠한 특정국가 또는 특정법역의 실정법이라기보다는 차라리 한 공통의 역사적인 법전통을 말한다. 그러면 이러한 영미법계란 뜻의 '커먼 로우'는 어떻게 탄생하였나. 여기에는 세 가지 문제가 제기된다.

우선 첫째로 영미법의 원형이 되는 영(英)법이 어떻게 형성되었나. 이것은 대강 1100년대부터 1400년대까지의 일이다. 둘째는 주로 1400년대부터 1600년대까지에 일어난 로마법의 계수의 파급은 이 영(英)법에 어떻게 영향하였나. 즉, 영미법과 로마법과의 관계는 어떠한가. 셋째로 이 영(英)법이 어떻게 발전하여 드디어 한 법계를 형성하기까지 되었나. 이것은 1700년대부터 1900년대까지의 일이다.

이러한 고찰에는 상세한 영미사(英美史)가 필요할 것이나 여기서는 주로 Wigmore(ibid, pp. 1053~1170)를 좇아서 나중 입론에 필요한 정도로 간단한 소묘(素描)를 하겠다.

(1) 영국에는 4세기부터 8세기까지 일어났던 민족의 대이동으로 게르만 민족이 이동했다. 그들은 로마화한 선주민족(先住民族), 특히 켈트인 및 로마인들과 결혼하고 또 그들의 로마문화는 흡수하면서도 마침내 로마제국의 모든 지배를 배제하고서 게르만 고유의 법률전통을 유지하고 게르만의 독특한 정치적 조직을 가졌다. 그래서 영국에 있어 최초의 법전인 이젤바트 법전도 게르만적인 것이었다. 처음 게르만 민족이 민족의 이동 때 가지고 가서 저희 민족에게만 적용시켜 속인법(屬人法)에 지나지 않았던 게르만적인 법률관습이 9세기부터 점차로

그들이 토지에 정착하여 농업을 경영하면서 정주하기 시작하면서는 타민족에도 파급되어 드디어 속지법(屬地法)으로 전화하였다. 즉 영국의 법의 단초는 게르만법에서 시작한다. 따라서 영(英)법의 발전이란 곧 게르만법의 영국에 있어서의 발전을 의미한다.

이러한 영국에 노르만 정복(1066)이 있었다. 노르만 정복 이후 윌리엄 1세 및 그의 계승자는 영국에다 대륙제국의 지방분권적 봉건제와는 달리 강력한 중앙집권적 봉건제를 수립하였다(영법제사상 유명한 Domesday Book이라고 하는 토지측량부는 그의 상이다). 이러한 정치적 경제적 중앙집권은 필연적으로 중앙집권적 법적 통일을 가져왔다. 이것은 영법사(英法史)에 있어 가장 중요한 사실의 하나다. 왜냐하면 당시 구라파 제국에 있어 지방적으로 법역이 구분되어 각 지방마다 통용하는 법을 제각기 달리하고 있는 지방분권주의와는 아주 대척적인 현상이었기 때문이다. 영국이 지리적으로 고립한 작은 섬나라라는 것도 이러한 중앙집권을 촉진시킨 큰 요인이 있었다. 여기서 토착법이 된 게르만법은 스스로 영국전국에 적용되는 전국보통법으로 전화하였다.

그리고 이러한 정치적·경제적·법률적 중앙집권이란 토대 위에선 사법제도도 대륙제국의 지방분권적 경향과는 반대로 또 중앙집권화하지 않을 수 없었다. 첫째 재판소의 통일의 표징으로서는 1199년 영국의 사법의 최고 전당으로 건립된 '웨스트민스터 홀(Westminster Hall)'이 1300년대부터 6세기 간이나 전국의 중앙재판소로 정착하여 마침내 왕재판소 기구는 완성하고, 둘째는 순회재판제도의 확립으로 '국왕의 재판(Royal Justice)'은 전국에 침투되어 여기 재판의 통일은 성립하였다.

이러한 사법적 중앙집권 아래 영국 전토를 규율하는 게르만법적 관습은 점차 조직화되고 기술화되어 갔다. 이러한 '커먼 로우'의 단초를 집대성한 1200년대의 영법서는 저 유명한 판사 Brácton의 『De Legions

Ang'liae』이다. 그는 로마법도 참고하였지만 대부분은 재판소의 판결의 관찰에서 얻은 것을 자료로 한 것이었다. 순수한 토착의 영(英)법의 실제의 서술이라 할 수 있다. 그러면 이러한 영(英)법의 실제운용은 어떻게 가능하였던가. 그러한 훈련은 이미 '인스 오브 코트(The Inns of Court)'에서 발달하고 있었다. 즉, 소박하던 게르만법적 관습의 기술화 조직화의 과정에 있어 이 인스 오브 코트는 중요한 역할을 한다.

인스 오브 코트란 것은 14세기에 설립되어 현재까지 런던재판소 부근에 있는 법률가의 기숙사 겸 학교다. Lincoln's Inn, Gray's Inn, Inner Temple, Middle Temple의 넷이 현존하나 융성기에는 열넷 이상이었고, 매년 2천 명 이상의 회원을 가지고 있다. 이러한 법률전문직업이 생긴 것은 대륙제국보다 2세기나 빠르다. 그 강의는 재판소에 실제경험이 있는 사람이 하기 때문에 퍽 실제적인 것이 특징이고 또 일정수의 만찬의식에 참가하는 것이 시험의 조건이 되는, 말하자면 중세기적 '길드' 조직이었다. 그리고 소정변호사자격수여의 권능을 가졌다. 소정변호사(訴廷辯護士, Barrister)]가 되려면 이 길드에 들어야 하고 이 변호사 중에서의 선배를 Sergent at Law라고 부르며 이것이 되려면 반드시 학생에게 강의하는 것이 요건이 되고 판사는 반드시 이 속에서 선임된다. 이리하여 법학교육자·변호사·판사는 서로 밀접한 교섭을 가지고 이 속에서 육성된다.

이것을 요약하면 왕재판소기구와 순회재판제로써 성립된 사법적 중앙집권 아래 소박(素朴)하던 게르만법은 인스 오브 코트를 도장(道場)으로 하여 단마(鍛磨)되어 영국의 토착적 법기술(技術)로 발달되어갔다. 이러한 게르만법의 조직화 기술화한 것이 곧 '커먼 로우'고, '커먼 로우'의 탄생의 역사란 곧 게르만법의 잉글랜드적 순화과정이다. 이러한 분위기 속에서 '커먼 로우'는 형성되고 있었다.

(2) 그러면 대륙제국의 게르만법을 가장 게르만적인 독일의 그것까지도 그렇게 휩쓴 로마법은 영국의 게르만법이 자란 '커먼 로우'에 대하여는 어떠한 영향을 주었는가.

영법계의 역사에 있어 가장 중요한 존재이고 박학이기는 하나 남에게 지기 싫어하는 애국자 Coke(1552~1634)같은 학자는 '커먼 로우'는 외국법의 영향을 받은 일은 전연 없다고까지 극언한다. 그러나 사실은 그렇지 않다. ① 첫 번은 12, 13세기에 이탈리아 주석학파에게서 부흥된 로마법이 다수의 초청된 로마법학자를 통하여 영국의 법률가와 사법에 많은 영향을 주었다. ② 두 번째는 16세기 '커먼 로우'의 위기라고 일컫던 때다. 당시 영국은 봉건국가에서 근대국가로의 변혁기라 '커먼 로우'의 봉건적 보수성이 신사태에 순응치 못했던 것과 또 하나는 유럽대륙 제국과의 외교적 교섭 및 무역의 필요상 대륙법적 훈련을 받은 법률가를 필요로 하였다. 그래서 국왕 헨리 8세는 대학에 '왕강좌'를 열어 로마법을 강의시켰다. 이리하여 '커먼 로우'는 인스 오브 코트에서, 로마법은 대학에서 제각기 강의하게 되었다. ③ 세 번째는 18세기다. 그리고 그것은 상관습법, 즉, 대륙법적 상관습법을 '커먼 로우'에 흡수한 것이다. 이렇게 로마법의 영법에의 영향은 그 발전의 어느 단계에 있어서는 상당히 크다. 그러나 그 어느 것을 보더라도 독불법에 있어서와 같이 토착법을 압도해 버리는 '전부적 계수'가 아니다. 영국에 있어서의 로마법계수는 고유의 게르만적 법전통이 로마법리로써 보충되고 또 로마법적 기술에 의하여 토착적인 게르만법이 기술적으로 재구성되는 도움이 되었다. 즉, '일부적', '이론적' 계수였다.

그러면 다음 18세기 말부터 일어나 독일 및 스위스 등 대륙제국을 압도한 법전편찬운동의 홍수는 판례법의 나라 영국의 '커먼 로우'에는 아무런 영향도 주지 못하였다. 영국의 유명한 법전론자 Jeremy

Bentham(1748~1832)은 전통적 봉건적인 판례법을 비난하고서 입법에 의한 개혁을 고조(高調)하고 또 더 나아가 법전편찬(codification)을 강조하였다. 이것은 철학적으로는 역사주의에 대한 합리주의적 반항이다. 왜냐하면 Bentham의 주장은 결국 봉건적 역사적인 판례법 '커먼 로우'를 합리주의적으로 개편하여 합리주의적 자본주의 경제에 적응시키자는 것이기 때문이다. 19세기 초두의 큰 사상문제였던 역사주의와 합리주의와의 투쟁이다. 이 투쟁의 법의 영역에의 투영(投影)으로서 법전편찬 문제의 논의가 일어났던 것이었다. 그리고 독일에 있어서 역사학파의 준장 Savigny 대 합리주의파의 거두 Thibaut와의 이른바 '법전쟁의(法典爭議)'도 이 역사적 사조의 파란(波瀾)의 하나였다. 그리고 그것은 독일의 법전편찬을 한 세기만큼 늦추게 했으나 결국 합리주의적 법전편찬으로 종말되었다. 영국에 있어서는 Bentham이 합리주의적 입장에서 역사주의적인 판례법을 비난하여 법전편찬을 강조했던 결과, 그 영향으로 19세기부터 금일에 이르기까지 판례법의 부분적 법전화를 자아냈으나 그러나 역사주의적 판례법의 활력을 전적으로 압도하지는 못하였다. '커먼 로우'가 세 번이나 로마법의 큰 영향을 받으면서도 그래도 토착법의 개성을 잃어버리지 않았듯이 그것은 19세기의 법전화운동의 파문(波紋)의 영향을 다분히 받으면서도 판례법을 전부적으로 법전화하지 못하였을 뿐 아니라 판례법의 제1차성까지도 상실치 않았다. 성문법은 '커먼 로우'의 법원(法源)으로서는 제2차적에 지나지 않는다.

그러면 '커먼 로우'가 이렇게 로마법 계수의 파문에도 휩쓸리지 않고 또 법전화운동에도 넘어가지 않고 그의 사적 독자성을 보지(保持)하고 나아간 원동력은 무엇인가. 첫째는 섬나라 영국의 봉건적 보수성이요, 둘째는 사법적 중앙집권 아래 잉글랜드 법조의 길드-인스 오브 코트를 중심으로 하고 전국에 통일된 '커먼 로우'가 토착적 기술로써 이미 발달되었던 때문이다. 그리고 인스 오브 코트에서 길러낸 애국적 법률가들은 '커먼 로우'를 수호하여 로마법을 과학적으로 체득한 불(佛)·이(伊)의 법률가의 입국을 허용치 않았다.

이리하여『커먼 로우의 정신(The Spirit of The Common Law, 1921.』의 저자 Rocee Pound도 말하는 바와 같이 "영미법은 금일에 있어서는 독일법 그것보다도 게르만적이다. 로마법은 물론 많은 유추와 많은 법적 개념을 영미법에 기여하였다. 그러나 그것은 영미법 속에 흡수되어 개조되고 토착적인 성질을 획득하였다. 19세기에 있어서 '게르마니스텐'의 운동 때문에 독일제국의 민법전의 게르만화가 있었던 결과로 독일민법에는 여기저기 게르만적 원리가 로마법적 원리에 대치되었다. 그래도 로마화된 독일법에 있어서의 게르만적 요소가 영미법에 있어서의 로마적 요소보다 많다"고 할 수 있다(ibid, pp. 16, 17). '커먼 로우'의 로마법적 요소는 이렇게 적은 것이다.

(3) 그러나 이렇게 곱게 그의 순수성·개성을 보수(保守)하고서 자라는 났지만 '커먼 로우'는 16세기까지도 아직 로마법계 법제와 비교한다면 훨씬 조야(粗野)하고 유치한 법리였었다. 1481년에 발행된 대법관 Littleton(1422~1481)의 『Tenure(부동산론)』는 순영법(純英法)에 관한, 인쇄된 최초의 서책으로서 유명하다. 그리하여 Coke도 이 주석서인『Part One of The Institution』의 서문 속에서 "어떠한 우아한 과학에 있어서도 가장 완전무결한 저술"이라고 절찬하였다. 바로 그것을 엘리자베스 여왕의 초빙으로 영국 옥스포드대학에 와있던 프랑스 로마법학자로서 유명한 Hotman은 "멋대가리가 없고 체계가 없고 무의미한 잠꼬대의 나열"이라고 조소하였다. 이것이 로마법계 대륙법학자들의 영법관(英法觀)이었다. 1571년경 이미 Coke도 변호사로 있을 때 영국 '커먼 로우'재판소의 토지소송에 있어 돈 주고 산 투사의 결투에 의한 구식(舊式)재

판으로 판결이 되었었다. 이렇게 봉건적이고 유치한 법제가 어떻게 세계적인 법계로까지 발전되었나.

우선 첫째는 Coke, Bacon, Mansfield and Blackstone의 다섯 위대한 잉글랜드 사법관이 17세기 한 세기 동안에 '커먼 로우'를 과학적으로 진보시킨 것이다. 로마법을 그대로 빌려 오지는 않고서 마치 미국인이 유럽의 고전적 건축양식을 저희들의 창안(創案)인 마천루(摩天樓)에다 적응시키듯이, '커먼 로우'의 개념을 세계법적으로 구성하였던 것이다. 이리하여 저 유명한 Blackstone의 『Commentaries on The Laws of England[영법석의(英法釋義)]』가 1765~1769년 사이에 나왔고, 이 때 비로소 영법이 대학에서 강의되고 또 세계 각국 식민지로 수출되게 되었다. 즉, 둘째는 '커먼 로우'는 영국의 근대 이후의 정치적·국가적 팽창으로 그의 법역을 확장할 호운(好運)을 가졌었다. 점점 늘어가는 영국의 식민지에는 '커먼 로우'가 정치적으로 침투해 갔다.

그런데 이러한 신영토에 어떠한 법제를 베푸느냐 하는데 대하여 영국 '커먼 로우'에 두 가지 확립된 원칙이 있다. 즉, ① 신영토가 식민(Colonization or Settlement)으로 취득된 경우에는 이주자는 말하자면 고국법을 이주하면서 이주지로 가지고 간다. 적어도 새 환경에 맞는 부분만이라도 가지고 간다. ② 그와 반대로 신영토가 정복(Conquest) 또는 할양(Cession)으로써 취득된 경우에는 그 땅의 종래의 법이 신주권자에 의하여 변경될 때까지 그대로 시행된다는 것이다.

제2의 원칙이 적용되어 지금도 영제국내에 프랑스법이나 네덜란드법이 적용되는 지역이 현존한다. 예컨대 캐나다의 퀘벡 주에는 프랑스 민사법이 현행법으로 적용되고 또 남아프리카연방이나 실론(스리랑카)에는 네덜란드법이 현행법으로 적용된다. 이와 같은 원칙이 적용되어 미합중국 영토 중에도 푸에르토리코와 필리핀에는 스페인이 적용된다.

이리하여 미합중국의 전신인 영국령 식민지에는 제1원칙이 적용되어 영국에서 도래한 이주자는 영국의 법제를 가지고 갔다. 1750년경부터 미국독립(1776)까지에 이러한 '커먼 로우'의 계수가 있었다. 그러나 그 때의 미국은 천연자원의 개발을 목적으로 하는 개척자사회라 보수적인 영국과는 법의 환경이 많이 달랐다. 그 때문에 영국의 '커먼 로우'는 다소의 변경을 받으며 계수되었다. 신사정(新事情)에 좇아 입법된 성문법에 저촉되지 않고 미국의 지리적 정치적 사회적 경제적 사정에 적합하는 범위 내에서 계수되었다. 영국의 '커먼 로우'와 미국의 그것과의 차이는 여기에 있다. 그러나 그것은 부분적 수정에 지나지 않고, 미국에 있어서의 '커먼 로우'의 계수가 전부적 계수인 것에는 틀림이 없다.

그밖에도 영국은 15세기 이래 세계 도처에다 식민하였다. 그리고 그러한 식민지에다가는 '커먼 로우'를 가지고 갔다. 그리하여 현재에는 잉글랜드·아일랜드·북미합중국(루이지애나·푸에르토리코·필리핀을 제하고)·캐나다(퀘벡을 제하고)·호주·뉴질랜드·인도(친족·상속에 관하여는 힌두족 및 이슬람교도 간에는 구래(舊來)의 관습법이 시행됨)와 영국령 식민지(처음 프랑스인 및 네덜란드인에 의하여 식민된 지방을 제하고)에 파급해 갔다. 그리고 영미(英美) 양(兩)국의 지리적 확대와 정치적 우위는 '커먼 로우'로 하여금 그 외의 다수의 제국에 적용되는 대륙법과 능히 대립케 하였다. '커먼 로우'는, 즉 영미법계는 이렇게 탄생되었다. 그러면 '커먼 로우'는 대륙법에 대비하여 어떠한 특징을 가졌나.

4. 영미법의 특색

상술한 바와 같이 중세부터 일관하여 순수한 사적 개성을 보수(保

守)하고 온 '커먼 로우'의 계속성은 다른 법계에 비견(比肩)할 바 아니다. 로마법 계수의 거듭하는 대파(大波)에도 쏠리지 않고, 아니 오히려 그것을 흡수하여 자기를 보충 강화하면서 마침내 세계 각처에 전파되어 세계 2대법계의 하나인 지위를 차지한 '커먼 로우'의 활력은 실로 경탄할 바 있다. 이러한 활력의 원천이 될 '커먼 로우'의 특색은 하나 둘이 아니다. 불법행위법·부동산법·증거법 등에 있어서 로마법계의 대륙법과 틀리는 바가 굉장히 많다. 그러나 여기서는 그러한 세밀한 실정법 이론 속에 들어가서 대륙법과의 현미경적 차이를 찾아내려는 것은 아니다. 다만, '커먼 로우' 전반을 망원경적으로 관찰하여 큰 경향만을 몇 가지 지적하려 한다.

'커먼 로우'의 특색은 일언이폐지(一言以蔽之)하여 보수적·봉건적이라고 한다. 가령 예를 들면, 법률술어에도 봉건적 잔재가 역연(歷然)히 남아 있다. 현행 영국법에 있어 "fee simple absolute in possession"은 대륙법의 토지소유권과 그 내용에 있어 대차(大差)없으나 그것을 ownership(소유권)이라 하지 않고 봉건적인 fee simple(단순봉토권)이란 법률술어가 쓰인다. 이것은 노르만 정복 후의 봉건제때 모든 토지는 직접 또는 간접으로 국왕에게서 수봉(受封)된 것이라는 이론이 영국의 봉건적 토지법의 사적 배경이 되어 현행 토지법의 술어를 결정하고 있는 것이다.

그리고 이것은 봉건제를 계수 않은 미국토지법의 술어도 같다. 또 다른 예를 들면, 봉건제에 있어서의 인간요인으로서의 주종(Lord and Man)의 관계의 사상은 토지법의 범위를 넘어서 넓게 '커먼 로우' 일반에다가 '관계'를 중심으로 하는 독특한 법적 사유방법을 성립시켰다. 즉, 13세기 때 로마법적 술어가 많이 영국에 계수되었는데도 불구하고 친족법은 Family Law라 하지 않고 Law of Domestic Relation이라 부르

고, 부동산매매법은 Law of the Sale of the Land라 부르지 않고 Law
of Vender and Purchase라 부르고, 대리법은 Law of Mandate라고 부르
지 않고 Law of Principal and Agent라고 부르는 등 관계를 중심으로
하는 표현방식이 현저하다. 이렇게 현행 '커먼 로우' 체제는 역사성을
그의 현저한 특색의 하나로 한다. 로마법계의 대륙법은 일찍이 그 체제
의 성립과정에 있어 적어도 두 번 합리주의적 세례(洗禮)를 받았다.

첫 번은 고대 로마법이 6세기 때 Justianus 황제에 의하여 법전화되
어 중세부터 근세까지 대륙법의 권위적 전거(典據)가 되고, 두 번째는
19세기 이후 각국에서 일어난 법전 편찬 때문에 현행법의 기초가 다시
금 합리화된 것이다. 그러나 '커먼 로우'는 전체적으로는 일찍이 이러
한 합리주의적 세례를 받지 않았다. 그러므로 역사주의적 비합리주의
적 원리가 현행 '커먼 로우' 체제 속에 아직도 살아 있다.

이러한 일반적 특색 밖에 '커먼 로우'의 기반적·제도적 특징을 몇 가
지 찾아보자.

1) 판례법주의 (Doctrine of Judicial Precedents for Case Law)

판례법이란, 판례 속에서 발견되는 법, 즉 재판관에 의하여 어떤 특
정한 사안을 해결하는 과정에 있어 창조되는 법이다. 그래서 이것을
judge-made-law라고도 한다. 영미법과 대륙법의 근본적 차이는 전자가
이 판례주의를 채용하는데 있는데, 그것은 그러나 영미법에는 성문법
이 하나도 없다는 것을 의미하는 것은 물론 아니고, 또 대륙법에 있어
판례가 실제상 중요한 역할을 한다는 것을 무시하는 것도 아니다. 그의
요점은 '커먼 로우'에 있어서는 판례가 성문법과 같이 법으로서의 구속
력을 가진다는 데 있다. 'stare decisis의 원칙', 즉 결정된 바를 고수한

다는 원칙이다. 즉, 법원으로서 '커먼 로우'에 있어서는 판례법이 제1차적, 성문법이 제2차적이라고 생각하는 데 대하여, 대륙법에 있어서는 성문법이 제1차적, 판례법이 제2차적이라고 생각한다.

재판상의 선례가 사실상 존중되는 것은 이미 16세기부터였으나 "최고법원의 판례는 절대적 구속성을 갖는다"는 '커먼 로우'의 현행 판례법이론은 19세기 말에나 확립한 것이다. 식민시대의 아메리카에서는 영국의 판례가 그대로 채용되다가 독립 후 어떤 주에서는 대영반감(對英反感)에서 영국의 판례의 채용이 금지되는 사태가 일어났던 곳이 있기는 하나, 19세기 전반기의 영법계수의 대파(大波)를 움직이지는 못하여 판례주의도 또한 '커먼 로우'의 일부로서 미국에 계수되었다. 그러나 미국에서는 영국과는 달리 최고법원의 판례의 절대적 구속성의 이론은 발생하지 않았다. 연방최고재판소나 각주재판소도 어떤 경우 그의 판례를 변경할 자유를 가졌다. 그리고 구속력을 갖는 것은 판결 전부가 아니라 판결이유(ratio decidendi)에 한하고 방론(obiter dictum)에까지 미치지 않는다.

판례주의가 자아낸 현상 중 가장 근본적인 것은 영미법률가의 법률사유(法律思惟)에 있어 구체성존중의 태도이다. 법률사유에 있어서 로마적인 것과 잉글랜드적인 것의 차이는 '이론적'에 대하여 '실제적', '서재적(書齋的)'에 대하여 '실험실적', '연역적'에 대하여 '귀납적'이라 할 수 있고, 또 이것은 성문법주의와 판례법주의의 근본적 차이에서 말미암은 것이다.

이것을 더 부연한다면 ① 법의 전형적 형태가 대륙법에 있어서는 로마법대전 또는 그것을 계수한 성문법인데 대하여 '커먼 로우'에 있어서는 관습법 또는 그것에서 발전한 판례법이고, ② 새로이 생기(生起)하는 사안을 재판할 때 전자의 법적사유의 출발점이 추상적 법전의 장구

(章句)를 기초로 하여 입법자의 의사를 찾는데 대하여 후자에 있어서는 과거의 구체적 판례 속에서 그 속에 내재하는 원리를 찾거늘 ③ 양자의 전통적 법적 사유의 양식이 전자가 형이상적 법해석학의 추상이론을 발전시킨데 반하여 후자는 경험주의적 색채가 짙어서 ④ 법의 권위적 문서로서 전자가 법전을 숭상하는가 하면 후자는 판례집(reports)을 그처럼 섬기게 되고 ⑤ 따라서 법의 탁선자는 전자에 있어서는 법전을 해석해주는 '법학자'라면 후자에 있어서는 판결을 짓는 '법관'이고, ⑥ 전자에서는 성문법이 왕자라면 후자에서는 성문법은 판례법관전(殿)에의 침입자라 한다.

2) 판관·변호사·검사

"대륙법 나라의 판관은 익명적이다"라는 말이 있다. 대륙법제국에서는 법학자가 차라리 유명하다. 왜 그러냐 하면 로마법계 나라에서는 법의 발전에 있어 판례보다는 오히려 학설의 역할이 커서 법학자에 비한다면 판사는 표면에 나타나지 않는다.

그러나 '커먼 로우'의 나라에서는 그와 반대다. 예부터 지금까지 판관이 법의 발전에 있어 훨씬 중요한 역할을 하기 때문에 법의 발전이란 곧 판관이 만든 판례법의 발전이기 때문에 판관에 대한 개인적 관심, 즉 그의 열력·인격·사상적 경향에 대한 흥미와 관심이 깊어 흔히 판관의 전기를 쓴 판사열전(判事列傳)이라는 제목의 저서까지 나타난다. '커먼 로우' 나라에 있어 이렇게 판관이 현명적이라는 가장 노골적인 예로서는 판결이 각개의 판사의 의견으로써 발표되고 이에 대하여 때로는 소수설을 취한 각 판사의 반대의견이 부수적으로 공표되고, 그리고 그 의견에는 각 판사가 서명까지 붙이는 것이다. 이러한 형식은

대륙법계 제국에는 없는 일일뿐더러 오히려 판결의 평론의 경과·내용
은 비밀에 붙여져 있을 지경이다.

영국에서도 어느 다른 나라와 같이 처음에는 일의전심(一意專心)으
로 재판 직무만을 하는 전문적 '판사'는 없었다. 초기의 판관은 삼권분
립을 초월하여 한 사람이 동시에 정치가요, 또 행정관이요, 그리고 또
승려이거나 또는 승려 출신인 것이 보통이었다. 그러다가 13세기에나
이르러 변호사란 직업이 새로이 점차로 형성되었다. 그러나 판관은 그
것과는 아무런 관계없이 승(僧)에서 임명되어 관료의 일부가 되었다.
만일 이러한 관행이 그대로 계속되었더라면 영미법계의 나라도 대륙법
계의 나라와 같이 판사와 변호사는 격리된, 그리고 서로 대립한 두 가
지 법조국으로서 발전하는 길을 걸었을 것이다. 그리고 이러한 판사·
변호사 분리제 밑에서는 변호사의 직업은 모험을 좋아하는 성격을 가
진 자가 고를 것이요, 판사에는 지위의 안정을 좋아하는 성격의 소유자
가 선택되어 판관과 변호사는 처음부터 별다른 전문직업적 훈련을 받
을 것이다(사법관시보와 변호사시보의 분리). 그러나 영국에 있어서는
1268년 변호사에서 판관을 뽑기 시작하여 점차 이 경향이 일반화하여
드디어 14세기에는 판관은 변호사에서 채용하여야 한다는 원칙이 확립
되었다. 이 제도, 즉 판관·변호사 합동제도는 지금까지 영국에서 시행
될 뿐 아니라 '커먼 로우'의 나라 일반에서 그러하다.

이 제도 밑에서는 사법관시보 양성제도는 없고 단순히 변호사만을
양성한다. 그리고 판관은 변호사와 동일한 직업에 있어서의 우자(優者)
이고, 적어도 변호사중 가장 우수한 자와 동일한 능력과 기량을 갖춰야
한다. 양자의 관계는 선배·후배의 관계로서 사법에 있어 '커먼 로우'
형성을 위하여 양자 협력의 좋은 조건이었다.

사법관의 독립을 확보하는 제도적 조건으로서 '지위의 보장'과 '봉급

의 보장'이 필요하다는 것은 이미 세계적으로 승인된 바다. 그리고 그
것이 '커먼 로우'의 나라 영국에서 대륙법제국보다 훨씬 잘 보장되어
있는 것도 중지(衆知)의 사실이다. 그러나 영국에 있어서도 이러한 보
장은 삼권분립을 각성(覺醒)한 후인 근대의 발전이다 '지위의 보장'에
있어서는 종신관(during good behaviour)이란 점에 있어서 별다른 점이
없다. '봉급의 보장'에 있어서는 좀 특이한 점이 있다.

중세의 판관들은 정액의 봉급을 주었으나 퍽 적고 소송당사자가 내
는 소송비용 속에서 일정한 수입을 얻을 수 있고(수수료제도), 또 주석
판관은 그 재판소의 하급사원을 임명할 직능을 가졌으나 그 임명의 사
례(謝禮)로서 선물을 받을 수 있었다. 이러한 공적으로 승인된 부수입
제도가 전폐된 것은 겨우 1825년이다. 이때 부수입을 넣은 판관의 종
래의 전 수입을 기초로 하여 일정한 봉급액이 정해졌다. 이 봉급액이
현행 봉급액의 기초가 되었다. 즉, 연봉으로 하여 대법관(국새상서,
Lord Chancellor)이 1만 파운드, 영국주석판관(고등법원장, Lord Chief
Justice of England)이 8천 파운드, 기록장관이 6천 파운드, 공소원 및
고등법원판관 5천 파운드는 1825년의 규정에 유래한 것이다. 대륙법계
의 나라의 판관보다 훨씬 고급인데 그것은 일류 변호사 중에서 판관을
발탁하지 않으면 아니되는 제도 밑에서는 당연하다. 그리고 대륙법계
나라 행정관 모양으로 봉급이 승진제인 것이 아니고 봉급액이 관직에
붙어 있어 변함이 없다. 승진을 위하여 상관에게 아첨함이 없이 판관의
독립적 기백을 기르기 위함으로서다.

영국에 있어서의 변호사의 기원은 명료한 것은 아니다. 그러나 13세
기 때부터 두 가지 형(型)의 변호사, 즉 하나는 소송대리인 내지 사무
변호사요, 다른 하나는 법정에서 변론하는 소송변호사가 있었다. 이 두
형의 변호사는 그 후 변천을 거듭하여 16세기에 이르러서는 소송변호

사는 '배리스터(barrister)'라고 하여 사무변호사로부터 점점 격리해 나가 사무변호사를 고급서기로서 멸시하며 스스로의 사회적 우위에 자존심을 가져 1930년경부터는 배리스터는 보수에 대하여는 소송을 제기하지 않는다는 고답적인 관습이 생겼다. 다른 한편 1857년 이후부터 사무변호사는 '솔리시터(soliciter)' 라고 불리어 사건의뢰자에게 근접하여 간단한 법률사무를 보고 의뢰자와 배리스터의 중개자가 되어 보수계약 같은 것까지 하며 배리스터는 직접 의뢰자와 교섭해서는 안 된다는 관습까지 생겼다.

원래 영국재판소에는 많은 서기가 있어 사무변호사는 필요치 않겠으나 그들 서기는 반드시 겸직근면(兼職勤勉)하지만은 않아 소송당사자가 스스로의 대리인으로서 솔리시터를 시켜 이 서기들에게 향응도 하고 하여 사건의 촉진을 간원(solicit)하는 일이 많았다. 솔리시터라는 말의 어원은 이러한 상스럽지 못한 사실에 있다. 솔리시터는 지금도 아직 상위재판소[즉, 고등법원(High Court) - 제1심재판소공소원(Court of Appeal) - 제2심재판소 귀족원(House of Lords) - 최종재판소]의 공판정에서는 변론할 권리가 없다. 그러나 솔리시터는 전국에 산재하여 가정법률고문으로서 일반민중과 널리 접촉하고 또 근대적 경제기구 밑에서 대사회(大社會)의 법률고문으로서 가지가지 기업에 참획(參劃)한다. 소송변호사와 달리 법정한 수수료율에 의한 수수료 청구권이 있고 또 수수료에 대하여는 재판소의 엄격한 감시 하에 있다.

이러한 변호사의 두 형(型)의 구별은 같은 '커먼 로우' 나라라도 미국에는 없다.

영국의 재판소에는 형사사건을 수사지휘하고 이것을 기소하는 일반적 의무를 진 대륙법 나라에서 일컫는 검사는 없다. 영국에 있어 범죄의 기소는 원칙적으로는 사인에게 방임되어 있다. 즉, 사인소추주의다.

대륙법 나라에서 공소는 오로지 검사에게 독점시켜 사인의 고소·고발은 검사의 행동을 일으키게 하는 한 계기에 불과한 국가소추주의와는 아주 대조적이다. 그러나 범죄가 있어도 아무도 기소치 않고, 하나 공익상 이것을 방임할 수 없는 경우에는 경찰이 공소를 제기하고(현재 기소수의 반수를 차지한다), 또 중요한 특정한 사건에 대하여는 검사장(Director of Public Prosecution)이 기소할 수 있다.

그 외에도 검사총장(Attorny, General)과 검사부총장(Solicitor, General)이 있어 검사장의 중대사건 기소를 감독한다. 그러나 이들은 국왕의 법무관(Law Officer of the Crown)이라고 하여 오히려 사법재판소에서 국왕을 대리하고 국왕의 법률상의 조언자인 것이 주요 직무이고, 보통은 정부 여당에 속하는 유명한 배리스터 중에서 선출되고 변호사단의 수장이 된다. 검사장은 10년 이상의 경험 있는 배리스터 또는 솔리시터에서 임명되고 그 사무를 집행하는 사무소는 검사국으로서 런던에만 둔다. 그의 막료(幕僚)는 두 사람의 부검사장, 13인의 보조자(3인은 서기장, 5인은 부서기장, 5인은 서기)이고 그들은 다 솔리시터나 배리스터이다. 단순히 검사라고 하는 직위는 없다. 그 외의 서기·속기자·타이피스트 등 도합 45명쯤의 작은 세대이다. 이것이 영국 전국 유일의 검사국이다.

사인이 형사수속을 개시하려면 스스로 고른 사무변호사의 손에다 사건을 위임하면 이 솔리시터는 경찰과 협력활동하여 사건의 발단부터 그 지휘를 담당하고 피의자가 공판에 회부되었을 때 공판변호사(Counsel)로서 활동할 배리스터를 지시하고 또 그에게 공판정에서 적당한 조언과 원조를 준다. 즉, 기소전의 검사의 역할은 솔리시터가 맡고, 기소후의 검사의 역할은 배리스터가 하게 된다. 그리고 기소후의 형사수속도 탄핵주의로서 대륙법제국과 같이 규문주의적이 아니다. 그 결과로써 영

국의 재판사에는 고문이 비교적 드물다. 프랑스혁명 이후 대륙법제국
이 영국의 형사소송수속을 모방하여 규문주의적 전통을 많이 수정하였
으나 아직도 '커먼 로우'의 그것에는 다 따르지 못한다.

3) 법률지상주의(Doctrine of Supremacy of Law)

사인이건 관리(官吏)이건 모든 사람이 '커먼 로우' 밑에 있고 그의
모든 행위는 '커먼 로우' 재판소에서 보통수속에 좇아 심판되어야 한다
는 사상이다.

공법의 분야에 있어 '커먼 로우'가 자아낸 가장 기본적 원리이다. 게
르만법에 있어서의 법치주의와 "왕은 신과 법의 밑에서 통치한다"는
Bracton의 말로써 표현되는 13세기의 근본법의 사상이 그의 배경이 되
나 직접 기원은 16, 17세기의 재판소가 왕권과의 심각한 투쟁 속에서
전취(戰取)한 것이다. 이 사상의 실천적 결과로서 ① '커먼 로우' 재판
소 이외의 여러 재판소가 '커먼 로우' 재판소로 흡수되어 소멸한 것과
② '커먼 로우' 재판소에서 행정관사의 행위에 대한 심사권을 가진 것
이었으나(사법권의 행정권에의 간섭), 현세기에 들어와서는 행정의 복
잡화·기술화 때문에 행정관청의 권한이 입법으로 퍽 확장하여 보통재
판소의 간섭할 여지는 점점 줄어들고 있는 추세에 있다.

영국에 있어서는 드디어 1688년 의회의 우월, 즉 ① 의회의 무제한
적 입법권 ② 의회와 대등한 입법기관의 부존재가 승인되어 영국의 재
판소는 의회에서 정립한 법률을 심사할 권한이 없게 되었으나 미국에
서는 이 법률지상주의의 논리적 귀결로서 재판소는 법률 및 행정행위
의 헌법위반 또는 행정행위의 법률위반을 심사할 중대한 권능이 인정
되었다.

사법권우월의 원리(the American Doctrine of Judicial Supremacy)라는 것이 그것이다. 즉, 재판소가 구체적 사건을 재판함에 있어 해석 적용할 법은 제일 먼저 입법부에서 정립한 법률이나, 그러나 그것뿐만이 아니다. 법에는 이러한 법률의 배후에 있는, 또는 오히려 그 위에 있는 법, 즉 헌법이나 자연법 같은 것이 있어 재판소는 이것도 독자의 입장에서, 즉 입법부의 견해에 구속 받지 않고서 해석하지 않으면 안 된다. 그렇다고 하면 만일 입법부에서 정립한 법률이 이러한 헌법이나 자연법에 위반되었을 때는 재판소는 자기의 독자의 권한으로써 이 법률을 무효로 판결하고, 구체적 사안에 적용할 것을 거부하지 않으면 안 될 것이다. 이리하여 재판소는 완전한 의미에 있어서 법령심사권을 획득한다. 이것이 사법권 우월의 원리의 대강이다. 사법권의 입법권에 대한 우월의 의미이다.

이 원리가 인용된 최초의 판결은 유명한 1803년의 머베리 대 매디슨 사건(Murbury vs. Madison)이다. 그러나 이 원리, 즉 헌법위반의 법률은 무효다, 그리고 재판소는 그것을 심사할 의무가 있다는 원리가 더 크게 문제된 것은 근년 소위 뉴딜 입법의 위헌성의 문제에서였다. 소위 뉴딜 정책은 대통령에게 너무나 방대하고 명확치 못한 권한을 위임한다 하여 뉴딜 입법을 무효 선언하였다.

헌법에서 인민의 기본적 제 권리를 보장하는 규정을 지을 때, 흔히, 가령 예를 들면 구 일본헌법 제29조 일본신민은 법률의 범위 내에서 언론 저작 인행(印行)(註. '간행'을 의미) 집회 및 결사의 자유가 있다고 하지만 나중 이 언론의 자유를 침해하는 법이 의회에서 제정되었다 하더라도 재판소에 이러한 법률의 헌법 위반을 심사할 권리가 있어 이러한 법률은 무효라 선언할 수 있는 것이 아니라면 헌법의 보장만으로는 아무런 효용이 없다. 전쟁시의 일본의 현실은 이것을 여실히 증명한다. 따라서 인민의 기본적 제 권리를 튼튼히 보장하는 것이 민주주의헌법의 기본 요건의 하나라면 재판소에다 이러한 법령심사권을 부여하는 규정을 아울러 규정짓지 않으면 안 된다. 즉, 사법권 우월의 원칙은 민주주의헌법의 기본 원칙의 하나이다.

4) 배심(Trial by Jury)

배심은 9세기 때 샤를마뉴 왕조에 기원하여 영국에 전래한 것으로 왕의 관행 제 권리를 종래와 같이 이해관계인의 제출하는 증인에 의하지 않고서 지방 명망가의 선서 있는 진술에 의해서 결정한 데서부터 시작하였다. 현재는 재판에 있어 민사·형사소송에 있어 타인의 증언을 듣고 사실문제에 대하여 평결시키는 제도다.

배심은 역사적으로 자유의 보장이라 하여 '커먼 로우'의 한 특색으로, 프랑스혁명 이후 대표적 민주적 제도의 하나로서 대륙법계 나라에도 채용되었으나 근래에 와서는 점차 쇠미(衰微)해가 미국에 있어서는 심리의 번잡과 비용의 과대 때문에 배심에 의한 심리를 기권하는 자가 늘어가고 있다고 한다.

영국에 있어서도 민사배심은 조락(凋落)의 일로를 걷고 있어 현재 당사자가 배심을 청구할 수 있는 사건은 명예훼손·악의소추·불법감금·정조유린·혼인예약 불이행·사기에 한정하고 그 외는 판사의 재량에 달려 있어 대체로는 배심 없이 심리하는 것이 보통이다. 하나 형사배심은 아직도 원칙적이고 또 그 운용에 있어서는 별 비난이 없다. 그래도 배심이 없는 즉결수속이 점점 입법으로써 늘어나고 있다.

그렇다고 해도 배심제는 '커먼 로우'의 내용과 성격을 형성함에 있어 큰 역할을 하였다.

(1) 법을 항상 일반인과 접촉시켜 일반인에게 법을 납득케 하고 다른 한편 기술적인 판례법 전체계 속에다 비법조적 감각과 비전문가적 내용과 같은 형식을 도입하는 작용을 하였다.

(2) '커먼 로우'의 실체적 규정은 그것을 항상 배심제의 배경에 비추어서 평가하여야 한다. '커먼 로우'의 각 분야에 나타나는 행동표준에 관하여 '상당'이라든지 '통상인'이란 개념의 배후에는 배심이 있는 것이다.

(3) '커먼 로우'의 특색이 가장 잘 나타났다고 하는 증거법은 거의 다가 배심재판 없이는 발전할 수 없었을 것이다.

(4) 법률문제와 사실문제를 준별하는 것은 '커먼 로우'의 특색의 하나인데 그것은 재판소와 배심의 권한을 나눌 필요에서 나온 것이다. 왜냐하면 배심은 사실문제만을 평결하기 때문이다.

(5) '커먼 로우'와 대륙법의 재판방법의 일대차이는 '커먼 로우'에 있어서의 a Day in Court(재판소에 있어서의 1일)이다. 영미에서는 배심재판을 할 필요 때문에 공판에서 당사자 및 증인의 신문당사자의 구두 변론이 하루에 계속적으로 할 필요가 있다. 따라서 여행인이 민사법정이라도 법정을 하루 동안 방문하면 한 사건의 각 단계를 견학할 수 있다.

5. 영미법과 조선의 신법제

1) 문제의 제기

현재 조선에는 조선법전이 없다. 그리고 지금 조선, 더구나 남조선에

서 쓰이는 법전은 일제 때부터 써내려오던 일본의 그것이다. 지금의 남
조선은 미국에 전시점령을 당하고 그들의 군정 하에 있다. 그러므로 국
제법상 1907년의 제1회 헤이그평화회의(海牙平和會義) 때 제정된 「육
전의 법규관례에 관한 규칙」 제43조의 규정으로 선명(宣明)된 점령국은
절대적 필요 없는 한 점령 기간 중 피점령국의 현행법률을 존중하여야
한다는 원칙과 또 이 원칙을 재선명한 미군정청법령 제11호에 의하여
일본법전이 특히 폐지한 것을 빼놓고는 그대로 적용되고 있는 것이다.

그러나 새 조선은 건국과 함께 우리 스스로의 법전을 가져야 한다.
이것은 현대법치국가로서의 제1과제다. 그리고 새로이 건국될 조선은
물론 민주주의 국가이다. 따라서 민주주의 조선의 새 법전도 또한 민주
주의적 법전이어야 한다.

이러한 민주법전의 편찬에는 세계 민주주의 국가의 법제의 비교법학
적 섭취가 필요한 것은 물론이어니와 그 중에서도 민주국가의 두 대표
인, 미(美)·소(蘇)의 법제에서 많은 것을 배워야 할 것이다. 더구나 현
재 건국과정의 조선에 바로 그 미소가 점령하고 스스로 원조를 강제함
에 있어서는 이것은 필연적이다. 하나 미소의 민주주의는 제각기 워낙
다르다. 전자는 이른바 자유민주주의요, 후자는 이른바 일반민주주의
다. 다만 주권이 인민에 있다는 기본 이념만이 같다고나 할까, 그 지향
하는바 내용에 있어서의 차이는 참으로 크다. 그뿐 아니라 그 법제의
계보에 있어서도 앞에서 상설한 바와 같이 전자는 게르만법이 발전한
영미법계이고 후자는 로마법이 발전한 대륙법계이다. 같이 민주주의적
이라고는 하되 이 두 법제는 말하자면 오히려 상극(相剋)한다. 만일 대
륙법계인 소련의 법제가 새 조선법제에 계수될진대는 지금까지의 조선
의 법기구가 대륙법계이었던 만큼 법계론으로서는 별론이 적을 것이
다. 그러나 영미법계인 미법(美法)이 조선의 새 법전에 계수될 경우에

는 전자와는 달리 법계론으로서도 논의될 점이 많다. 40년 동안이나 조선은 일본법 밑에서 살아왔다. 그러나 이미 상술한 바와 같이 일본법은 일본 고유법이 아니라 멀리 로마법에 연원하는 대륙법계의 주로 독(獨)·불(佛)법을 메이지유신(明治維新) 이후 포괄적으로 계수한 것이었다. 그러면 이러한 대륙법계였던 조선은 영미법계의 미법을 어떻게 계수할 것인가.

무릇 계수(reception, Rezeption)란 한 나라에서 생성 발전한 법을 수입하여 다른 나라의 법으로 함을 말한다. 그리고 이 계수의 계열이 곧 법계를 이룬다. 그러나 계수하는 것은 법률이라는 형식적 기술이다. 그 법률이 계수될 실질적 기초는 그 나라의 현실 속에 있는 것이다. 그러므로 계수할 나라의 문화적·사회적·경제적 기초가 계수해 오는 나라의 그것과 같아야 한다. 만일, 이것이 전연 다르다면 계수해 온 법은 사회의 현실에서 유리하여 마침내 지상의 존재로서 그칠 것이다.

그러니 미법을 조선에 계수하겠느냐 않겠느냐에 있어서도 우선 조선의 역사적 현실과 미국의 그것과의 비교론이 무엇보다도 절실한 것이다.

그러나 현재의 조선의 역사적 현실은 두 가지 발전 노선의 분기점 위에 서 있다. 평상적·연속적인 발전과 비상적·도약적인 발전(혁명)은 교착하고 있다. 만일 조선에 있어 급진적인 일반민주주의혁명이 인다면 그때는 자유민주주의의 나라 미국의 법제는 조선에 발붙여 볼 나위도 없을 것이다. 그렇지 않고서 금후의 조선의 발전이 평상적·연속적으로 최대한 사회주의적으로 진행하여야만 그때 비로소 이 미법의 계수론이 등장할 것이다. 그러나 이것은 오직 정치가 결정할 것이다. 이러한 정치 발전의 결정을 전제로 하고 비로소 미법은 장래의 조선 새 법제에 어떻게 계수할 것인가 하는 문제가 성립된다.

그런데 계수의 방식으로 일반적으로는 ① 관습적 계수냐 입법적 계수냐 ② 포괄적 계수냐 부분적 계수냐 하는 유별(類別)이 있다. 그러나 여기서는 전자는 그리 문제가 아니다. 왜냐하면 장래의 조선법제가 관습법주의가 아니라 제정된 성문법전을 갖는다는 것은 당연한 전제같이 되어 있기 때문이다. 그러니 문제는 미법을 포괄적으로 계수할 것이냐 또는 부분적으로 계수할 것이냐 하는 것으로 집중된다.

2) 포괄적 계수의 부적성(不適性)

결론을 미리 말한다면 영미법의 포괄적 계수는 안 된다는 것이다. 그 이유는 우선 영미법의 법원의 특이성에 있다. 즉, 영미법의 특징으로서 가장 중요한 ① 판례법주의와 또 그의 반면(反面)이라고 할 수 있는 ② 포괄적 법전의 부존재와 ③ '커먼 로우'의 논리적 체계의 불비라는 세 가지 점을 '커먼 로우' 자체 속의 내재적 난점으로 들 수 있다.

(1) 판례법주의

위 「영미법의 특색」에서 상술한 바와 같이 영미법계에 있어서는 제1차적·원칙적 법원은 판례법이고 성문법은 제2차적·예외적 법원임에 지나지 않는다. 이 제도는 성문법전을 제1차적 법원으로 섬기는 대법원과의 가장 기본적인 차이다. 그런데 이 '커먼 로우'가 판례법으로 형성되어 있는 제도는 다음 두 가지 점에 있어 그의 계수를 곤란케 한다.

첫째, 판례법주의의 역사적 개성 : '커먼 로우'의 판례법주의는 위 「영미법계의 탄생」에서 상론한 바와 같이 영국 고유의 역사적 환경 속에서 생겨 고유의 조건 밑에서 발전한 것이었다. 즉, 다시 개언하면 일찍부터 영국에 건너가 있던 게르만법적 관습밖에는 의거할 성문법이 없고, 따

라서 대학의 학문적 노작에서 법적지침을 얻을 수도 없었을 때 영국에
만 특수한 중앙집권적 봉건주의와 사법중앙집권 아래 이 또한 영국 고
유의 인스 오브 코트(Inns of Court)란 법조의 길드(guild)를 도장(道場)
으로 하여 그 곳에서 양성된 우수한 변호사와 탁월한 판관들이 재판소
와 실무 속에서 빚어낸 주의다. 그러나 편리한 성문법이 발달하고 또 대
학에서 법학을 강의하게 된 현대에 있어서는 이 판례법주의의 종가인
영국 자신에 있어서도 전통적인 판례존수(判例尊守)의 원칙을 의심하기
시작하게 되었고 미국에서는 이미 이 원칙은 이완하여 판례법의 절대적
구속성은 부정되었다. 즉, 이 판례법주의 자체를 그대로 타국에 이식할
수는 없는 것이다. 그뿐 아니라 또 이러한 판례법주의의 역사적 개성은
판례법의 내용에까지 역사적 특수성의 낙인을 찍어 법이론 자체도 봉건
적 형식을 그대로 대유(帶有)하고 있다. 이것은 「영미법의 특색」에서 상
론하였다. 이러한 '커먼 로우' 이론의 역사적 개성이 '커먼 로우'의 분포
영역을 마침내 영국인이란 테두리를 벗어나게 하지 못한 것이다.

둘째, 판례법의 양의 방대 : '커먼 로우'의 판례 구속성은 이론상은
판례집의 공간을 전제로 하는 것은 아니로되 실제는 구속성을 가진 판
례는 판례집에 실린 판례(reported cases)에 한한다. 따라서 '커먼 로우'
에 있어 판례집(Reports)은 판례법주의와 밀접한 관련을 가지고 발전하
였다. 즉, 우선 영국에서는 ① 13세기 말부터 1536년까지는 변호사가
법정에서 판사와의 문답을 필기한 연대순의 판례집인 Year Books ②
16세기 후반기부터 18세기 전반기까지는 법정에서 판사와의 문답뿐만
아니라 판결과 그 이유를 치중(置重)하기 시작한, 그리고 Reporter의 이
름을 붙인 판례집 ③ 18세기 후반기부터 19세기 전반기까지는 사실의
진술, 변호사의 변론, 재판소의 판결이 질서 있게 배열되고 또 정기적·
영리적으로 공간된 판례집 ④ 1863년부터 현대까지는 배리시터

(barister)의 대표 22인의 위원이 영국의 상위재판소의 중요판결을 망라
적으로 게재하는 Law Reports가 생겼다.

　미국에서는 1789년경부터 연방재판소의 판례집과 주재판소의 판례
집의 두 가지가 있다. 그리고 Official Reports와 Unofficial Reports가 있
어 더구나 후자에는 십수 종의 영리회사가 이것을 경영하고 있다. 잠깐
여기서 주의할 것은 영미의 판례집은 공개한 법정에서 소송사건을 방
관자인 제3자가 보고한 것이라는 점이다. 대륙법 나라같이 판사가 작
성한 판결서(변호사의 상고 취지는 포함되었지만)를 모은 판례집과는
퍽 다르다.

　'커먼 로우'에 있어서는 판사는 반드시 판결문을 작성하여 이것을 낭
독하는 것이 아니고 구두로 그의 법률상 의견을 넣어 판결을 언도한다.
그러나 각판사가 판결에 대하여 독립한 의견을 서명 있는 서면으로써
발표하여 이것이 판례집에 실리는 수도 있다.

　하여튼 이렇게 발전해 내려온 판례집은 현재로서는 전(全)영미법계를
통하면 3만 권 내지 4만 권에 달한다고 한다. '커먼 로우'는 이 방대한
판례집 속을 연면(連綿)히 흐르고 있는 것이다. 즉, '커먼 로우'에 있어
서는 판례집의 팽창은 자료의 증가가 아니라 기속력 있는 법원(法源)의
증가이고, 따라서 법률가의 부담의 증가를 의미한다. 더구나 미국에 있
어서는, 영국의 판례가 직접적으로 법적 구속력을 갖는 법원은 아니로
되 대륙법에 있어 적어도 조리(條理) 이상의 법원성을 가질 것이어늘,
영국의 전판례집이 항상 참조 대상이 될 것이고, 그뿐 아니라 연방 및
각 주가 제각기 독립한 사법조직을 가져 판례집의 팽창은 더욱 심하다.
미국의 '커먼 로우'는 그 자신의 중량에 짓눌릴 지경이라고 일컫는 학자
도 있다. 그래서 이것을 이용·검색하는 데 편리하게 각 판례의 요령을
모아놓은 공간물이 일찍부터 굉장히 발달하기는 하였다. 그러나 이 방

대한 양의 판례법 속에서 무엇이 법이냐 하는 것을 찾는 것은 용이한 일이 아니다. '커먼 로우' 계수의 애로의 하나는 여기에도 있다.

(2) 포괄법전의 부존재

영미가 판례주의라고 하는 것은 '커먼 로우'에는 성문법전이 없다는 뜻이 아니다. 다만 법원(法源)으로서 판례법이 으뜸이 될 뿐, 성문법의 양은 오히려 대륙법계의 나라보다 적지 않고, 다만 그것이 포괄적인 법전의 형식을 취하지 않았을 뿐이다. 그러나 성문법의 그것보다 으뜸되는 판례법의 존재를 전제로 하였다는 법원의 기본 구조는 다음 두 가지 현상을 자아낸다.

첫째, 영미의 성문법전은 단행법주의라는 것이다. 성문법이 판례법의 존재를 전제로 하고, 이것을 정정·보충하는 무수한 단행법으로 되어 있다. 즉, 영국에는 13세기 초엽 이래의 무수한 단행 성문법이 그대로 살아 있는 판례법 틈에 누적해 있고, 미국에는 연방 및 주가 각각 의회를 가지고 제각기 입법권을 행사하기 때문에 연산액 250권 이상이나 되는 단행 성문법이 매년 쌓여가고 있다고 한다. 서로 계통 없는 단행법의 나열은 법원을 점점 착종(錯綜)시키는데다가 이 성문법의 해석에는 또 판례준유(判例遵由)의 원칙이 적용되어 이중 삼중으로 법원은 복잡화해 간다. '커먼 로우'에 있어서는 성문법전이 생겨도 그 전의 판례법이 성문법 조문의 명문에 저촉되지 않는 한, 성문 조문 속에 여전히 살아 있기 때문이다. 그 예로서는 Jenks, Geldart, Holdsworth 등의 『A Digest of English Civil Law』(2nd ed. 1921)라는 책을 들 수 있다.

이 책은 판례와 단행 성문법에서 추출한 영국 민법 법규를 2천 2백 23조의 조문의 형식으로 표현하여 독일민법의 편별에 좇아 배열해 놓은 것이다(편별 방법이 대륙법이 계통적이라는 증좌가 된다). 그런데 이 책의 편집주임 Jenks는 말하기를 이 책에 게기(揭記)한 법규의 근거로서는 7,000의 판례와 1,450개의 단행성문법전의 조문을 인용하였다고 한다. 이 인용된 단행성문법전의 수에는 누구나 놀라지 않을 수 없을 것이다.

둘째, 영미의 성문법의 규정이 세목적·열거적이라는 것이다. 영미의 성문법이 원래 기존의 판례법을 성문화한 것이 많아 그 때문에 그럴 뿐 아니라 전연 새로운 입법에 있어서도 그러하다.

대륙법이 개괄적·추상적인 규정으로 되어 그 조문의 해석으로서 당연히 추론될 세목적·구체적인 경우가 영미법에 있어서는 전부 조문으로 되어 동의의(同意義)의 말을 끈기 있게 하나하나 거듭하는 버릇이 있다. 그래서 어떤 조문을 보면 주어가, 일일이 예를 다 열거하였기 때문에 몇 페이지에 걸쳐 연(連)해 있는 것을 볼 수 있다.

이것도 '커먼 로우'에 있어서 판례법이 제1차적 법원이고, 성문법은 제2차적 법원이라는 구조에 기인한다. 즉 '커먼 로우'의 전통적 법사상으로는 법으로서는 판례법이 원칙이고 성문법은 예외적이니 성문법은 될 수 있는 대로 엄격히 좁게 해석해야 한다는 해석원리가 서 있기 때문에 재판소가 성문법의 문구를 엄격히 해석했을 경우에도 빠지지 않게 하기 위하여는 해석으로 당연히 연역(演繹)할 수 있을 경우라도 일일이 망라적으로 열거하는 수밖에 없기 때문이다.

이리하여 제정법의 해석이론에 있어 영미법과 대륙법은 큰 상이를 보인다. '커먼 로우'의 성문법 해석에 있어서는 문리해석, 즉 법률의 해석방법에 있어 법문의 문자 또는 문장을 중요시하는 태도가 제1차적이고, 논리해석은 제2차적이다. 대륙법 나라에서 일컫는 것과 같은 자유법운동에서 이른바 '해석의 무한성' 같은 말은 '커먼 로우'의 성문법 해석에는 있을 수 없다. 아니 오히려 영국에 있어서는 성문법 해석에 대하여 해석법칙의 판례법 또는 성문법의 제한되어 있다. 그 중 유명한 것으로는 Interpretation Act(1889)이다.

이 법은 성문법을 해석하는 방법을 규정하는 성문법이다. 이렇게 영미법계의 성문법은 대륙법계의 그것과는 아주 달리 세목적 규정으로 되어 있는 무수의 단행 법전으로 성립되어 있어 포괄적 계수의 대상으로는 부적(不適)하기 짝이 없다.

(3) 논리적 체계의 불비

'커먼 로우'는 원래 대학의 강단에서 자라난 것이 아니고, 재판소의 실무 속에서, 또 모의변론 기타 실무를 통해서 변호사를 양성하는 인스 오브 코트」에서 형성된 것이라 체계가 없다. 옥스포드대학에서 로마법의 강의가 시작된 것은 멀리 12세기까지 소급할 수 있는데, 대학에서 '커먼 로우'의 강의가 열린 것은 겨우 1753년 Blackstone이 『영법석의(英法釋義)』의 기초가 된 강의를 했을 때다. 그리고 1873년, 이때 독일에 있어서는 Windscheid의 『판덱텐』 교과서가 판을 거듭하였을 무렵 A. V. Dicey는 옥스퍼드대학 교수 취임 강연으로 "영(英)법은 대학에서 가르칠 수 있느냐" 하는 제목의 강의를 하였다. 그것은 이 때 일반적으로 하는 영법은 대학에서 학문으로서 계통적으로 가르칠 수 있는 것이 아니라 재판소나 변호사사무소에서 구체적 사건에 따라 스스로 체득할 것이라는 생각들을 하고 있었기 때문이었다. '커먼 로우'에서는 추상적 이론보다는 실무상의 구체적 타당성을 더 섬기고 학설보다는 판례의 우위를 믿는 사법적 경험주의가 지배한다. 그러므로 '커먼 로우'에는 대륙성과 같은 체계가 있을 수 없고 또 '커먼 로우'는 그러한 추상적

이론적 체계를 숭상하지도 않는다.

이 점은 그 교수방법에 있어서도 현저히 나타난다. 대륙법은 강의식, 즉 교수가 혼자서 강단 위에서 법의 추상적 논리적 체계를 강의한다. 그러나 영미법은 다르다. 영국에서는 인스 오브 코트에서 모의재판 (Moots) 같은 것을 통해 실무중심 교육을 하는 것도 특징적이나, 그보다도 미국의 판례식 교수법(Case-Method)은 더 독특하다.

이것은 Harvard대학 교수 Christopher C. Langdell이 1880년경 창시한 방법으로서 미국의 일류대학은 물론, 캐나다·영국의 일부까지도 이 방법을 좇는다. 판례식 교수법에 있어서는 각 법률부문에 있어 지도적 판례(leading cases)를 선택하여 이것을 계통적으로 배열한 판례선집(case books)을 사용하여 각 학생에게 미리 각 판례에 대한 준비를 시켜 교실에서 교수의 지명에 의하여 사실·소송상의 경과·판결 이유 및 이에 대한 비판을 보고시켜 이 보고를 중심으로 하여 보고자 이외의 학생에게도 토론에 참가시켜 교수는 반문도 하고 비판도 하고 또는 다른 판례·학설을 인용·설명하는 것이다. 과외강의에 있어 간단한 예비지식을 주는 외에는 처음부터 이 방법으로써 교육한다. 헌법으로부터 온 실정법의 각 부문을 다 이 방법으로 가르친다. 그리고 판례식으로 얻은 지식을 종합·정리하기 위하여 상급생에 대하여서만 이론법률학(Jurisprudence)을 가르친다. 이리하여 법과대학을 졸업하기까지 법률학을 배운 것이 약 3천개의 판례를 배운 것이 된다.

이렇게 배우는 체계 없는 '커먼 로우'는 외국인이 일조일석(一朝一夕)에 가까이할 수 없는 법계라 아니할 수 없다.

이상이 영미법 자체가 스스로 품은 계수 대상으로서의 부적성(不適性)이다. 이것은 하필 조선의 법제로서 '커먼 로우'를 계수하는 경우에만 일어나는 난점이 아니다. 일본이 메이지유신 후 서양법제, 특히 근대적 자본주의 국가로서의 모범적 법제를 포괄적으로 계수하려 했을 때, 영미법계의 그것이 아니고 대륙법계 주에서도 가장 대륙적인 독(獨)·불(佛)법을 계수한 것은 결코 우연지사가 아니라 적어도 소극적으로는 '커먼 로우'가 포괄적 계수의 대상으로는 상술한 바와 같은 단점을 내포하고 있었기 때문이었다.

그것을 Roscoe Pound는 『The Spirit of The Common Law』(p.8)에서 "영미법의 전통은 이와 대항하는 전통(대륙법)과의 경쟁에 있어 단 한 점에 있어서만 패배하였다. 즉, 일본의 법전 편찬 때 불(佛)법·영(英)법·독(獨)법 사이의 경쟁은 독법이 결정적으로 승리하였다. 그러나 이것은 아직 참말로 영법과 독법과의 우열을 정한 것은 못된다. 그것은 법적 규범체계로서의 경쟁이었지, 사법적 재판의 방법의 경쟁은 아니다. 추상적 체계로서의 비교에는 '커먼 로우'는 가장 불리한 입장에 있다. 하나 구체적인 변쟁사건(繁爭事件)의 재판이란 점으로서 본다면 언제나 유리하다"고 변명한다. 그러나 서양법제를 계수한 동양제국에 있어 대륙법을 좇는 것이 일본 하나만이 아니라 중국·태국·터키 또한 그러하였다. 영미의 정치적 지배 밑에 있는 속국이 아니고는 영미법을 포괄적으로 계수한 일은 과거에 있어서 절무(絶無)하고 장래에 있어서도 그 가능성은 부정될 것이다. 이 점은 이미 Wigmore의 승인하는 바이다.

이러한 영미법 자체의 내재적 난점 위에 조선 독자의 사정이 또 있다. 그것은 조선이 40년 동안이나 대륙법계의 독일법을 계수한 일본법 밑에서 살아왔다는 점이다. 경제적 기구를 기술적으로 건설하는 것이 법이라면 조선의 자본주의적 경제기구를 법적으로 건설한 것은 대륙법이다. 현존하는 조선의 법적 기구는 대륙법적인 것이다. 이것을 영미법적 법기술로써 재건축한다는 것은 좀처럼한 난사가 아니다. 법적 기구를 뜯어 고쳐 재건축한다는 것이 법적 기구 자체의 문제로서 난사(難

事)일 뿐이 아니다.

법이란 원래 입법자가 혼자서 어느 법을 따다가 만들었어도 이것을 운용하는 사법관·행정관·변호사가 쉽사리 이것을 이해 영득할 수 있는 것이 아니라면 아무 것도 아니다. 또 인민 일반이 이것을 용이하게 이해할 수 있는 것이라야 준법시킬 수도 있는 것이다. 그렇다면 대륙법만이 머리에 젖은 조선의 법조인 및 행정가가, 더욱이 영어라는 장벽을 어느 하가에 넘어서 전연 계통이 다른 '커먼 로우'를 이해 체득함을 어찌 일조일석에 기대할 수 있으랴.

그것도 물론, 영미법을 꼭 계수하여야만 한다면 어떤 장애라도 극복하여 그 목적을 추구해야 할 것이다. 그러나 법이란 워낙 순기술적인 면이 있어 이 면으로서만 본다면 우수한 법이란 결국 기술적으로 편리한 법을 말한다. 그리고 이 법의 기술성으로 보아 대륙법이 더 체계적·조직적·논리적이어서 경제적 하부구조를 법적으로 건축하는 기술로서 우수하다는 것은 영미법학자들도 승인하는 바라는 것은 위에서 여러 번 지적하였다.

이것을 요약하면 영미법은 그 자체 속에 담긴 내재적 난점과 또 아울러 조선의 특수한 사정이란 외재적 요인으로 말미암아 조선의 새 법제에 있어 포괄적으로 계수할 것은 아니라고 단정할 수 있다.

(4) 정신의 계수

그러나 위에서 말한 것은 '커먼 로우'의 포괄적 계수의 대상으로서의 단점을 강조함이요, '커먼 로우'에는 이에 못지않은, 우리가 계수하여야 할 장점이 무수히 있다. 조선법제의 기본 구조가 지금까지 대륙법적이었던 것을 '코페르니쿠스'적으로 전환시켜 영미법을 포괄적으로 계수하여 영미법적으로 재편성할 것인가 하는 것을 위에서 부정하였을 뿐이다.

일본법전에 있어서도 이미 영미법에서 직접·간접으로 계수한 제도가 하나 둘이 아니다. 이것을 상법에서 가장 유명한 예만 들더라도 총칙에서는 부실한 상업등기에 대하여 승인한 제14조 금반언(estoppel)의 원칙이 있다. '커먼 로우'에 있어서는 ① 기록에 의한 금반언(estoppel by matter of record, 재판기록에 기재된 사항은 당사자가 다툴 수 없다는 원칙) ② 날인증서에 의한 금반언(estoppel by dead, 스스로 날인증서에 기재한 사항은 다툴 수 없다는 원칙) ③ 행위에 의한 금반언(estoppel in pais, 예를 들면 토지의 임차인은 기간 중 임대인의 권리를 다툴 수 없다는 원칙) ④ 표시에 의한 금반언(estoppel by presentation)의 네 가지가 있다. 최후의 원칙이 가장 중요하다.

갑이 을의 표시를 믿고 그것에 의거하여 자기의 지위를 불리하게 변경하였을 때 을은 뒤에 자기의 표시가 진실과는 다르다는 것을 이유로하여 번복시키지 못 한다는 원칙이다. 상법 제14조도 이 원칙을 따온 것이다. 미래의 안전을 위하여 퍽 중요한 '커먼 로우'의 신의성실의 원칙의 하나다. 그 외에도 회사법에서는 사채권자집회제도(사채법은 영미법이 가장 우수하다)·전환사채·전환주식·회사정리 및 특별청산 등이 모두 영미법에서 계수해 온 것이다.

이렇게 이미 일본법이 계수한 것 외에도 특히 민주주의적 법제도로서 종래의 대륙법보다도 영미법에서 계수해 올 것이 더 많다. 그리고 그것은 인민의 권리를 보장하는 공법적 제 제도에 있어서 더욱 그럴 것이다. 가령 예를 들면 위 「영미법의 특색」에서 말한 미국의 사법권 우월의 원칙도 새 조선 민주주의헌법에 반드시 채용되어야 할 원칙의 하나일 것이다.

또 사법제도로서도 해방 후 종래 재직하였던 사법관의 수가 적었었기 때문에 변호사에서 현재 사법관의 대다수를 차지하게 되어 종래의 사법관이 변호사와는 절연하여 한 관료군으로 있던 대륙법계식 판관·변호사분리제가 우연히 변경되고 변호사에서도 판관이 수시로 될 수 있는 판관·변호사공동제가 되어 영미법계식으로 되었다. 그러나 제도는 하나하나 독립하여 있는 것이 아니라 서로 관련되어 있는 것이어늘 이 제도에 따라 검사의 지위, 경찰과 사법관과의 관계 등이 연관적으로 계수되지 않으면 자칫하면 그 제도의 폐해만을 계수하기 쉬운 것이다. '커먼 로우'에 있어 사법관제도의 정신을 따오지 않으면 안 된다. 그 외에도 미법의 특색으로 일컫는 소년심판소제도, 간이재판소 및 법률부조금제도 등도 참고의 가치가 있을 것이다.

즉, '커먼 로우'도 부분적 계수의 대상으로서는 적절한 것이 많다. 그러나 이러한 제도도 그것을 규율하는 법원으로서는 위에 지적한 바와 같은 난점이 있을 것이다. 우리는 그의 정신을 계수하여 대륙법식으로 입법화하면 그만이다. 즉, 나는 '커먼 로우'에 있어 좋은 제도의 정신의 계수를 주장한다.

여기서 '커먼 로우'와 조선의 새 법제도와의 관계를 요약하면 조선의 새 법제로서 '커먼 로우'를 포괄적으로 계수할 수는 없다. 그의 기본 구조는 여전 대륙법계여야 한다. 그러나 민주적 법제로서 우수한 '커먼 로우'의 제(諸) 제도 중에서 우리는 많은 것을 계수하여야 한다. 즉, 부분적 계수이다. 그리고 그것은 '커먼 로우' 그대로의 계수가 아니라 그 제도의 정신의 계수이어야 한다.

〔필자·사법부 법률조사국 법무관〕

사법재판소의 법률심사

- 민법 제14조의 무효선언판결에 관하여 -

『법정』 제2권 제11호(1947년 11월호) 게재

사법재판소의 법률심사

- 민법 제14조의 무효선언판결에 관하여 -

1. 문제의 발단

대법원은 최근 우리의 사법사(司法史)상 획기적 의의를 갖는 판결을 내렸다. 처를 무능력자란 제약으로부터 해방시키는 크나큰 선언을 한 것이다. 그것은 1947년 『민상(民上)』 제88호 동년 9월 2일 판결로써 그 판결이유를 다음과 같이 설시하였다.

"처에 대하여는 민법 제14조 제1항에 의하여 그에 해당한 행위에는 부의 허가를 수(受)함을 요하여 그 능력을 제한한바 이는 부부간의 화합을 위한 이유도 없지 않으나 주로 부에 대하여 우월적 지배권을 부여한 취지라고 인정치 않을 수 없다. 그런데 서기 1945년 8월 15일로 우리나라는 일본의 기반으로부터 해방되었고 우리는 민주주의를 기초

삼아 국가를 건설할 것이고 법률·정치·경제·문화 등 모든 제도를 민주
주의 이념으로써 건설할 것은 현하 우리의 국시라 할 것이다. 그러므로
만민은 모름지기 평등할 것이고 성의 구별로 인하여 생(生)한 차별적
제도는 이미 민주주의 추세에 적응한 변화를 본 바로서 현하 여성에
대하여 선거권과 피선거권을 인정하고 기타 관리에 임명되는 자격도
남성과 구별이 무(無)하여 남자와 동등한 공권을 향유함에 이른 바인즉
여성의 사권에 대하여도 또한 동연(同然)할 것이매 남녀평등을 부인하
던 구제도로서 그 차별을 가장 현저히 한 민법 제14조는 우리 사회 상
태에 적합지 아니하므로 그 적용에 있어서 적당한 변경을 가할 것은
자연의 사태이다. 자(玆)에 본원은 사회의 진전과 법률의 해석을 조정
함에 의하여 비로소 심판의 타당을 논할 수 있음에 감하여 동조에 의
한 처의 능력제한을 인정치 아니하는 바이다."

즉, 해방 이후 우리의 새로운 국시로 된 민주주의 이념, 그리고 그것
의 유로(流露)인 남녀평등의 이념에 비추어 남성과 나타나게 차별하여
처의 행위능력을 제한하는 민법 제14조에 대하여 적용거부의 선언을
내린 것이다. 이것은 민법 제14조를 어떠한 구체적인 사실에다가 적용
한 것이 아니라 그 법 자체의 효력을 심사한 것이다. 법률 그것의 재판
이다.

여기서 사법의 본질은 입법처럼 새로이 법을 정립하는 것이 아니고
또 행정처럼 법을 집행하는 것도 아니고 오직 제정되어 있는 법을 적
용함에 있을 것이어늘 몽테스키외(Montesquieu)의 표현대로 "재판관이
란 법의 말을 말하는 입"(『법의 정신』 제1편 제6장)이라고만 생각한다
면 재판관이 이렇게 법 자체를 재판하고 하물며 그의 무효를 단정한다
는 것은 이해할 수 없는 입법권에의 침해행위같이 보일 것이다. 인정되
어 있는 법률의 무효선언은 그 법을 폐지하는 소극적 입법행위가 되기

때문이다. 그러므로 이 판결은 종래의 법의 정립·집행·적용이란 삼권의 공식적 배분양식에 대한 투석행위라 할 수 있다.

이 판결이 던진 문제는 여기에 있다. 대법원이 이 판결의 이러한 문제성을 넉넉히 의식하였을 것임에도 불구하고 또 감히 이러한 판결을 내린 근거는 무엇인가. 이것을 대법원의 '헌법재판'으로 볼 수 없을까. 대법원이 해방 이후 우리의 새로운 헌법으로 군림한 민주주의 이념에 어그러지는 민법 제14조를 헌법에 저촉한 법률로 인정하고 그 무효를 선언한 것이라 볼 수 없을까.

그러려면 그곳에 다음과 같은 문제가 일어난다. 첫째, 도대체 우리 대법원에 현재 그의 권한으로서 그러한 헌법재판권이 있느냐. 둘째, 현재의 남조선에 무슨 헌법이 있느냐. 대법원에 헌법재판권이 있더라도 그 기준이 될 헌법이 있어야 한다. 이른바 민주주의 이념 따위가 그러한 헌법재판의 기준으로서 헌법이 될 수 있느냐. 셋째, 가령 대법원에 헌법재판권이 있고 또 민주주의 이념이 그러한 헌법이라손 치더라도 과연 현재 남녀동권(男女同權)이란 정치적 구호대로 처의 무능력제도를 폐기하는 것이 옳으냐. 넷째, 이 위의 모든 문제가 긍정된 다음 그러한 헌법재판의 효과는 어떠한가.

본고는 이러한 문제를 들고 간단한 입론을 하여 보련다. 논의는 주로 헌법의 분야에서 전개되나 필자는 동법계에 몸을 둔 한사람으로서 이 문제에 대한 관심이 깊은바 있으므로 감히 시론을 공개하는 바이다.

2. 헌법재판제도

사법권우월의 원칙

헌법재판이란 헌법의 우위를 인정하여 재판소로 하여금 헌법 이하의
법, 즉 법률·명령·규칙·처분의 적헌성(適憲性)을 심사하여 그 효력을
판정시키는 것을 말한다. 이러한 법령심사권이 동재판소에 귀속되어
있느냐 하는 문제는 세계 각국 법제에 있어 자못 오랜 문제다.

종전 전 일본의 지배적 견해는 동재판소는 법령의 형식적 하자의 유
무를 심사하는 형식적 심사권은 있어도 그 실질적 하자의 유무를 심사
하여 그 내용이 상급의 법에 저촉함으로써 그 효력을 부인하는 실질적
심사권은 명령에 대하여는 있어도 '법률'에 대하여는 없다는 것이었
다.1) 그리고 이것이 일본의 사법재판소의 실제 관례이기도 하였다. 즉,
사법재판소에는 '법률' 심사권은 없다는 것이다. 이것은 일본에서만 그
럴 뿐 아니라 종래 입법권을 국가의 최고 권력으로 삼았던 나라에서는
입법권은 다른 어떠한 기관의 감독도 아니 받으므로 위헌의 법률이라
도 일단 제정된 다음에는 이것을 무효로 할 길이 없다는 것이다.

그러므로 민법 제14조가 '명령' 또는 그 이하의 법이라면 문제는 간
단하다. 왜냐하면 사법재판소는 명령심사권은 의례히 가지고 있기 때
문이다. 그러면 다만 민주주의 이념이 명령의 내용을 그것에 비추어 심
사할 만한 상급법이 될 수 있느냐 만이 문제로 남을 것이다. 그러나 일
본법이 해방 이후에도 남조선에 그대로 시행되고 있는 근거는 무엇이
든, 일본법이 일본법으로서 가지고 있던 법단계적 급별도 그대로 지니

---

1) 대표적인 예로서는 미노베 다쓰키치(美濃部達吉)·『헌법촬요(憲法撮要)』, 493면
   이하

고 있다고 밖에 볼 수 없다. 그러면 민법 제14조는 '법률'의 일부다. 그러면 사법재판소가 어떻게 그것을 실질적으로 심사할 수 있느냐. 일본에서는 종전 후 신(新)헌법 제81조로 "최고재판소는 모든 법률·명령·규칙 또는 처분이 헌법에 적합하는가 않는가를 결정하는 권한을 가진 종심재판소"라고 하여 비로소 사법재판소에서 법률심사를 하는 헌법재판제를 확립하였다.

독일·프랑스에 있어서는 Kelsen, Duguit 같은 유력한 공법학자들이 일찍이 법단계설을 기초로 하여 헌법에 저촉하는 법률을 적용 거부하는 사법적 헌법보장제를 주장하였다.[2] Duguit의 말을 빌린다면 "재판관은 그때 현존하는 모든 국법에 의하여 구속받는다. 그는 물론 보통의 법률에 의하여 구속받는다. 그러나 그는 동시에 그보다도 한층 더 강한 이유로써 성문불문(成文不文)의 상급법(lois supérieures), 그 중에서도 인권선언 및 헌법전에 기재된 규정에 의하여 구속받는다. 이러한 법의 상하위계(hiérarchie des lois)가 존재하는 국가에 있어서는 하급법과 상급법과의 사이에 충돌이 있을 때 재판관은 후자를 적용하고 전자를 배척하는 것은 바로 당연지리(當然之理)다."[3] 헌법재판은 법의 상하위계의 논리필연적 귀결로서 인정되어야 한다는 것이다. 그러나 이러한 이론은 프랑스에서는 채용되지 못하였고 독일에서는 나치스 이전 바이마르헌법 밑에서 특설(特設)한 헌법재판소 외에 연방사법재판소에도 '법률'심사권이 있다고 인정되었어도 실제로 위헌이라고 한 판결은 없었다.[4] 또 세계 제1차대전 후 유럽 제국 중에 1919년의 오스트리아의 헌

---

2) 다카야나기 겐조(高柳賢三)·「사법적헌법보장론 - 그 법률사상사적배경(司法的憲法保障論 - その法律思想史的背景)」, 『국지(國誌)』 43-9, 43면 이하 특히 49면 참조

3) 미야자와 도시요시(宮澤俊義)·「프랑스재판소의 법률심사권(佛國裁判所の法律審査權)」, 『법협(法協)』 39-2, 132면 참조.

4) 다카야나기 겐조(高柳賢三)·「사법적헌법보장제의 법리 및 그 운용(司法的憲法

법재판소5)를 비롯하여 특별헌법재판소를 설치한 나라는 많았으나 이
것은 오히려 보통사법재판소의 헌법재판권을 부인하는 것이 된다.

대륙법계 제국에서 이럴 뿐 아니라 영미법계에서도 영국에는 헌법제
판제가 없다. 그것은 영국에는 성문의 헌법전이 없고 헌법이 법률·판
례법·습률(習律) 등으로서 존재하여 이른바 연성헌법의 나라인지라 헌
법과 법률 사이에 상하의 위계가 없기 때문이다.6) 따라서 의회에서 정
립하는 법률은 의회의 최고의 의사표시로서 구법(舊法)인 헌법적 법규
에 대하여도 우선적 효력을 갖는다. 이것을 의회우월성(Parliamentary
Sovereignty)이라 일컫는다.7)

이리하여 도시 사법재판소에서 법률심사를 하는 헌법재판제는 미국
에서 시초한 것이다. 그러나 그것이 미국헌법에 명문으로 규정되어 있
는 것은 아니다.8) 1803년의 마베리 대 매디슨 사건(Marbery vs.
Madison)이란 판례법에서 시작하는 것이다. 이 사건에 있어 그 때의 대
심원장 마셜 판사(Chief Justice Marshall)는 그의 이론적 근거로 이미
고전적이라고 할 의견을 설시하였다. 그 골자만을 따면 ① 헌법은 법
률에 대하여 우위의 법이다. ② 그리고 헌법은 재판소에 의하여 강행
되어야 할 법이다. ③ 그러니 법률이 헌법에 저촉하였을 때는 그 법률

保障制の法理及其運用)」, 『국지(國誌)』 49-1, 8면 참조.. 전(全) 논문은 49권 1
호로 내지 8호에 걸쳐서 헌법재판의 전면적 운용을 상설한 최량(最良)의 문헌이
다.(이하 '다카야나기(高柳)·법리 및 운용(法理及運用)'이라 약칭한다)

5) 미노베 다쓰키치(美濃部達吉)·「오스트리아의 헌법재판소(オ-ストリヤの憲法裁
判所)」, 『국지(國誌)』 44-2, 1면 이하에 특별헌법재판소제의 상세한 해설이 있다.

6) 다카야나기 겐조(高柳賢三)·「미국 헌정에 있어서 사법권의 우월을 논함(米國憲
政)における司法權の優越を論ず)」, 『법협(法協)』 39-3, 20~22면 참조.

7) 쓰도미 쓰쿠다(都富佃)·『영국헌법요론(英國憲法要論)』, 23면 이하.

8) 다카야나기(高柳)·「법리 및 운용(法理及運用)」, 『국지(國誌)』 49-1, 15면. 다카
야나기(高柳)·전게(前揭) 『법협(法協)』 39-4, 55면 참조.

은 법이 아니다. ④ 따라서 재판소는 그 직무를 수행함에 있어 헌법과 법률과의 저촉을 발견하였을 때는 법률의 적용은 거부하지 않으면 안 된다. ⑤ 헌법의 사법적 해석은 해당사건의 결정에 관한 한 종국적인 것이다. ⑥ 최고재판소의 해석은 하급재판소를 구속하고 또 선례로서 동일재판소를 구속한다는 것이다.9)

이렇게 헌법재판제란 무슨 입헌주의나 민주주의 같은 한 원칙의 속성으로서 당연히 일반적 균일적으로 있는 제도가 아니다. 미국 대심원이 헌법의 우위성과 사법재판소의 사명을 관련시켜 거기서 자각적으로 획득한 권한이다. 헌법의 명문으로 비로소 부여된 것이 아니다.

대법원은 판결이유 중에 "본원은 사회의 진전과 법률의 해석을 조정함에 의하여 비로소 심판의 타당을 기할 수 있음에 감하여" 이러한 헌법재판을 한다고 간단히 논하였으나 우리 대법원도 상술한바 마셜 판사의 설시와 같이 해방 이후 우리의 모든 질서 위로 군림한 우리의 새로운 헌법 민주주의 이념의 우위성을 인식하고 사법재판소의 본질적 직무에 철(撤)함으로써 드디어 이 헌법재판권을 자각적으로 자기의 권한으로 발견한 것이다. 대법원의 이러한 자각의 타당함은 입의(立義)를 통과한 임시약헌(臨時約憲)에서도 이것을 예견할 수 있다. 즉 그의 제47조로 "최고법원은 법령의 적용에 관하여 해(該) 법령이 본법에 위반 여부를 조사할 권한이 있다"라고 이것을 명문으로써 규정하였다.

나라에 있어 그 나라의 '정부의 구조(Frame or Plan of Government)'를 규정하고 그 나라 인민의 '권리의 선언(Bill or Declaration of Rights)'을 증명하며 또 이러한 구조와 권리가 그 위에 설 바 기본원칙

---

9) 마셜 판사의 판결의 중요부분은 황성수(黃聖秀)·「미국헌법상의 삼권분립」, 『법정』 2-9, 41면 및 다카야나기(高柳)·「법리 및 운용(法理及運用)」, 『국지(國誌)』 49-3, 27면 이하 참조.

을 지시하는 일련의 상급법을 합쳐서 헌법이라 일컫는다면 이러한 헌법을 수호하고 그러기 위하여 그 나라에 있어 최고의 권위를 가지고 이 헌법을 해석하는 권한을 누구에게 맡길 것인가. 이 헌법해석권을 입법권에다 주고 입법권이 정립하는바 법률은 무엇이나 다 틀림없이 합헌적이라고 믿는 제도, 이것이 이른바 입법권의 우월(Legislative Supremacy)이다. 여기서는 입법권은 만능이고 어떠한 악(惡)법률이라도 그것이 의회를 통과하였다는 이유만으로써 또한 법으로서 행세한다. 그리고 행정부는 의원내각제의 이름 아래 입법부에 굴종하고 사법부는 의회에서 정립한 법률의 적용기계로 화(化)한다. 그러나 입법권이 소위 인민대표기관인 의회의 수중에 있기 때문에 이 제도가 가장 민주주의적 요청에 맞는다고 한다. 그렇지 않고 이 헌법해석권이 행정권에 주어질 때 거기에는 행정권의 우월(Administrative Supremacy)이 나타난다. 입법권이 쥐고 있는 권한을 소위 행정권에의 수권입법이란 형식으로 백지규정을 담뿍 담은 광범위의 위임입법을 하여 합헌적이란 보장 밑에 행정권은 위임명령으로써 자기의 하고 싶은 바를 스스로 입법하고 또 스스로 집행한다. 여기에는 행정권 중심제, 다시 말하면 독재주의로의 경향이 보인다.

역사적으로 본다면 세계 제2차 전쟁 전에 입법권의 우월이 승인되었던 의회중심제의 제국 중 독일에 있어서는 1933년의 수권법(Ermächtigungsrecht), 일본에 있어 1938년의 국가총동원법같이 행정권에의 수권입법으로써 행정권 중심제로 법적장비를 갖추고서 독재주의 국가로 변모하였던 것이다. 만일 이때 이러한 나라에 헌법해석권이 사법권에 부여되어 있는 사법권의 우월(Judicial Supremacy)이 있었더라면 입법권이 정립한 법률을 심사하여 민주주의에서 벗어나는 수권입법을 무효선언하였을 것이다. 그렇다고 해서 이러한 헌법재판제만으로써

세계적으로 전개된 모든 국가의 독재주의화란 역사적 필연성을 억압할
수 있을 것이라고까지 과언(過言)하지는 않지만 그래도 입법권과 행정
권의 지나친 야합으로 인민의 자유를 함부로 침범함을 막는 데는 적지
않은 역할을 하였을 것이다. 헌법재판은 인민의 대표기관인 의회가 정
당의 이해에 사로잡혀 헌법을 침범함이 없이 진정히 그의 입법권을 행
사하였나를 심판하는 것이다. 민주주의적인 의회의 입법권을 더욱 민
주주의적으로 행사하도록 보장하는 것이다. 이것이 헌법재판제의 작용
이다.

우리는 일제 때 일본헌법이 명문으로써 보장한 제(諸) 기본권이 국
가총동원법이란 일개의 법률이 나오자 여지없이 유린당하는 것을 보았
다. 그러고서도 일본인민들이 호소할 곳조차 없는 것을 보았다. 이것이
사법권의 우월이 없는 나라의 비애다. 우리는 모름지기 이러한 악법률
을 헌법재판에 의하여 심판받게 하기 위하여 이 대법원이 확립한 사법
권의 우월을 길게 보전하여야 할 것이다.

3. 남조선의 헌법

헌법에는 형식적 의의와 실질적 의의 두 가지 의의가 있다. 형식적
의의의 헌법이란, 헌법전이라고 하는 제정·발포된 법을 말한다. 이러한
헌법은 남조선에는 아직 없다. 실질적 의의의 헌법이란, "단체의 의사
를 구성하고 집행하고 그 범위를 한국(限局)하고 그 단체 속에 있어서
의 및 그 단체에 대한 그 구성원의 지위를 규율하는 기준이 될 질
서"(G. Jellineck)를 말한다. 이것을 국가적으로 말한다면 "국가의 조직
을 규율하는 대원리의 전체"를 의미한다. 형식적 의의의 헌법은 주로

실질적 의의의 헌법을 그의 내용으로 하나 전자는 반드시 후자만을 그 내용으로 하는 것이 아니고 또 후자는 반드시 그 전부가 전자의 내용이 되는 것도 아니며 더 나아가서는 전자 없는 곳에 후자만이 있을 수도 있다. "영국에는 헌법이 없다"(Tocqueville)라고 말할 때의 헌법은 형식적 의의의 헌법(헌법전)을 가리킨다.10) 그러나 영국에도 실질적 의의의 헌법은 있다. 이 실질적 의의의 헌법이라면 어떠한 형태의 국가나 정부가 있는 한 그 곳에 있을 것이다. 그러니 이러한 헌법은 현재 남조선에도 있을 것이 아니냐.

현재 조선은 독립국가가 아니다. 국가학적으로 보아 완전한 국가가 아니다. 그렇다고 해서 조선이란 나라가 아주 없는 것도 아니다. 이것은 국가학적으로 보아도 그러할 것이다. 일본에 있는 조선 사람만 하더라도 그것이 일본인은 아니다. 일본에 대하여는 의연히 외국인의 대우를 받아야 할 조선인인 것이다. 이러한 조선인이 제 나라라 하여 그곳에 귀속할 주체로서 어떠한 의미로서든지 조선이란 나라가 있을 것이다. 이러한 조선을 가리켜 '생성중의 국가(the state in the making)'라 할 수 있다. 장래 성취될 완전한 나라 조선의 '전생(Vorleben)'이라 할 수 있다. 현재 조선의 법적 의미는 이러하다. 일본에 찬탈당하였던 주권이 해방으로 말미암아 다시금 조선인민에게로 광복되었어도 남북으로 미소(美蘇)에 군사점령을 받아 그 주권은 억압을 받고 있다. 남북의 군정이 점차로 그 군정성을 희박화하여 그 정권이 조선인에게로 위양되면 되는 그만큼 그 억압이 풀리어 조선의 주권은 선명(鮮明)의 도(度)를 짙게 하면서 남북의 군정이 완전히 해소하는 날 조선의 주권은 또 완전히 하나로서 빛날 것이다. 군정과 조선의 주권의 회복과는 이러

---

10) 미야자와 도시요시(宮澤俊義)·『헌법약설(憲法略說)』, 4면 참조.

한 함수관계에 있다. 그러므로 분할된 남북 두 조선임에도 불구하고 이 것을 초월하여 하나의 '생성중의 국가' 조선을 상정할 수 있는 것이다. 그러니 현재의 남조선은 다만 미군정의 영역으로서 확고부동으로 서있 는 것이 아니라 항상 주권의 완전한 회복을 향하여 미동적으로 발전을 계속하고 있는 것이다. 생성중의 국가 조선의 일부분인 것이다. 다만 그 위에 점차로 희박해가는 미군정이 덮여 있을 뿐이다.

그러면 이러한 남조선에는 현재 어떠한 헌법이 있느냐. 남조선이란 다만 미군정의 영역으로서 그치는 것이 아니라 생성중의 국가 조선의 일부분이라는 이중성을 띠고 있듯이 그 곳의 헌법은 또 미군정의 몇 개의 헌법적 규정으로서 그치는 것이 아니라 생성중의 국가로서 또 생 성중의 헌법을 이중적으로 가질 것이다. 그리고 생성중의 국가가 완전 한 국가로의 건설이란 동적계기를 내포하고 있듯이 생성중의 헌법은 또 건국의 방향을 지시하는 이념일 것이다.

미군정의 조직을 규율하는 법규로서는 남조선의 통치권이 맥아더 장 군에게 있다는 것을 선명한 포고(布告) 제1호와 입의(立議)를 조직하는 법령 제141호와 또 종래의 총독부 조직을 원용하는 법령 제21호가 있 다. 이것으로 '정부의 조직'을 규율하는 헌법적 규정은 다 하였다 치더 라도 헌법의 2대 부분의 하나인 인민의 기본권에 관한 것은 없다. 그것 은 일제 때 일본헌법전은 이 부분에 관하여 조선에는 시행되지 않았기 때문이다. 그러므로 인민의 기본권은 건국의 이념에 비추어 그 이념에 맞는 권리를 그 속에서 발굴하여 형성해 나아갈 수밖에 없다. 그뿐 아 니라 정부의 조직도 법령 제21호대로 일제의 것을 항상 보지(保持)해 나가는 것이 아니라 건국이 진행되면 될수록 건국의 이념에 맞는 그것 으로 발전하여 가고 있다. 이것은 포고 제1호 전문이 선명한 바와 같이 군정은 군정 그 자체를 목적으로 하는 것이 아니라 실은 조선의 독립을 적극적으로 원조함을 목적을 삼을지니 조선건국의 진행이 곧 그의 목적의 수행이고 조선의 건국이 완성하는 날 군정은 그의 목적을 다하고 그 속으로 몰입하여 소멸할 것이다. 즉, 군정도 실은 생성중의 국가 조선을 위한 존재이고 또 그래야만 한다. 그러므로 건국이념은 생성중의 국가 조선의 생성의 원리일 뿐 아니라 또 동시에 군정의 원리로서 군정 하 모든 질서를 규율 잡는 원리이기도 한 것이다. 따라서 건국이념은 모든 법질서 위에 군림하여 있고 모든 법은 이 건국이념에 합치함으로써 존재하고 또 불합치함으로써 소멸할 것이다.

그러니 이 건국이념이야말로 현재 남조선의 실질적 의의의 헌법인 것이다. 그리고 이 건국이념이란 두말할 것도 없이 민주주의가 아니냐. 대법원은 정확히도 이 이치를 설파하여 "우리는 민주주의를 기초삼아 국가를 건설할 것이고 법률·정치·경제·문화 등 모든 제도를 민주주의 이념으로써 건설할 것은 현하 우리의 국시라 할 것이다"라고 하였다. 그리고 이러한 헌법에 있어 인민의 기본권의 하나인 평등권으로서 또 당연히 남녀평등의 이념이 흘러나올 것이다. 대법원은 이러한 헌법에다 민법 제14조를 비추어 보고 그것이 헌법에 저촉된다고 단정한 것이다.

그러면 헌법재판에 있어 이러한 명확한 규정이 아닌 민주주의 이념 따위가 그의 기준이 될 수가 있느냐. 여기서 미국의 헌법재판의 판례를 살펴보면 의회에서 제정된 법률이 자연법에 위배함으로써 무효선언을 받은 것이 하나 둘이 아닌 것을 알 수 있다.[11] 그리고 그 자연법이란 것도 여러 가지 뉘앙스는 있으나 법질서는 성문법 체계에 그치는 것이 아니라 보다 높고 보다 깊고 또 보다 본질적인 법질서가 있다 하면서

---

11) 다카야나기(高柳)·「법리 및 운용(法理及運用)」(5), 『국지(國誌)』 49-5, 51면 이하와 우카이 미치나리(鵜飼通成)·「미국법학의 기초와 배경(米國法學の基礎と背景)」, 『법학회논집』 82면 참조.

필경 합리성(Reasonableness)을 내세우는 데 지나지 않는다. 미국헌법 제14수정은 인민의 생명·신체·재산의 헌법적 보장규정인데 그 규정 속에 '적당한 법률수속 없이는(without due process of law)'이란 일반조항이 있는데 이 '적당'의 내용을 확정하는 데 있어서 더욱이 자연법을 활용하고 있는 것은 유명한 사실이다.

그렇다면 이 건국과정기의 대법원이 건국이념으로써 헌법재판의 기준을 삼은 것은 지당타 아니할 수 없다. 그리고 그 건국이념이 민주주의의 속성으로서 남녀동권이란 세목적 이념을 끌어내는 것도 또한 명백한 사리를 좇은 것이라 아니할 수 없다.

4. 처의 무능력자제도

현 민법이 아무리 현명한 처라도 미성년자·금치산자·준금치산자와 함께 무능력자로 대우함이 온당치 못하다 함은 이미 민법교과서가 모조리 떠들고 있는 사리(事理)이다. 새 조선의 건국이념으로 민주주의가 군림하면서 조선 백성의 반수를 차지한 여성이 남녀동권을 주장할 것은 물론이고 또 그것은 현재 각 정당이 다 그의 정강(政綱)으로서 표방하고 있는 바이다.

여기서 대법원이 민법 제14조는 남녀평등을 부인하는 구제도로서 그 차이를 가장 현저히 하였으니 남녀평등을 그의 세목적 이념으로서 그 속에 품고 있는 우리의 건국이념 민주주의에 저촉되는 바이므로 그의 처에 대한 능력제한을 부인한다 함은 실로 정론(正論)이라 아니할 수 없다.

혹 처를 무능력자로 함은 부부공동생활의 화합을 위하여 부부를 차별함이지 남녀를 차별함이 아니라고 하는 사람이 있다. 그러나 부부의 화합만을 위주(爲主)하여 능력제한을 한다면 거기에 세 가지 방법을 생각할 수 있다. 하나는 오히려 부의 능력을 제한하는 방식, 다음은 처의 능력을 제한하는 방식, 셋째는 부와 처를 결혼과 동시에 함께 무능력자로 하여 서로 상대의 동의가 있어야 법률행위를 할 수 있게 하는 방식이 있다. 민법은 이 세 가지 방식 중에서 부의 능력을 제한하는 방식이나 또는 부처 쌍방의 능력을 제한하는 방식을 취할 수 있었음에도 불구하고 처의 희생에 있어 처의 능력만을 제한하는 방식을 취하였음은 그것이 바로 남존여비(男尊女卑)가 아니고 무엇이냐. 부처(夫妻)의 화합이란 미명(美名) 바로 뒤에는 남녀 차별이 숨어 있는 것이다. 위의 세 가지 방식 중 남자의 능력만을 제한함도 여존남비(女尊南卑)일 것이니 결국 남녀평등은 부처(夫妻)를 다 능력을 제한하든가 또는 자유로 방임하든가라야 한다. 그러나 사법재판소는 적극적으로 이 중의 한 방식을 지시할 수는 없고 다만 입법권이 정립한 방식이 남녀평등에 어긋났을 때 그것의 무효를 선언함으로써 입법권이 옳은 법률을 정립하도록 소극적으로 촉진함에 지나지 않는다. 헌법재판과 적극적 입법과의 엄연한 차이다. 헌법재판은 입법권의 지나친 적극성을 컨트롤하는 완전변(完全辯)이다. 따라서 그는 보수적 경향이 짙다.

미국의 헌법재판도 그 보수적 경향으로 유명하다. 루스벨트 대통령의 이른바 '뉴딜' 정책에 의한 제(諸) 사회입법[그중 가장 유명한 NRA(국가산업부흥법, The National Industrial Recovery Act)]을 미국대심원이 무효선언한 것은 너무도 유명한 일이다. 그 외에도 예를 들면 가격을 공정하고 최저임금을 정하는 법률을 계약의 자유라든가 자연법상의 권리를 침해하는 위법입법이라고 한다든가 또 로크너 대(對) 뉴욕 사건(Lochner vs. New York)에 있어서는 뉴욕 주에서 하루 10시간 이상 제

빵직공을 노동시키는 것을 금하는 법률을 만들었던바 어떤 빵 회사가 이 법률에 위반하여 2회 벌금을 물게 되자 이 회사는 이 법은 계급적 입법으로서 헌법 제14수정의 '법의 평등한 보호'를 거부하는 것이라 하여 그의 위헌성을 다투었더니 대심원의 다수 의견은 "빵이 청결하고 위생적인가 아닌가와 빵 직공의 하루 10시간만 노동하나 안 하나와는 아무런 관계가 없으니 이러한 간섭은 경찰의 한계를 넘어서 불법한 간섭을 계약자유에 주는 것이니 위헌의 법률이다"라고 하였다.[12] 이렇게도 보수적이었던 것이다.

이에 대비하여 대법원은 헌법재판을 진보적인 데서 출발하였다. 남녀 평등으로의 개혁이란 원래가 봉건주의에서 자본주의로의 혁명에 불과하다. 새 조선 건국에 있어 이러한 봉건적 잔재의 소탕에는 모름지기 과감하여야 한다. 이러한 봉건주의에서의 몌별(袂別)마저 준순(逡巡)하다가는 민주주의 조선의 건설은 도저히 기대할 수 없다. 대법원이 이러한 보수성이 가장 농후한 신분법의 분야에서 봉건적 잔재 소탕의 선편(先鞭)을 가한 것은 더욱이 반가운 일이다. 대법원의 헌법재판이 앞으로도 더욱 이러한 진보적인 방향으로 걸어가기를 기대하여 마지않는다.[13]

5. 헌법재판의 효과

민법 제14조는 대법원의 헌법재판으로 그 효력을 잃었다. 그러면 어느 때부터이냐. 미국 헌법학자들의 통설에 의하면 "어떤 법률이 위헌이

---

12) 다카기 야사카(高木八尺)·「NRA위헌문제의 사적고찰(NRA違憲問題の史的考察)」,『노무라교수환력축하논문집(野村教授還曆祝賀論文集)』, 599면 이하.

13) 우카이(鵜飼)·전게(前揭), 87면 참조.

라고 판결된 때에는 그 법률은 마치 아주 존재한 일이 없었던 것과 같다"(Cooley)고 한다.[14] 위헌이란 판결을 받은 법은 '당초부터 무효(void ab initio)'로 돌아간다. 즉, 위헌판결이 있은 때부터가 아니라 소급적으로 법률제정 시부터 무효로 된다. 그것은 헌법에 어긋나는 법률이든 명령이든 제정할 때부터 헌법에 저촉한다는 그 이유로써 벌써 법으로서 효력을 갖지 못하기 때문이다. 그러나 조선에서는 이 이론은 좀 수정을 받아야 한다. 왜냐하면 민법 제14조가 먼저 존재하고 있는데 해방 이후 비로소 새로운 헌법민주주의 이념이 나중 군림하게 되었으니 무효의 시기는 이 이념이 조선 위에 베풀어진 날부터이어야 할 것이다. 그러면 그날은 언제냐.

대법원의 판결 이유에 1945년 8월 15일을 그 일자로 잡는 듯싶다. 조선이 일본의 기반에서 해방되어 조선 천지를 제국주의 대신에 민주주의 이념이 덮기 시작한 것은 법적으로는 일본이 항복문서에 서명한 동년 9월 2일이 아닐까. 민법 제14조는 이날부터 무효로 된 것이다. 그러나 이 당초 무효의 원칙을 관철하면은 때로는 나타나게 법적 불안정을 가져 올 때가 있다. 왜냐하면 법령집에 법률 또는 명령 등 법으로서 엄존(儼存)하고 있어 관리도 자치단체도 상사회사도 개인도 이러한 법의 유효성에 의거하여 행위를 해나갔다가 헌법재판으로 일조(一朝)에 그 무효를 선언받는다면 그 전부가 또 무효로 무너져 갈 것이기 때문이다. 이번 판결같이 처의 행위능력을 제한하는 조건, 장해(障害)하는 조건을 풀어놓았을 때에는 조금도 거래의 안전을 해하지 않고 오히려 부의 동의가 없어 불안정하던 거래를 안정화시킬 것이다. 그러나 이와 반대로 위헌입법에 의하여 설립된 회사가 몇 년을 존속한 후 그 법이

---

14) 다카야나기(高柳)·「법리 및 운용(法理及運用)」(8),『국지(國誌)』49-8, 18면 이하 참조.

위헌이란 판결을 받았을 때 이 당초 무효의 원칙대로 전부가 소급적으로 무효로 돌아간다는 것은 너무도 법적 안정을 동요시킨다. 이리하여 미국에서는 재판소는 이른바 '사실이론(de facto doctrine)'을 채용하여 이 결과를 수정한다. 즉, 판결전의 위헌법률에다 사실상 어떠한 효력을 주어 이른바 '사실상의 회사(de facto Corporation)'라든가, 또는 '사실상의 관리(de facto officer)' 개념으로써 재판전의 일어난 사실을 그대로 승인하는 이론구성을 취한다. 또 이때 저 유명한 '금반언(estoppel)'의 원칙을 채용하여 당사자가 무효로 된 법률에 의거하여 한 행위의 효력을 부인함을 금한다. 어떤 판례는 한걸음 더 나아가 위헌이라고 판결된 법률은 유효가 아니나 당사자가 그 유효함을 예정하고 또 그 예정이 그럴 법한 예정이니 법률이 유효한 것과 같이 취급한다고 언명(言明)한다. 이때는 당초 무효의 원칙은 실질적으로 폐기된 것이다.[15] 이번 대법원의 판결에는 당초 무효의 원칙을 적용하여도 아무런 부당한 결과도 없고 효력에 대한 아무런 유보문구도 없으니 민법 제14조의 무효의 시기는 동년 9월 2일이다.

다음 현존하는 법령 중에 민주주의 이념에서 벗어나는 법규는 오직 민법 제14조뿐이 아니다. 남녀동권에 관한 것만 하더라도 신분법 분야에서 이혼이유·부부재산제·친권자의 순위·호주상속권(일본 신민법에서는 가독상속제를 폐기하였다)·상속의 순위·형법에 있어서 간통제 등 그 범위는 넓다. 그러나 이번 판결로써 무효한 규정이라 밝혀진 것은 오직 민법 제14조에 국한된다. 그것은 사법권의 본질로서 재판소는 소송사건에 대하여 이것을 재판함에 있어 이에 부수하여 이 사건에 적용될 법규가 위헌인가 아닌가를 심사결정한데 불과한 것이고 일반적으로

---

15) 다카야나기(高柳)·전게(前揭), 『국지(國誌)』 49-8, 10면.

자진하여 어떤 법률의 위헌성을 단정해낼 권한은 없는 것이다.[16] 사법권은 특정한 사건 및 쟁송과 그것과 불가분의 관계에 있는 것에만 미치는 것이다. 이번 판결도 처의 소송능력을 판단함에 있어 그것과 불가분의 관계에 있는 처의 행위능력을 규율하는 민법 제14조를 심사한 것이다. 재판소는 이렇게 한 법률의 특정한 조항 또는 한 조항중의 일부만을 위헌이라고 단정할 수 있다[일부 위헌(partial unconstitutionality or sectional u.)]. 그러므로 우리는 이 판결을 통하여 적어도 그 외의 남녀동권과 관련 있는 제(諸) 문제도 금후(今後) 새로운 사건으로서 대법원으로부터 무효선언을 받을 가능성을 예측할 수 있을 뿐이다.

---

16) 다카야나기(高柳)·전게(前揭), 『국지(國誌)』 4, 5면 및 49-8, 5면 참조.

적산회사(敵産會社)의 회사적 성격

『법정』 제3권 제7호(1948년 7월호) 게재

적산회사(敵産會社)의 회사적 성격

1. 머리말

적산회사(敵産會社)란 적성(敵性)을 띤 회사를 일컫는다. 여기서 적(敵)이란 우리에 대하여서보다 미국에 대하여 교전국이었음으로 해서 적이 된 일본을 가리킨다. 그러한 일본자본계의 회사로서 남조선에 설립된 것이 여기의 문제다. 주지하는 바와 같이 해방 후 미국은 남조선에 군정을 펴고 나서 곧 법령 제2호와 제33호로써 다른 모든 일본인 재산과 함께 이러한 회사에 대한 일본인의 모든 권리도 군정청에 귀속(Vest)시켰다(법령 33호 2조). 그리고 남조선과도정부 밖에다 그보다도 훨씬 미국적 색채가 짙은 독립한 기관으로서 재산관리관(The Property Custodian)을 두고 일본인 재산을 통틀어 거기다 관리시키기로 하였다. 그러므로 적산회사는 이 관할 밑에서 그의 발하는 관재령(Custody Order)과 그의 하급 법규의 규율을 받는다. 이 관재령과 그 계열의 하급

법규에 의하면 적산회사에 대한 취급은 세 단계를 밟고 발전하였다. 처음에는 적산회사는 한낱 물적재산(physical assets)의 집합체로서만 대우되었다. 복잡한 기구를 갖는 회사로서의 성격이 인정되지 않은 것은 물론 그의 법인성, 즉 권리주체로서의 성격까지도 인식되지 않았다. 그러므로 거기에는 현행 상법전의 회사법이 개입할 여지는 전연 없었다.

그러다가 1946년 4월 27일부 군정장관 대리 지시 「법령 제33호에 의하여 일본인 재산을 취득함으로 인한 법인채무의 지불에 관한 건」으로 비로소 적산회사의 법인성이 인정되었다. 그러나 그것만으로는 적산회사는 의연히 회사법 밖에 초연히 서 있는 것이다. 그런데 이러한 적산회사는 해방 당시 수로든지 자본액으로든지 다른 일본인 재산이 조선인 재산을 압도하듯이 전 회사의 거의 대부분을 차지하고 있었던 것이다. 그러므로 회사법은 말하자면 그 적용의 대상을 거의 잃고 있었던 것이다. 그러다가 1947년 12월 6일 관재령 제10호로써 다시금 적산회사의 사회적 성격이 용인되어 이제야 그 위에도 회사법이 적용될 기운이 터졌다. 이 의미에서 관재령 제10호는 회사법적으로 획기적이다. 그러나 아직도 적산회사에는 회사법이 그대로 적용되지 않는다.

이러한 관재 방식의 발전의 뒤를 밟아 적산회사를 에워싼 회사법적 법률관계를 해명하여보자 하는 것이 본고의 의도다.[1] 그러나 관재처 밖에서는 얻기 어려운 자료의 결핍으로, 또 군정법령의 일반적 특색인 너무도 많은 법의 흠결로 해서 이 논술이 과연 그 정곡(正鵠)을 얻었는지 자외(自畏)하는 바이다.

---

1) 조선의 적산 문제의 논작으로서는 최병주·「적산에 관한 법률문제」, 『법정』 3, 4, 9, 10호와 조박·「적산의 법률상 귀속문제」, 『법정』 10호가 있다.

2. 법인으로서의 적산회사

법령 제2호, 제4호는 적산, 즉 일본인 재산을 파악·한정하였고, 법령 제33호는 그것을 군정청에 귀속(vest)시켰다. 적산회사도 물론 이 범위 속에 드는 것이다. 그러나 이 법령으로는 적산회사가 어떻게 군정청에 귀속되었는지 분명치 않다. 그러면 회사는 어떠한 방식으로써 군정청에 귀속되었는가.

회사는 법인이다(상법 제54조). 그러므로 회사 재산은 법인인 회사의 소유다. 회사를 구성하는 개개의 사원은 회사재산에 대하여 법적으로 직접적인 권리는 갖지 않는다. 사원은 다만 간접적으로 회사에 대하여 가진 사원권의 한 내용으로서 해방 후 잔여재산청구권을 가질 뿐이다. 그러므로 어느 회사의 사원이 일본인이어서 합명회사라면 지분, 주식회사라면 주식이 일본인에게 소유되고 있었다면 위의 법령 제33호에 의하여 군정청에 귀속된 것은 직접적으로 회사 재산 자체가 아니라 지분이나 주식인 것이다. 그러나 이 이치는 적산 관리의 개시기부터 의식되지는 못하였다.

적산회사도 오직 적산으로서만, 즉 객체적인 재산으로서만 귀속되고 있었다. 그러다가 적산회사의 주체적인 성격이 인정된 것은 1946년 4월 27일부 군정장관대리 지시 「법령 제33호에 의하여 일본인 재산을 취득함으로 인한 법인채무의 지불에 관한 건」 중에 인용된 법제장관(General Counsel)의 의견으로 비로소 승인되었다. 즉, "일본 또는 일본인 (자연인이고 법인이고)이 가졌던 주식 또는 그 외의 소유권(Other Ownership Interest)은 군정청에 귀속되었으나 회사재산에 대한 권리는 그 법인에 남아 있다"고 하였다. 이리하여 이러한 법인의 채권·채무는 그 법인이 그 주체로써 스스로 채권(債券)을 회수하고 채무를 지불하도록 지시한 것이다.

그 후 또 동년 8월 26일부 재산관리관의 「정책과 선례」 제8호도 이 의견을 받아서 그것을 법인의 채권·채무에 관하여서뿐 아니라 법인의 운용일반에 확충시켜 "귀속재산을 더욱 잘 관리하여 그것을 운용·지배·이용·보존하기 위하여 재산관리관들은 귀속재산을 단순히 건물·공장설비 같은 물적재산(physical assets)으로서 취급할 것이 아니라 회사의 주식을 통하여 관리할 것이다"라고 하였다.

그러나 이것만으로는 적산회사가 다만 벌거벗은 물적재산의 덩어리로서 끝나는 것이 아니고 그의 법인성이 인정되고 권리능력이 승인되었을 뿐이다. 아직도 회사경영에 관한 일체의 권능은 재산관리관에게 전속되고 회사가 회사로서 작용하려면 필수적 기관인 취체역·감사역·주주총회는 설치되지 않고 있다. 이런 회사법적 기관에 대신하여 한 사람의 상업사용인인 관리(manager)가 임명되어 적산회사도 회사로서가 아니라 한낱 개인기업처럼 관리되는 것이다. 이것은 일본의 적산관리방식도 그러하여 적산관리법시행령 제5조 제1항은 "법인의 사업 또는 영업의 관리에 있어서는 법인의 의사결정 업무집행 대표를 하는 권한은 적산관리인에게 전속한다"고 하였다. 이것이 통상의 적산관리방식일 것이다.

그러나 조선에 있어서의 적산관리는 특수적인 것이다. 원래 적산관리란 교전국이 자기영역 내에 있는 적산국 재산에 대하여 가하는 관리인 것이다. 이런 적산에 대하여는 국제관습법으로써 비몰수의 원칙이 확정되었기는 하나 이것을 관리하여 전후 강화회의에 있어 결정될 배상의 담보를 보전하고자 하는 것이다. 영국의 대적법거래(Trading with The Enemy Act) 제7조는 명문으로써 이것을 밝히고 있다.[2] 그러나 남조선

---

2) 우치다 히로부미(內田弘文)·「영국의 대적취인법 및 적산관리법에 대하여(英國の 大敵取引法及敵産管理法に就て)」, 『법률시보(法律時報)』 제14권 1호 및 4호.

에 있는 일본인 재산을 미군정청이 관리하는 것은 이것과는 특이하다. 미군의 남조선 점령은 국제법상 전시점령이긴 하되 일본과의 교전에 그 목적이 있었던 것이 아니라 정전 후 오히려 그 무장해제와 아울러 일본의 기반에서 조선을 해방하는 데 목적이 있는 것이다(포고 제1호). 그러므로 남조선에 있는 일본인 재산은 미국에 대하여 적산이긴 하되 자기 영역 내에 있는 재산이 아니라 이른바 해방국가에 있는 재산이다. 그리고 미군정청이 이러한 적산을 관리함은 통상의 적산관리에서와 같이 자기의 배상담보를 보전함을 목적으로 삼아서는 안 될 것이다.

이 재산은 어떠한 경로를 밟아서든 해방국인 조선에 귀속되어야 할 운명의 것이다. 그뿐 아니라 조선에 있어서는 적산이 중요 기업을 거의 다 차지하고 있다. 그러므로 조선에 있어서의 적산관리는 다만 소극적으로 강화회의 때까지 그것을 보관하여야 할 뿐 아니라 적극적으로 현재 당장에서부터 조선의 경제적 복리를 위하도록 시급히 또 그 최고 능률을 다하여 운용하여야 할 것이다. 이것은 조선으로서의 희망일 뿐 아니라 미군의 점령목적 수행상으로도 그러하다.

미군정의 일본인 재산관리의 특수성이 이러하거늘 그 관리 방식이 또한 특수적이 아닐 수 없다. 통상적인 관리방식이라면 적산관리인에 의한 관리 외에 매각처분이 더욱 활용될 것이다(일본 적산관리법 제2조 참조)[3]. 이것은 기업체를 환가하여 금전으로서 관리함이 편리할 뿐 아니라 위의 비몰수의 원칙을 정면으로 깨뜨리지는 않게 유상으로는 하되 국내에서 적의 기업을 소탕하자는 계략에서 나오는 것이다. 그러나 조선에서는 이러한 적산기업이 결국은 조선에 귀속하게 될 것은 기정의 사실이므로 관리의 편리를 위주로 할 것이 아니라 오직 한결같이

---

3) 노다 우이치(野田卯一)·「적산관리법해설(敵産管理法解說)」, 『법률시보(法律時報)』 제14권 2호 79면.

가장 능률적인 운용만을 꾀하여야 할 것이다. 능률적인 관리, 이것이 현재 조선에 있어서의 일본인 재산관리의 최고 목표여야 한다.

과연 1947년 9월 17일부 군정장관대리의 재산관리관에 대한 지시 「조선 내에서 창립된 법인관리에 관한 건(Control of Juridical Persons Organized in Korea)」은 이러한 노선으로 점진한다. 이 지시는 대략 다음과 같은 내용이다.

(1) 조선의 일은 될 수 있는 대로 속히 조선 사람의 손으로 이양하겠다는 군정청의 일반정책에 의하여 법령 제33호로 그 주식이 군정청에 귀속되어 있는 조선 안에서 설립된 법인은 군정청에서 임명한 관리인(manager)에 의하지 않고 정식으로 선임된 중역회(Board of Directors)에 의하여 관리할 것을 지시한다.

(2) 목적
 (a) 상공기업에 대한 조선인의 운용책임을 확충시키는 것.
 (b) 대소(大小)의 조선인 주주 전부를 경영에 참여시켜 써 상공업 관리에 있어 조선인 참여의 지반을 확대하는 것.
 (c) 조선인 주주의 권리를 인정하여 그들의 이기심을 이용하여 산업생산력과 운영능률을 증진시키는 것.

(3) 정책
 (a) 조선회사에 대한 군정청의 관리(Control)는 주주로서의 권한으로 하는 정도로 제한할 것(그러나 법 또는 점령 목적으로써 하는 것은 그러하지 않다).
 (b) 귀속주식의 의결권(voting powers)은 그것이 조선인에게 양도될 때까지는 현재 그 기업의 운영을 위촉받고 있는 관리(예를 들면 상무부장·농무부장 등)가 그 미국인 고문의 동의 밑에 행사할 것.
 (c) 중역의 선거
  (가) 조선인 주주의 이익을 존중하고 그 주식과 귀속주식수와의 비례로 각기 그 이익을 대표하는 중역이 선임될 것.
  (나) 귀속주식을 대표하는 중역은 가장 우수한 자격 중에서 선임할 것이고 그 지명은 조선인주주, 동업조합, 소속부처 등 이해관계를 가진 사람들에게 일임할 것.
  (다) 귀속주식을 대표하는 중역에 대한 최후적 결재는 그 기업의 운영을 위촉

받은 부·처·기타 대행기관의 장이 미국인 고문의 동의 밑에 행할 것.

　(라) 귀속주식이 소수(not substantial)인 때는 조선인 주주를 대표하는 중역
　　　에게 법적권한 전부를 맡기고 군정청의 관리는 순전한 조선인 소유기업
　　　에 대한 경우와 같은 한도로 제한할 것. 그러나 소수주주권의 선량한
　　　수탁자로서의 감독을 할 것.

　(d) 일반적 감독
　　　귀속주식수와 같은 주식의 투자자 또는 수탁자가 하는 정도 이상의 모든
　　　관리를 점진적으로 제거함을 근본정책으로 한다. 그러나 현재 또는 장래의
　　　지시로 필요하다고 인정하는 추가관리를 개시 또는 계속할 수 있다.

(4) 수속
　(a) 조선 내에서 설립된 법인의 운영은 현행법에 준거하여 초집(招集)된 주주총
　　　회에서 선임된 중역회에 맡길 것. 그러나 특별히 보류한 경우에는 그렇지
　　　않다.
　(b)　이러한 법인의 귀속주식의 결의권은 이러한 법인의 운영을 위촉 받을 군
　　　정청 부·처 또는 대행기관의 장에게 맡길 것.
　(c) 군정장관 기타 당국의 지시에 좇아 이러한 법인에 필요한 추가 관리를 개
　　　시 계행(繼行)할 것.

(5) 예외
　(a) 중역이 선임되고 그 자격을 인정받고 재산관리관이 그 정식으로 운영권을
　　　그들에게 맡길 때까지 조선과도정부 부·저 기타 대행기관의 장은 이러한
　　　법인에 대하여 관재령 제9호에 준거하여 운영을 계속할 것.
　(b) 미육군에 그 운영이 넘어간 법인은 중역회에 의하여서 관리되지 않고 소관
　　　미사령관이 운영한다. 이러한 미육군에 의한 사용을 이유로 하는 소청 또
　　　는 배상청구는 미육군이 그 재산을 명도할 때까지 해결되지도 않고 배상이
　　　지불되지도 않는다.

3. 회사로서의 적산회사

이 지시를 회사법적으로 역점을 붙여 읽으면 다음과 같은 조목을 추

상할 수 있다. ① 적산회사에 대한 이 신조치는 주식회사만을 대상으로 하였다는 것. ② 적산회사에 대한 적산관리는 주주로서의 권한으로써 하겠다는 것. ③ 적산회사의 주주총회를 승인하여 거기에 조선인 주주를 참여시키는 것. ④ 주주총회에서 선임된 중역회(Board of Directors)를 승인하여 거기다가 회사의 운영권을 주는 것. ⑤ 귀속주식이 소수(not substantial)인 적산회사는 조선인 주주를 대표하는 중역회에다 거의 전적으로 회사 운영을 넘긴다는 것. 이 제(諸)점은 적산회사를 다만 법인으로서 취급할 뿐 아니라 한 걸음 더 나아가 회사로서 인정하는 것이다. 이로써 적산회사에도 회사법의 광명이 비춰 들어가는 계기가 생겼다.

이 지시의 뜻을 받아 재산관리관은 동년 12월 6일부로 관재령 10호 「재산관리관이 그 주식 또는 기타 이익을 가진 조선 내에 설립된 각종 법인의 운영에 관한 건」을 발포하였다. 이 관재령은 위의 지시를 구체화한 것이다. 그러므로 이것을 중심으로 하여 위의 다섯 조목에 관하여 설명하려 한다. 이것으로써 적산회사적 성격, 즉 적산회사에 회사법이 어떻게 적용되느냐가 여실히 나타날 것이다.

1) 적산회사 중에서 이러한 신조치를 한 회사는 주식회사뿐이다

관재령 제10호의 제목에는 각종법인(all types of juridical persons)이라 하였으되 그 내용에 있어서는 다른 종류의 회사, 즉 합명회사·합자회사·주식합자회사 및 유한회사에 관하여서는 아무런 규정도 없기 때문이다. 그뿐 아니라 전(前) 삼(三)자같이 사원에 유한책임사원이 있는 회사는 그 지분을 조선인이 사가지고 입사하지 않는 한 주식회사에서처럼 쉽사리 그 경영권을 갖는 업무집행사원이 될 수 없기 때문이다.

무한책임사원에 있어서는 기업의 소유와 경영이 밀접하고 있기 때문이다. 그러므로 이러한 적산회사는 다만 그의 법인성이 인정되었을 뿐 회사적 성격은 갖추지 못하고 있다.

2) 적산회사의 귀속주식과 주주총회

적산회사가 군정청에 귀속된 것은 그 회사자체가 아니라 그 주식이라는 점에서는 적산회사의 관리는 그 주식을 통하여서 하는 것이 논리적이다. 위의 지시는 추상적으로 이것을 승인하였다. 관재령 제10호도 적산회사의 주주총회를 승인하여 귀속주식도 조선인의 주식도 거기서 결의권을 행사하기로 하였다. 이 주주총회는 상법상의 회사의 기관이다. 관재령에 특칙이 없는 것에는 상법이 적용된다. 귀속주식의 의결권은 재산관리관이 직접 행사하는 것이 아니라 그 대리인으로서 관재령 제9호에 의하여 각종 기업의 운영을 위촉 받은 각부·처·기타 대행기관의 장이 그 미국인 고문의 동의서를 첨부하여 행사하도록 하였다(제2관 2). 주주총회는 재산관리관이 초집(招集)한다(제3관 2). 그 주주총회에서 의결에 의하여 세 중역진을 선임한다.

3) 적산회사의 중역

위의 주주총회에서 중역을 선임하면 그들은 중역회(Board of Directors)를 구성한다(제3관 3). 그러면 재산관리관은 서면으로써 그 회사의 관리권(management)을 이 중역회에 정식으로 넘긴다(제3관 4). 이리하여 중역회는 그 회사의 경영을 관재령에 특칙이 없는 한 상법에 의하여 행할 것이다. 여기 자주 Board of Directors란 말이 나왔는데 이것은 영미회사법에서 나온 독특한 뜻을 가진 개념이다.

원래 영미법에는 독일법계의 감사역제도가 없다.[4] 그러므로 Board of Directors는 취체역회인 것이다. 그러나 영미법의 취체역은 감사역이 없느니만큼 그의 역할도 합쳐서 하는, 여기 회사법의 취체역보다 넓은 개념이다. 그러므로 여기 Board of Directors 속에는 감사역도 넣어 해석함이 우리 회사법과 보조가 맞을 것이다. 그러므로 이것을 일부러 중역회라 새겨 보았다.

4) '귀속회사(Vested Company)'와 '접수회사(Requisitioned Company)'

적산회사 중에 귀속주식이 소수(not substantial)인 때는 조선인 주주를 대표하는, 즉 조선인의 주식이 대다수면 중역은 조선인의 의사에 의하여서만 선임될 중역에게 법적 전(全) 권한을 주고 군정청은 그 회사를 순전한 조선인 회사처럼 대할 것이고 소수 주식의 선량한 수탁자로서 행세하여야 한다는 점이 앞의 지시 속에는 있으나 관재령 제10호 속에는 아무런 규정도 없다. 그러나 적산회사는 귀속주식을 통하여서만 관리한다는 근본방침을 좇는다면 응당 그래야 할 것이다. 관재령은 아니나 앞에서 인용한 1946년 4월 27일부 군정장관대리 지시 속에도 "북위 38도이남 조선지방법원에 등기된 법인으로서 그 주식 또는 기타 이익 전부 또는 대다수가 군정청에 귀속된 것"을 '귀속회사'라 일컫고, "북위 38도이남 조선에 등기된 법인으로서 그 주식 또는 기타 이익의 소수가 군정청에 귀속되었으나 그 경영관리를 군정청이 하고 있는 것"을 '접수회사'라 하여 양자를 구별하였다.

---

4) A. Curti, Die englische Aktiengesellschaft, 1919, SS.7, 51 ff.; A. Topham, Principles of Company Law, 1934, p. 187, 226.

이리하여 적산주식회사는 일응 회사로서의 성격을 갖추고 거기에는 상법전 중의 회사법이 적용되고 있다. 그러나 회사법을 수정하는 예외가 상당히 심각하다.

(1) 이러한 회사는 상법(제32조)이 요구하는 장부 재산목록 대차대조표 영업보고서 및 손익계산서 외에 재산관리관 기타 소관당국이 요구하는 기록 회계문서 보고서를 그 지시에 의하여 제출하여야 한다(제4관 1, 2).

(2) 재산관리관은 이러한 법인에 대하여 감찰과 회계검사를 할 권한을 가졌다(제4관 3).

(3) 가장 심각한 제한으로서 적산회사의 중역회는 재산관리관의 사전 인가서를 받지 않고는 중요한 영업행위는 거의 전부 행할 수 없다(제5관 2). 만일 사전 인가 없이 그런 행위를 하였다면 그 행위는 영(英)법의 소위 권한 외의 행위(ultra vires act)로서 무효가 될 것이다. 이렇게 법령으로 된 제한이므로 상법 제261조 제2항의 적용도 없어 선의의 제3자도 어찌할 수 없을 것이다. 또 이렇게 취체역만이 그 행위의 제약을 받을 뿐 아니라 그 행위 속에는 주주총회에서 의결된 사항, 예를 들면 이익배당·합병·해산·조직변경·정관변경 등도 그것이 아무리 합법적으로 의결된 것이라도 취체역은 재산관리관의 사전 인가가 없으면 집행할 수 없으니 결국 주주총회도 의결기관으로서의 역할이 마비되고 만다. 그러므로 적산회사는 일응 그 기관을 갖기는 하였으나 자주 독립성은 전연 없다.

조선에 있어서의 적산관리의 특수성이 적산회사 관리의 방식을 상당히 변용(變容)시켰다. 그러나 그 핵심에 있어서는 최후까지 변함이 없다.

〔필자·사법부 법률조사국 법무관〕

새 회사법의 요강 해설

『법정(法政)』 제3권 제11호(1948년 11월호) 게재

새 회사법의 요강 해설

1. 기초이념
2. 이론적 정비
3. 외자유입에 대한 대비
4. 기업집중(특히 콘체른)에 대한 규정

1. 기초이념

대한민국에는 아직 우리말로 된 법전이 없다. 우리가 현재 쓰고 있는 회사법도 말할 것도 없이 일본의 그것이다. 나라가 독립하고도 일본말로 된 일본법에서 해방되지 못하는 이 사정은 나라로서 딱할 뿐 아니라 그 나라 백성의 하나인 우리 법률가로서 그보다 더 큰 굴욕은 또 없다. 그러므로 이 사정에서 벗어나는 것보다 더 시급한 일은 없는 것이다. 우리는 하루 바삐 우리 법전을 편찬하여야 하겠다. 시급성, 이것이 우리 법전편찬에 있어 최고이념이다. 이리하여 손쉽게 빨리 성취시키기 위하여는 현재의 일본법전을 토대로 하고 이것을 번역하는 정도라도 속히 기초하자는 실천방침이 법전편찬위원회에서 결정되었다. 이 점은 회사법에 대하여도 같다.

그러나 일본회사법에는 다른 법역(法域)의 일본법보다 특이한 점이

하나 있다. 그것은 일본회사법이 세계의 회사법 중에서도 최신입법의 하나라는 점이다. 즉, 현재의 회사법이란 1938년 법률 제72호 상법 중 개정법률로써 개정된 상법 제2편 회사와 동년 법률 제74호로써 성립된 유한회사법과 이의 부속법들을 가리킨다(개정법률안이 결정된 것은 1935년이다).

여기서 현대 각국 회사법의 연령을 살펴보자. 우선 프랑스 회사법으로서는 1807년의 프랑스 상법전[이른바 나폴레옹상법전(Code de Commerce)]이 아직껏 살아 있으면서 그 후 6, 7차에 걸쳐 특별법으로써 이것을 변경·보충하고 있다. 다음 소련은 1927년 주식회사법을, 영국은 1929년 회사법(Companies Act)을, 중국도 1929년 공사법(회사법)을, 스위스는 1936년 채무법(Obligationsrecht) 중 제24편 내지 제33편(상사회사)을, 독일은 1937년 주식법[주식회사법(Aktiengesetz)]을 각각 제정하였다.

이러고 보면 일본회사법이 세계회사법으로서 최신입법의 하나라는 것은 분명하다. 이 점이 무엇을 의미하느냐 하면 일본회사법은 그 제정 당시 이미 그때 되어 있던 각국 법전 또는 그 초안을 비교법학적으로 참작할 수 있었을 것이라는 것이다. 사실 소련·중국의 그것에서는 물론 스위스법에서도 일본신회사법이 배울 점이란 거의 없고, 독일주식법에는 다소 미급한 점이 있을 뿐이다. 그것은 주식법이 영미회사법 중에서 계수하여야 할 유용한 제도를 모조리 계수하고 있는 점이다. 그러나 하여튼 일본회사법이 최신입법으로서 지니고 있는 우수성은 우리가 새 회사법을 기초함에 있어 일본회사법을 토대로 하고 거기서부터 출발한다는 방법을 유리하게 변호하여 주는 것이다.

그러나 또 그렇다고 해서 우리는 일본회사법을 그대로 추수(追隨)하면 그만인 것은 아니다. 왜냐하면 우선 첫째로, 일본회사법 속에 입법할 때부터 벌써 학리적으로 미비 또는 오류라고 할 규정이 혼입되어 있다면 그것을 그대로 집어 삼킬 수는 없다. 또 그 후 세계회사법학이 도달한 수준에 서서 보아 명백히 확정되어있는 법제는 차제(此際)에 이것을 섭취하여야 한다. 이에 어긋나는 일본법의 규정은 과감히 시정하여야 한다. 둘째로, 필자의 안목으로는 장래할 외자의 유입은 법적으로는 회사법적 문제로 환원된다. 그러면 회사법 기초에 있어서는 이 문제에 정신을 차려야 하겠는데 이 점에 있어 일본법은 충분하지 않다. 셋째로, 후기 자본주의에 있어서는 여러 가지 이유로 기업집중(특히 콘체른 관계)이 필연적이다. 그러므로 회사법은 이에 대한 규정을 하여야 한다. 그런데 일본법은 이것을 의식하면서도 철저하지 못하였다. 우리 새 회사법은 적어도 이 세 가지 점에 있어 일본법보다 특이하여야 하겠다.

다음에 이 세 이념 아래 구체적으로 일본법을 어떻게 수정·보충하면서 기초할 것인가를 요강에 좇아(그러나 순서는 요강을 이 세 이념 아래로 해체하면서) 설명하였다.

끝으로 부언할 것은 노동자의 이익균점권에 관해서다. 우리 헌법 제18조 후단은 "영리를 목적으로 하는 사기업에 있어서는 근로자는 법률의 정하는 바에 의하여 이익의 분배에 균점할 권리가 있다"고 하였다. 그런데 현대자본주의경제에 있어서는 영리를 목적으로 하는 사기업은, 더구나 근로자를 많이 쓰는 대기업은 거의 다 주식회사이다. 그러므로 이 헌법 제18조는 주식회사 사상에 큰 변혁을 가져온다. 왜 그러냐 하면 주식회사에 있어서는 노동은 자본이 못 된다. 그리고 이익배당은 자본을 낸 주주에게만 주는 것이다.

그러므로 노동자에게 이익배당을 함은 노동은 자본이 아니라는 주식회사법의 철칙을 깨뜨리고서만 비로소 성립한다. 이러한 노동주의 문제는 우리 주식회사법의 특징의 하나가 될 것이다. 이런 제도의 선구는 프랑스의 1917년의 노동자참가주식회사법(La loi du 26 April 1917 sur les scociétés anonymes à partipation ouviére)에서 볼 수 있다. 그러나 이 문제는 상법전 속에서가 아니라 특별법으로서 규정될 것이므로 여기서는 문제로 하지 않는다. 위의 프랑스법과 관련하여 이 노동자의 이익균점권의 문제는 따로 다음 기회에 논하련다.

2. 이론적 정비

현행 회사법에는 두 가지 의미에 있어서 이론적으로 정비해야 할 난점을 가지고 있다. 하나는 일본상법전이 전체적으로 취하고 있는 어떠한 주의가 회사법에도 투사(投射)되었고 1938년 개정회사법으로써도 회사법만이 그 주의에서 이탈할 수 없음으로 해서 개정되지 못한 후진성이다. 다른 하나는 국부(局部)적으로 입법의 실수, 불완전이다. 우리의 새 법전은 현행 일본법의 기본적 구조에는 터치하지 않는다고 전제하였지만 현대 회사법학 내지 상법학의 지배적 통설로서 확정되어 있는 점은 그래도 건드리지 않을 수 없다. 그러므로 국부적인 입법의 미비를 수정함은 물론 이러한 다소 근본적인 주의의 변경도 감행하지 않을 수 없다. 이러한 두 가지 의미에서 나온 요강은 다음과 같다.

(1) 회사정의 규정을 상행위개념에서 해결할 것

상법 제52조 제1항은 "본법에 있어 회사란 상행위를 함을 업으로 할 목적으로 설립한 사단을 말한다"라고 규정한다. 즉, 회사는 상행위를 업으로 하여야 한다. 그러면 농업·광업·수산업 같은 원시생산업(Urproduktion)은 상행위가 아니므로(商 제501조, 제502조, 제503조 참조) 이것을 경영하는 것을 목적으로 하고는 상사회사가 될 수 없다. 그러므로 그 제2항으로써 "영리를 목적으로 하는 사단으로서 본편의 규정에 의하여 설립한 것은 상행위를 업으로 안하더라도 이를 회사로 간주한다"고 하였다. 이것이 이른바 민사사회다. 그러나 이 민사사회는 민법 제35조에 의하여 그 설립에 있어 '상사회사 설립의 조건에 좇아' 설립될 뿐 아니라 설립 후도 이 회사에 대하여는 상사회사에 관한 모든 법규가 적용되고 또 상법 제4조 제2항에 의하여 민사사회도 상인으로 간주되거나 결국 민사사회와 상사회사의 차이는 개념상 거의 아무것도 없다. 그러면 민사사회를 상사사회에서 구별하는 이유는 사회(상사사회)의 개념규정에 있어 상행위를 그 개념요소로 쓴 탓 밖에 없다. 또 사회법(社會法)의 기초개념인 사회의 정의규정에서 상행위를 그 개념요소로 쓴 이유는 오직 현상법이 이른바 상행위법주의에 좇아 상행위 개념으로써 상법 전편을 관류(貫流)시키려는 의도에서 나온 것이다. 그러나 이렇게 '간주'란 의제를 쓰지 않으면 안 되는 것은 벌써 한 개념이 그 완전성을 잃고 새로 확대된 외연을 포섭할 수 있는 새 개념을 찾고 있는 증좌인 것이다.

워낙 일본상법은 상행위주의를 취하고 있다. 상행위란 개념은 일본상법에 있어 상법 제3편 상행위를 지배하는 개념일 뿐 아니라 제1편 총칙 제4조로 "본법에 있어 상인이란 자기의 이름으로써 상행위를 함을 업으로 하는 자를 말한다"라고 하여 상인 개념의 기본이 되고, 제2편 사회에 있어서도 사회의 개념규정에 있어서 위에서 말한 바와 같이 그 핵심이 되고, 제4편 해상법에 있어서도 제684조로 "본법에 있어 선박이란 상행위를 하는 목적으로써 항해용에 이바지하는 것을 말한다"라고 하여 선박개념의 요소를 이루어, 필경 상행위 개념은 확실히 상법 전편을 관류하고 있다. 그러나 이 현행 상법의 상행위법주의가 도시 문제인 것이다.

상행위 개념의 내용은 제501조 절대적 상행위, 제502조 영업적 상행위, 제503조 부속적 상행위의 제3조로 규정되어 있다. 이것을 차례로 검토하여 보자.

우선 제501조의 규정하는 절대적 상행위가 가장 문제다. 이른바 절대적 상행위란, 열거된 일군의 행위를 영업과는 관련 없이 개별적 단독적으로, 비상인이든 상인이든 그것을 행하였으면 곧 상행위가 되는 행위를 말한다(그러므로 이것을 객관주의라 일컫는다). 이런 행위를 상법의 대상으로 한 것은 1807년의 프랑스 상법전이 그 시초였고(佛商 제632조) 독일 구(舊)상법·이탈리아 상법·일본 상법은 이것을 좇은 것이다. 이 프랑스 상법의 객관주의는 중세기의 상인단체의 계급법으로서 생성한 상법을 개방하여 온 인민에게 적용할 것을 선포하는 역사적 사명을 띠고 나타난 것이다. 왜냐하면 이러한 주의 밑에서는 누구나 언제든지 절대적 상행위를 함으로써 상법의 적용을 받을 수 있을 것이어늘 이로써 상법은 상인이란 특수단체에만 적용되는 것이 아니기 때문이다. 즉, 중세기적 봉건적인 계급법·특권법에 대한 정치적 반동으로서 나타난 것이다. 그러나 그 후의 자본주의의 발전으로 말미암아 비상인의 계통 없는 개개의 영리행위(절대적 상행위)를 상법의 대상으로 함은 추상적인 법률평등의 사상은 만족시켰을망정 실질적으로는 약한 비상인을 기업적 대자본가인 전문적 상인 앞에 등장시켰다고 해서 아무런 이익도 없을뿐더러 오히려 해로웠다. 직업성을 띠지 않은 단편적 상행위라면 자본주의 경제 속에서는 민사행위와 구별될 아무런 근거가 없다. 계속적 의도로써 조직화된 기업행위의 연쇄의 일환일 때 비로소 그것은 특수한 기능을 발휘할 것이매, 따라서 민법행위와 다른 법적 지위를 얻을 근거도 있을 것이고 또 그러한 구별을 하여도 실제적 혼란을 일으키지 않을 객관적 표준도 스스로 생기는 것이다.

다음 영리적 상행위는 영업으로서 반복·계속하여 행하여짐으로써 상행위가 되는 것이나 그 치명적 결함은 열거적인 점에 있다. 즉, 자본주의는 모든 사람을 상인화하고 온 경제생활을 상화(商化)한다. 공업도 원시산업(농·림·광)도 심지어는 자유직업까지도 상화하고야 만다. 이러한 자본주의의 발달대로 급격히 분화하는 기업의 대상을 법의 열거로써는 쫓아갈 수가 없다. 서상한 바와도 같이 원시산업·제조공업·대금 또는 대가업 등은 상법 제502조의 포섭 외에 있다. 객관적으로 개개의 영업을 열거하고서는 늘 사실의 진화에 뒤떨어져 부당한 불균형을 자아낼 것이다.

끝으로 부속적 상행위란 상인이 그 영업을 위하여 하는 행위이다. 여기서는 상행위 개념을 주관적으로 상인개념에서 끌어내고 있다.

이리하여 스위스 채무법 및 독일 신(新)상법은 절대적 상행위를 포기하고서 상행위 개념을 상인개념에 종속시켜 주관주의적으로 상인법주의로 복귀하였다. 더구나 스위스 채무법 제934조는 영업의 실질적 종목을 열거하지 않고 영업의 형식을 표준으로 하였다(형식주의). 즉, "상업 창조업 또는 기타 상인적 방법에 의하여(nach kaufmanischer Art) 영업을 하는 자"를 상인으로 하였다. 즉, 상업은 물론 광·림·농·어 같은 원시생산업이나 병원·변호사 같은 자유직업이라도 그 규모·설비에 따라, 즉 기업성의 정도에 따라 그것을 업으로 하면 상인으로 인정받는 것이다. 이것이 오늘날 가장 진보적인 입법이다.[1]

---

1) 이러한 입법례와 그 상세한 비판은 좀 오래된 것으로는 1912년의 마쓰모토 조지(松本烝治)·「상인의 의의에 관한 입법주의(商人ノ意義ニ關スル立法主義)」, 『사법논문집』 제1권 559면 이하. 최신 것으로는 Schultze von Lasauex, Die Zukunft des Kaufmannsbegriffs in dem deutschen Rechtsordnung, 1919. 및 졸고(拙稿)·「상법전 편찬에의 기본과제」, 『법정』 2권 9호 26, 27면 참조.

중국 상인통례 제1조·제3조도 이러하다. 우리 새 상법도 반드시 이렇게 주관주의·형식주의로 나아가야 하겠다. 하여튼 이리하여 새 상법 전체계가 상행위법주의에서 상인법주의로 탈피·진화한다면 사회법에 있어 사회의 정의 규정이 구차히 상행위 개념에 사로잡혀 있을 필요는 아무 것도 없어진다. 새 사회법은 이러한 상법 전체의 진화를 예상하면서 그 정의 규정에서 상행위개념을 추방해야 하는 것이다.

(2) 주식회사를 경제적 목적 이외의 목적을 위하여도 설립할 수 있게
   한 것

주식회사를 경제적 목적(wirtschaftliche Zwecke) 이외의 목적을 위하여도 설립할 수 있느냐. 서상같이 주식회사를 상행위에서 해방하더라도 다음으로 주식회사 제도를 영리적 목적에만 한정하느냐 않느냐는 또 별문제로 남는다. 그러나 영리적 목적을 갖지 않은 "정신적 목적을 가진 주식회사(AG. mit idealen Zwecken)"도 주식회사로서 승인하여 주식회사란 편리한 기구를 개방하는 것을 저지할 아무런 이유가 없다. 독일법이 주식회사 및 주식합자회사(주식법 제3조, 219조 제3항), 유한책임회사(유한책임회사법 제1조, 제13조 제3항)에 대하여 이것을 승인하였고 스위스법(채무법 제620조)도 그러하다. 그리함으로써 주식회사 제도가 자선·오락·후생 같은 법적으로 허용되는 큰 목적을 위하여 이용될 수 있게 한 것이다.

(3) 취체역회에 관한 규정을 둘 것

법이 정한 주식회사의 기관은 아니로되 현재 주식회사로서 취체역회 (board of directors, Verwaltungsrat)를 정관으로써 규정하지 않은 회사는 드물다. 그래서 스위스법(채무법 제712조 내지 제716조)에는 이것을

법 속에 규정하였다. 이제부터는 법이 실제에서 생성된 것이 이 취체역
회를 성문법으로서 섭취할 단계에 이르렀다.

(4) 취체역의 이익참가에 관한 규정을 둘 것

　주주의 자격으로서가 아니고는 취체역은 정규의 보수 외에는 이익에
참가할 수 없다. 이익은 자본에 대하여만 배당되는 것이기 때문이다.
그러나 취체역이 유효한 활동을 하여 이익이 풍부히 났을 때는 그 보
답이 있어야 한다. 현재로서는 상여금의 형식으로써 이것이 행하여지
고 있다. 그러나 그것은 회사의 계산의 일부로서 일반적으로 주주총회
를 통과할 뿐 법은 이것에 대하여 무관심하다. 여기서 오히려 부정·부
당이 양성될 염려가 있다. 그래서 독일주식법 제77조는 취체역의 이익
참가(Gewinnbeteiligung)을 정면으로 용인하면서, 그러나 다른 편 그 경
과를 법적으로 감시하여 회사의 이익이 주주에게로가 아니라 취체역에
게로 부당히 유출하는 것을 막는다. 스위스 채무법 제677조도 이와 같
다. 이것을 계수하려는 것이다.

(5) 사후설립을 단속하는 규정을 둘 것

　사후설립(Nachgründung)이란, 회사설립 후 단기간 내에 회사가 유상
적으로 하는 재산취득행위로서 이것을 무조건으로 허용한다면 그 재산
의 성질·대가를 보아 설립에 있어서의 현물출자·재산인수 같은 단속규
정을 잠탈하기 위하여 이런 방법을 취할 염려가 있다. 그러므로 이것도
자본충실의 원칙 밑에 단속을 하여야 할 텐데 현행 상법 제246조는 너
무도 간략하다. 독일주식법 제45조처럼 그 재산취득에 있어 재산평가
에까지 감시할 수 있도록 상세하여야 할 것이다.

(6) 이익배당청구권의 단기소멸기간을 정할 것

이익배당청구권은 보통의 채권으로서 또 상행위성도 없으니 민법의 10년의 시효로써 소멸될 것이므로 회사의 업무정리를 위하여서도 단기의 제척기간을 정함이 좋다.

(7) 자본증가는 주금 전액 불입 후에만 할 수 있게 할 것

구 상법 제210조는 이 요강과 같았던 것을 신개정법이 이 시기의 제한을 삭제하였다. 그것은 근소한 주금의 미불입이 있을 때 증자(增資)를 시켜 회사를 갱생시킬 필요가 있을 때라도 증자를 못하는 것이 불편하다는 이유이었다. 그러나 주금의 전액 불입이란 불입수속의 완료를 의미할 뿐이고 조금이라도 체납금액이 있어서는 안 된다는 뜻은 아니므로(독일주식법 제149조 말단은 이것을 명문으로 나타냈다) 위의 개정은 오해에서 나온 것이다. 그러므로 다시 이 조문을 살리어 회사가 함부로 신주를 액면 이상으로 발행하여 초과액을 회사가 투기적으로 이득하는 것을 방지하여야 한다. 독일주식법 제149조 제4항, 중국공사법 제187조도 그러하다.

(8) 자본증가를 무효로 하는 판결이 확정한 때는 자본증가로 말미암아 발행한 신주는 장래로 향하여 자본감소를 하도록 할 것

현 상법 제373조에 의하면 이 경우에 신주는 장래로 향하여 무효로 된다. 소급효를 주지 않은 점은 미래의 안전을 어느 정도 고려한 것으로 볼 수 있으나 그래도 이리하면 신주주에게 주금의 불여를 하게 되니 증자를 염두에 두고 회사와 거래한 제3자를 위하여서는 자본감소 때와 같이 채권자의 이의권(현 상법 제376조 제2항 제3항)을 주어야 할 것이어늘 그러기 위해서는 장래로 향하여 자본감소를 하도록 하여야

할 것이다. 그러면 또 신주주는 그동안에 있어서의 회사의 이익에도 참
가할 수 있어 공평에 맞는다.

(9) 인허자본(Genehmigtes Kapital, Autorisiertes Kapital)이란 정관으
로써 취체역에 대하여 신주발행에 의하여 증가할 수 있는 권한을 부여
한 자본을 말한다. 영미사회법의 Authorized Capital(수권자본)에서 계
수해 온 제도이다. 그러나 양자는 다르다. 후자에 있어서는 이른바 자
본확정의 원칙이 없고(이른바 창립주의) 기본정관에 수권자본이 게기
(揭記)되어도 그것은 주식을 발행할 수 있는 최고한도를 의미할 뿐 설
립에 있어서는 7인 이상의 발기인이 1주 이상씩만 인수하면 등기를 마
치고서 회사는 성립할 수 있고 그 잔부(殘部)의 자본은 취체역이 필요
에 응하여 주식을 발행한다(발행자본, Issued Capital). 그러나 독일법에
있어서는(대륙법계는 다 같다) 회사 설립 전에 회사의 전자본이 인수되
어야 하므로 여기 인허자본이란 전혀 자본의 증가로서만 쓰이는 것이
다. 자본증가의 번잡스런 수속을 간편화하여 정관에서 수권한 한도 안
에서는 총회의 의결을 거치지 않고 응시(應時)에 주식을 발행하여 자
본을 손쉽게 조달하는 것을 목적으로 한다. 독일주식법 제169조 이하
에 규정되어 있다.

(10) 주주의 신주인수권을 인정할 것
    독일법에 있어서는 신주발행에 의하여 자본증가를 할 때 주주에게
신주인수권(Bezugsrecht)을 준다(주식법 제153조). 그것은 자본증가로
해서 구주주의 소유주의 가격이 감소하여 손해를 입지 않도록 하기 위
함이다. 스위스 채무법 제652조도 이것을 인정하였다.

3. 외자유입에 대한 대비

외자의 유입은 필연적이다. 빈곤한 새 국민의 건설은 외국자본을 요청할 것이라기보다 친절한 외국들은 그 자본의 원조도 강제로 할 것이다. 나라로서는 차관으로 들어오는 것이 가장 좋을 것이로되 외국의 민간자본도 아니 들어오지는 않을 것이다. 이것이 현재의 정세다.

그러면 외자는 어떠한 통로로 들어올 것인가. 필자의 법률적 안목으로 본다면 차관 외에는 사법적으로 상법, 특히 회사법의 영역에서 일어나는 현상으로 귀일(歸一)된다. 즉, 첫째는 본점이 외국에 있는 회사가 그 지점을 한국 안에 설치하면서 나타나는 경우고, 둘째는 한국 안에다 새로 회사를 설립하든가 또는 기성회사의 주식을 사가지고 나타나는 경우고, 셋째는 한국 내국회사의 사채를 외국인이 사가지고 나타나는 경우다. 즉, 외국회사 주식·사채 모두가 사회법적 현상이다. 외자유입의 통로는 이 세 가지로 집약된다. 그러면 새 사회법은 이 세 곳에서 외자유입에 대비하는데 정신을 차려야 하겠다.

외국회사란 외국에 본점을 둔 회사다. 이런 외국회사에 대하여는 민법(현 제36조)이 일반적으로 인허하고 있다. 물론 나라에 따라서는 소련같이 특별인허주의, 프랑스같이 개괄적 인허주의도 있기는 하나 우리 새 민법은 여전히 일반인허주의를 취할 것은 물론이다. 하니 외국회사의 문제는 그 권리향유의 범위만이 남는다. 그러나 이 문제는 외인법(Fremdenrecht)의 문제로서 특별법으로써 각종 권리마다, 예컨대 토지소유권·광업권·선박소유권·중요 근간산업의 주주권 등에 관하여 각각 따로 정해질 것이어늘 여기 회사법의 요강으로서는 그것에 터치 아니했다.

다음 (A)주식에 관하여······세계 제1차대전 후 패전 독일에는 미증

유(未曾有)의 인플레이션이 습래(襲來)하였고 따라서 대외 위체(爲替) 시세는 폭락의 심연에서 헤매고 있었다. 그때 외자는 홍수처럼 독일로 유입하여 독일의 온 주식은 부당히 저렴한 가격으로 외국인에게 팔려 가고 있었다. 이른바 'Überfremdung(외자의 압도)'이었다. 그대로 두었 다가는 온 기업의 소유권이 주식을 통하여 외인의 손으로 돌아갈 뿐 아니라 그 주식의 의결권을 통하여 온 기업의 경영권마저 빼앗길 지경 에 이르렀었다. 그러나 또 그 때의 독일의 형편으로는 이 외자의 유입 을 덮어놓고 억압만 할 수는 없었다. 아니 오히려 경제부흥을 위하여 외자의 원조는 절실히 요구되고 있었다.

이 딜레마의 해결방법으로서 외국인에게 주식은 팔아 기업의 소유는 넘길지언정 기업의 경영은 여전히 독일인의 손에 장악하고 있을 구상 을 해냈다.[2]

그것은 주식이 기업경영에 참가하는 면으로서 지니고 있는 의결권에 다 조작을 하는 것이다. 그리하여 주식회사의 최고의사기관인 주주총 회에 있어 독일인에게 절대다수를 확보시키자는 것이다. 그 방식으로 서 첫째 외국인이 가지고 있는 주식의 의결권의 개수를 제한하는 방식, 둘째 외국인이 관여하는 회사에 있어서 내국인이 가질 특정한 주식의 의결권의 개수를 배가하는 방식, 셋째 외국인의 주식의 의결권을 아주 박탈하는 방식이 있을 것이다.

첫째 방식은 그 때 독일상법 제252조 제1항 제2문(日商 제241조 제1 항에 해당)에 의하여 할 수 있었다. 그러나 주주평등의 원칙상 대주주 는 일반적으로 내외인 차별 없이 제한 받는 점이 결점이라면 결점이다. 둘째 방식이 이른바 의결권주(Stimmrechtsaktie)로서 1주에다 2개 이상

---

2) 주식회사법이 외자의 압도와 싸우는 것에 대해서는 Müller-Erzbach, Umgestaltung der Aktiengesellschaft, SS. 19 ff.

의 의결권을 준 일종의 우선주이다. 그 때 실제로 일부의 주식은 보통주보다 2배 내지 50배, 특수한 예로는 1천 배의 의결권을 가졌다 한다. 그 때의 독일상법 제252조 제1항 제3문을 근거로 한 것이다. 주식법 제12조 제2항도 예외적으로 이것을 승인하였다. 일본상법에서는 모르는 제도다. 셋째 방식은 이른바 의결권 없는 주식(Aktie ohne Stimmrecht)이다. 그러나 이것은 워낙 영미법의 산아(産兒)이고 독일상법은 모든 주식의 의결권의 존재를 선언한 제252조 제2항 때문에 그 때는 실현치 못하다가 주식법 제115조로써 비로소 채용되고 그 후 일본상법 제242조로 계수된 것이다. 그러나 주식법의 그것과 일본상법의 그것에 관하여는, 전자는 필요적으로 우선주로 하였는데 후자는 그렇지 않다. 일반 공중의 보호의 견지에서 전자가 좋다.

이 세계 제1차대전 후의 독일의 고뇌는 인플레이션에 헤매고 있는 대한민국에 장차 외자가 유입하면 그대로 재현할 듯 싶다. 그러므로 독일이 Überfremdung과 투쟁하던 전속은 우리 새 법전에 그대로 살려야 하겠다. 이런 의미에서 다음과 같은 요강을 두었다.

① 의결권주(Stimmrechtsaktie)를 인용할 것.
② 의결권 없는 주식은 필요적으로 우선주로 할 것.

(B) 사채에 관하여…… 사채는 외자유입에 있어 가장 왕좌를 누릴 것이다. 외국회사는 완전한 외국기업으로서, 주식은 일부적 외국기업으로서 기업경영에 참가하면서 또 무제한의 이윤을 착취하여 간다. 그러나 사채는 일정한 율(率)의 이식(利息)만을 요구한다. 뿐만 아니라 기업경영의 면에는 참가함이 없으므로 주주총회를 통하여 회사 전체를 약취 당할 염려가 없는 순전한 회사채권이다. 따라서 필요한 외자유입에는 가장 환영할 통로다.

그러나 그 대신 고율의 이식을 붙이지 않고는 사채의 모집이 매우 곤란하다. 여기서 일정한 율의 이식만이 나오는 사채에다 투기성을 주기 위하여 일정한 기간 안에는 주식으로 전환함을 청구할 수 있는 사채가 고안되었다. 이것이 1860년대 미국에서 시작한 이른바 전환사채(convertible bonds)이다. 회사의 사업이 유리하다는 예상이 있으면 언제든지 주식으로 전환할 수 있다는 이 잠재력이 자본조달의 수단으로서 위력을 가지고 있다. 더욱이 국제적 투자에 있어 그러하다.

세계 제1차대전 후 독일은 외국, 특히 뉴욕 시장에서 자본조달의 필요를 느끼었다. 그때 미국에서 이 전환사채가 성행하고 있었을 뿐 아니라 사채권자에게 편의를 주고 회사에도 불리하지 않기 때문에 독일은 이때부터 이 제도를 이용하기 시작했었다. 그 후 1937년의 주식법이 이것을 명문화하였다(제174조). 그리고 주식법은 사채에다 전환권(Umtauschrecht)을 주었을 뿐 아니라 신주인수권(Bezugsrecht auf Aktien)을 주는 경우와 사채권자에게도 이익배당청구권을 주는 경우를 규정하였다(주식법 제174조). 이 이익배당부사채는 사채의 일정한 이식이란 점을 수정하여 신축성 있는 이익배당이란 투기성을 주었을 뿐 주식 같은 기업경영에 참가하는 의결권을 보류하는 실로 교묘한 수법이라 하겠다.[3] 일본상법은 여기서 전환권 있는 사채만을 계수하였다(제264조 내지 제369조). 우리 새 법전은 독일주식법의 사채를 그대로 계수한 것이다. 이리하여 나온 요강이 다음과 같다.

① 주식의 인수권 있는 사채를 인정할 것.
② 이익배당부사채를 인용할 것.

---

3) Vgl. Schlegelberger-Quassowski, Aktiengesets, SS. 791 ff.

4. 기업집중(특히 콘체른)에 대한 규정

기업집중은 자본주의 경제에 있어 필연적이다[4] 더구나 후기자본주의 경제에 있어서는 기업집중 특히 '콘체른(Konzern)'은 필연적이다. 그런데 현 상법은 이에 대한 규정을 소홀히 하였다. 물론 아주 없는 것은 아니다. 현 상법 제245조로써 콘체른 관계에 회사가 들어가려면 주식총회의 특별결의가 있어야 한다고 규정한다. 즉, (A) 영업의 임대계약(Verpachtung des Betriebs) (B) 영업의 경영의 위임(Betriebsüberlassungsvertrag) 이익공통관계 등의 콘체른 계약을 맺는 것에 관하여는 규정이 있다. 그러나 그 외에는 콘체른에 대한 규정이 전혀 없고, 다만 합병에 관한 규정이 이것도 불충분하게 있을 뿐이다. 일본상법은 모두에서 서술한 바와 같이 비교적 신입법인데도 불구하고 이 점에 있어 불충분하다. 이것을 보충하기 위한 요강이 다음과 같다.

(1) 콘체른에 대한 규정을 둘 것

독일법에 있어서는 콘체른은 상당히 상세히 규정하였다. 그것은 종래의 주식회사법은 회사를 개개로 독립한 고립적인 것으로서만 보고 있으나 경제적 현실에 있어서는 고립한 주식회사는 오히려 예외적이고 상당한 대기업회사로서 다른 회사와 아무런 결합관계에도 서지 않은 것은 드물다. 단순기업이 아니라 복합기업이 오늘의 상태인 것이다. 이 문제에 대하여 독일주식법은 회사법으로서 처음으로 하나의 해결을 지었다. 이것을 우리의 새 회사법에 있어 계수하여 보자는 것이다.

우선 주식법 제15조는 콘체른(Konzern)의 정의를 내린다. 즉, "법률

---

4) 기업집중, 특히 콘체른의 필요성에 관하여는 다카미야 스스무(高宮晋)·『기업집중론(企業集中論)』, 51면 이하 참조.

상 독립한 기업이 경제적 목적을 위하여 통일적 지휘 하에 협동할 때 이것은 콘체른을 형성한 것이다. 그 각 기업은 콘체른 기업이라 일컫는 다. 법률상 독립한 기업이 자본참가에 의하거나 또는 직접·간접으로 다른 기업의 지배적 영향 밑에 설 때 그 지배기업 및 종속기업을 합쳐 서 콘체른으로 간주하고 각 기업은 콘체른 기업으로 간주한다"라고 규 정하였다. 여기 경제적 목적이란 원료의 확보, 위험의 분배, 생산 및 판 매의 합리화, 시장의 지배 등을 말한다. 이러한 목적을 위하여 법률적 으로 독립한 기업이 통일적 지휘(einheitliche Leitung) 밑에, 바꿔 말하 면 단일한 세력 밑에 있는 것을 콘체른 관계라 하는 것이다.[5] 이 통일 적 지휘를 누가 어떻게 하느냐에 따라 대등관계에 선 것과 상하관계 에 있는 것이 있다. 후자에 있어 상위에 있는 것을 지배기업(모회사, Muttergesellschaft, herrschendes Unternehmen), 하위에 있는 것을 종속 기업(자회사, Tochtergesellschaft, abhängiges Unternehmen)이라 한다.

콘체른 기업에 있어 주의할 점은 법률상은 각각 자기고유의 기관을 가진 독립자이나 경제적으로는 단일체로서 종속적인 구성부분인 점이 다. 콘체른 형성에 따르는 모든 위험은 실로 이 콘체른 기업의 법률적 독립과 경제적 의존이란 모순에 뿌리박고 있다. 가령 어떠한 회사에 대 한 금지사항이라도 법률적으로는 개별 독립하였으나 경제적으로는 자 기와 일체를 이루는 콘체른 기업, 특히 종속기업을 이용함으로써 쉽게 탈법할 수 있는 것이다. 즉, 콘체른에 의하여 주식회사의 제 규정을 유 린당하는 위험을 막는 데 콘체른을 싸고도는 주식회사법적 문제에 핵 심이 있는 것이다. 독일주식법의 콘체른에 관한 규정들도 이 문제를 입 법으로써 해결하고 있는 것이다.

---

5) Vgl. Schlegelberger, Quassowski, a.a, O., Anm. 8 zu §15.

즉, (가) 자기주식취득금지에 관하여 콘체른 관계(더구나 종속회사)를 이용하는 것을 금지하고(주식법 제51조 제2항, 제65조) (나) 취체역의 회사와의 거래를 감시하는 데 관하여(日商 제265조 참조) 콘체른 관계의 회사에 대하여도 동일회사와 같이 취급하였고(제80조 제3항) (다) 결산서류에 있어 콘체른 관계의 개재(介在)에 의한 불투명을 제거하는 것(제128조 제2항, 제131조, 제134조 제2항)등이 그것이다.

(2) 합병에 관한 규정의 정비

(1) 양수회사가 설립 후 2년 이내에 다른 회사와 합병하는 경우에는 사후설립과 같은 단속을 할 것.

설립에 있어서의 현물출자나 재산인수의 엄격한 단속규정을 회피하기 위하여 합병이란 수단을 쓸 때 이것을 사후설립과 같이 단속을 하지 않으면 안 될 것이다. 독일주식법 제236조가 그렇다.

(2) 양수회사가 양도회사의 주식 또는 자기주식을 가졌을 때 그 한도로서는 자본증가를 하지 않고서 합병을 할 수 있게 할 것.

양수회사는 양도회사의 주주에게 주식을 주어야 하나 그 주식은 반드시 '새로 발행한 주식(junge Aktien)'이어야 하는 것은 아니다. 예외적으로 법이 허용한 자기주식(商 제210조 참조)으로써 그것에 충당하여도 무방할 것이다. 또 양수회사 또는 양도회사가 가진 양도회사의 주식에 대하여는 양수회사의 주식을 줄 필요가 없다. 그러므로 위의 모든 경우에는 양수회사가 그 한도에 있어서 자본증가를 할 필요가 없다. 더구나 양수회사가 양도회사의 전 주식을 가졌거나 또는 양도회사를 합병하는 데 필요한 만큼 자기주식을 가지고 있을 때는 자본증가는 전혀 필요가 없다. 이른바 '자본증가 없는 합병(Verschmelzung ohne Kapitalerhöhung)'이다.[6] 주식법 제238조 제1항이 이것을 승인하고 있다.

(3) 해산회사의 주주에게 교부하는 금전은 부여된 양수회사 또는 신설회사의 주식이 총권면액의 10분의 1을 초과치 않을 것. 이른바 교부금(bare Zuzahlung)의 문제다.[7] 이 교부금의 경제적 수요는 여러 가지다. 하여튼 해산회사의 주주에게 양수회사 또는 신설회사의 주식을 주는 것이 원칙인데 그 외에 현금을 주는 것은 예외적 현상이다. 이것은 현행 상법 제409조 제3호 및 제410조 제3호로써 그것을 주는 것은 허용되었으나 그 한계에 대하여는 규정이 없다. 주식은 한 주도 안주고 전부 현금을 주는 '교부금만에 의한 합병(Fusion gegen Geld)'이 의연히 합병으로서 승인될 것인가. 이 문제에 대하여 주식법 제238조 제2항은 그 한계를 획(劃)하였다. 우리 법도 대체로 이것을 좇는 것이 좋을 성싶다.

〔필자·법무부 조사국장〕

---

6) 졸고(拙稿)·「주식회사합병의 본질(株式會社合倂の本質)」, 『민상법잡지(民商法雜誌)』 17권 5호 29면 이하, 특히 42면 이하 참조.
7) 졸고(拙稿)·「주식회사의 합병에 있어서의 교부금(株式會社の合倂における交付金)」, 『법학회논집(法學會論集)』 13책 1호 103면 이하 참조..

이념으로서의 경제법

『법정(法政)』 제4권 제9호(1949년 9월호) 게재

이념으로서의 경제법

1. 20세기법으로서의 경제법

경제법(Wirtschaftsrecht)이야말로 실로 20세기의 법이다. '경제법'이란 언표(言表) 그것이 생긴 것이 겨우 1918년 Richard Kahn이 「전쟁성제의 법적 개념」이란 논문의 부제로서 처음으로 「전쟁경제법의 제창 (Ein Vorsuch der Grundlegung des Kriegswirtschaftsrecht)」이라 이름 지은데 연유하는 일이니[1] 이로써 미루어 보더라도 경제법이 그 얼마나 현대의 법인가를 짐작할 수 있으리라. 독일 법률학사전을 열고 '경제법'을 찾으면 경제법의 부(父)로서 유명한 J. W. Hedemann이 이러한 경제법의 탄생 경과를 소상히 설명하여 준다.[2]

즉, 주지하는 바와 같이 19세기 후반 이래 사상적으로는 자연과학적

---

1) Vgl. Hedemann, Art., Wirtschaftsrecht, in Hdwb. d. Rechtswiss. Bd. VI, S.932.
2) A.a.O.SS.950 ff.

물질주의적 사고방법이 미만(彌漫)하고 현실적으로는 기술이 놀랍도록 발달하니 경제적 융흥(隆興)의 시대가 되어 여기 '온 세계형상의 경제화(Verwirtshaftlichung des ganzen Weltbildes)'를 일으켰다. 경제는 무엇보다도 소중하여 개인의 생활에 있어서나 국가의 존립을 위해서나 중심적 위치를 차지하게 되었다. 일상용어에 있어서 경제인, 경제적 정신, 경제회의, 경제위원회, 경제신문, 경제전쟁, 통제경제 등 무릇 경제와 관계있는 무수한 말들이 흔히 눈에 띄게 된 것은 이러한 사실의 나타남이었다. 거기다가 직접으로 '경제법' 출현의 강한 동기가 된 것은 제1차 세계대전에 의한 경제적 구조개혁이다. 그것은 전쟁수행의 필요에 의한 갖가지 전시 비상입법뿐 아니라 전후 평화가 와도 인플레이션에 대한 선후대책, 산업의 사회화, 경제적 약자에 대한 각종 보호시설 등 무수한 단편적 입법에 의하여 경제생활에 대한 나라의 간섭이 시작되었다[이른바 '위기의 법'의 족출(簇出)]. 이러한 제 입법은 종래의 민상법의 체계에다가 편입시킬 수 없는 이질적인 것을 품고 있어 우선은 그대로 계통 없는 한 군(群)으로서 잡거(雜居)시켰다. 그러나 그 분량이 점차 늘어감에 그 뭇 현상을 뚫고 흐르는 하나의 원리를 찾아 그것의 계통을 세우는 노력이 아니 일어날 수 없었다. 서상의 Kahn의 논문도 그것의 하나였던 것이다. 그래서 더 일찍이 1910년 Jena에, 또 1911년 Leipzig에 '법과 경제' 협회(Der Verein 'Recht und Wirtschaft')라는 법학자, 경제학자 및 실무가들의 모임이 생겼다. 이 협회에서는 법과 경제와의 교차현상을 서로 논의하고 그것을 '법과 경제(Recht und Wirtschaft)'라는 기관지를 내어 발표하였다. 이것이 '경제법'의 형성에 적지 않은 역할을 하였던 것이라고 한다.

그러나 이것은 독일에만 한(限)한 현상이 아니다. 원래 자본주의란 세계적이다. 세계자본주의에 연쇄하는 각국의 경제 상태에는 다소의 지속 또는 편향에 대한 특수성은 있을지언정 사정은 같았다.

근대자본주의는 원래 자유로운 상품교환을 전제로 하고 성립한다. 따라서 또 자본주의 경제를 가장 직접적으로 규율하는 근대 사법(私法), 다시 말하면 민법과 상법은 자유로운 소유권과 자유로운 계약을 그 기초로 하고 그 위에 선다. 그래도 초기자본주의 때는 Adam Smith의 이른바 '보이지 않는 손'의 섭리에 인도되어 근대시민의 경제생활은 조화를 얻을 수 있었다. 그러나 자본주의 생산은 필연적으로 자유로운 상품교환을 그 반대물인 부자유한 상품교환으로 전화시키거니, 여기 독점자본주의가 나타난다. 그러면 독점자본주의 밑에 모든 사람을 위한 소유권이나 계약의 자유가 있을 수 없다. 이리하여 독점자본주의제 밑에서 다시금 자유를 찾기 위하여는 신의 '보이지 않는 손'에 경제를 방임할 것이 아니라, 나라의 손(Öffentliche hand)이 경제 속으로 뻗어 들어가야 했다. 이른바 통제경제 또는 계획경제이다. 그러려면 자유로운 소유권이나 계약은 그대로 있을 수 없다. 자유자본주의를 토대로 하는 18, 19세기의 민법이나 상법을 그대로 둘 수 없다. 나라의 손이, 즉 법이 그 속으로 뻗어 들어가 모든 사람을 위한 진정한 자유가 참말로 현현하도록 통제를 하여야 한다. 여기 자본주의 경제를 통제하는 법으로서의 '경제법'이 등장하는 것이다.3) '경제법'은 이렇게 독점자본주의

---

3) 경제법에 관한 일문(日文) 문헌은 상당히 많다.

　①하시모토　후미오(橋本文雄)·「경제법」[이와나미(岩波)·경제학사전(經濟學辭典)], 「경제법의 개념」[「사회법의 연구(社會法の研究)」, 『경제논총(經濟論叢)』 27권 11·2호], 「ドニストリヤヅフキ 1·법의 체계 안에 있어서 경제법의 지위(法の體系中における經濟法の地位)」[「사회법의 연구(社會法の研究)」, 『법학논총(法學論叢)』 29권 6호], 「사회법과 시민법(社會法と市民法)」(36면 이하).
　② 다나카 고타로(田中耕太郎)·「경제법」[이와나미(岩波)·법률학사전(法律學辭典) 제1권], 「민법의 상화와 상법의 자주성(民法の商化と商法の自主性)」[법학협회(法學協會) 50주년기념논문집 제2부], 「세계의 이론(世界の理論)」(제1권

의 산아(産兒)이다. 그럼으로써 경제법은 20세기법인 것이다.

483면 이하). ③고마치야 소조(小町谷操三)·「경제법」(개조사)·사회과학대사전. ④손다 히데하루(孫田秀春)·「노동법론·각론상」(1931년 77면). ⑤구로사카 사쿠(黑板駿作)·「경제법의 기초적 고찰(經濟法の基礎的考察)」(早稻田 법학 13권). ⑥최용달·「경제법학설의 개관(經濟法學說の槪觀)」(보전학회논집 1권). ⑦기타무라 고로(北村五郎)·「경제법의 이념(經濟法の理念)」(국민경제잡지 54권 4호), 「통제경제의 기초이론(統制經濟の基礎理論)」(同 53권 3호) 기타. ⑧오스미 겐이치로(大隅建一郎)·「상법의 발전의 경제법(商法の發展の經濟法)」, 『법학논총(法學論叢)』 29권 2호. ⑨오모리 다다오(大森忠夫)·「상법의 자주성의 경제법(商法の自主性と經濟法)」, 『법학논총(法學論叢)』 28권 5호. ⑩나가바 마사토시(長場正利)·「기업을 기조로 하여 살펴보는 상의 본질에 대하여(企業を基調として觀たる商の本質について)」, 『와세다법학』 13권. ⑪다케이 기요시(竹井廉)·「소위경제법학의 출현에 대하여(所謂經濟法學の出現に就て)」, 『법학지림(法學志林)』 25권 6, 7호. ⑫사법성(司法省)·「독일신경제법(獨逸新經濟法)」, 『사법자료(司法資料)』 33. ⑬나카지마 시게루(中島重)·「통제경제의 법리학(統制經濟の法理學)」, 『공법잡지(公法雜誌)』 1권 3호. ⑭가이노 미치타카(戒能通孝)·「恐慌ヒフツアシスト諸法制」, 『법학신문(法學新聞)』 44권 5, 7, 11호 45권 2호, 「통제경제제입법의 한 단면(統制經濟諸立法の一斷面)」, 『법률시보(法律時報)』 6권 6호. ⑮나카무라 무네오(中村宗雄)·「재계비상시에 있어서 경제입법(財界非常時に於ける經濟立法)」, 『법학회지(法學會誌)』 1권. ⑯다나카 야스오(田中康夫)·「공황기에 있어서 경제법(恐慌期に於ける經濟法)」, 『법률시보(法律時報)』 4권 8호. ⑰가코 유조로(加古祐三郎)·「경제법과 조직경제(經濟法と組織經濟)」, 『법학논총(法學論叢)』 27권 1호. ⑱스가이 조이치(須貝條一)·「フウバア經濟行政法」, 『법학논총(法學論叢)』 31권 2호. ⑲기쿠치 이치오(菊池勇夫)·「근대법과 경제의 관계·제법의 서론적 고찰(近代法と經濟の關係·經濟法の序論的考察)」, 『마키노교수환력축하법이론집(牧野敎授還曆祝賀法理論集)』 1938년. ⑳마이타니 유조(米谷隆三)·「제도이론과 경제법(制度理論と經濟法)」, 『법률시보(法律時報)』 11권 7호, 「기업법에서 경제법으로(企業法より經濟法へ)」, 『법률연구(法律研究)』 5, 1941년. ㉑『법률시보(法律時報)』 12권 8호 특집(特輯) 미노베(美濃部)·쓰다(津田)·아가쓰마(吾妻諸氏)의 논설(論說). ㉒미네무라(峯村)·「경제법(經濟法)」(1941년). ㉓요시나가(吉永)·「경제질서와 경제법(經濟秩序と經濟法」, 『법률학연구(法律學研究)』 5. ㉔일본경제법학회(日本經濟法學會)·「경제법의 제문제(經濟法の諸問題)」 1(1940년), 同 2(1941년). 구미(歐美)의 참고서는 서상의 일본문(日本文) 참고문헌에 미룬다.

이러한 20세기법으로서의 경제법이 20세기의 나라 한국에 아니 나타
날 수 없다. 주지하는 바와 같이 우리나라 헌법은 경제적 민주주의를
지향하여 모든 국민에게 인간다운 생활(menschenwürdiges Dasein)을
보장하고 균형경제를 계획한다(헌법 제84조 참조). 여기는 오로지 우리
나라 경제법의 풍요한 영역이 될 것이다. 그러면 우리나라 경제법은 구
체적으로 어떠한 양상을 띨 것인가를 검토하여 보자. 이것이 본고의 주
목표가 되어야 한다. 그러나 그에 앞서 경제법의 일반적인 개념 규정부
터 모색하여야 하겠다, 라고 하는 것은 경제법이 워낙 젊은 법분과이라
아직도 그 개념이 밝지 않기 때문이다.

2. 경제법 개념의 상대성

경제법이 이렇게도 젊은 법역이기는 하지만 아직도 그 개념조차 고
정되어 있지 않다. Hedemann에 의하면, 학자들의 구구한 개념 규정을
세 가지 주류로 분류하나니, 그것은 다음과 같다.[4]

1) 수집설(Die Sammeltheorie)

Nussbaum이 대표하는 바로서 흔히 말하기를, 국민경제에 직접으로
영향하는 것을 목적으로 하는 제 규범은 경제법적(Wirtschaftsrechtlich)
인 것이다. 그러나 이러한 경제법적 규범은 모든 법역에서 찾을 수 있
으므로 이론상 경제법의 개념을 규정할 수 있느냐는 의심스럽다. 그런

---

4) A.a.O., SS. 932, 934.

데도 불구하고 사람들이 '경제법'을 조성하려 하는 것은 경제생활에 관한 당면한 다수의 법률문제가 종래의 법부문에 적당히 편입되지 않는 실제적 이유에 유래한 것이다, 라고 하며 경제법을 독립한 법부문으로서 승인하지 않고 그의 저서도 그러한 경제현상에 관한 뭇 법규를 수집 서술하였을 뿐이다.5)

그러나 그 수집이 단순한 나열이 아니려면 거기에는 반드시 그 제 법규를 관류하는 원리가 있어야 할 것이다. 이 설도 경제법적 법규들이 종래의 전통적 법체계 속에 들 수 없다는 점은 인식하였으나 그 제 법규를 관류하는 원리를 투시하지는 못하였다.

2) 세계관설(Die weltanschauliche Theorie)

우선 Hedemann은 말하기를 "경제법은 마치 18세기를 지배하던 자연법 같이 대상적 자료적으로 한정할 수 없는 것이고 일종의 정신적 기조(Grundstimmung)이고 일절의 것을 침투하는 원리(prinzip)이고, 하나의 세계관(Weltanschauung)"이라 했다. 요컨대 '현대의 온 법률의 기조(der Grundton des Rechtganzen in unserer Zeit)'라고 하여, 그는 경제법을 아무런 새 법분과로서 보지 않고 경제성이란 한 음색(Tönnung)으로서 특징지어지는 현대법 일반을 가리키는 것이라 한다.6)

이와 비슷한 입장으로서 Geiler는 말하기를, 경제법에 새롭고 독자적인 점이 있다면 그것은 자료 그것이 아니라 오직 그 자료에다 형식법

---

5) Vgl. Nussbaum, Das neue deutsche Wirtschaftsrecht, 1· Aufl. 1922, S. 1
6) Vgl. Hedemann, in Hdwb, S. 933 ff, Derselbe, Grundzüge des Wirtschaftsrechts, 1922, S. 8 ff. 그러나 그의 최근의 저서인 Deutsche Wirtschaftsrecht, S. 15 ff.에서는 경제법의 개념 규정을 포기하고 직접 소재에 근접하려 한다.

학적 방법을 배척하고 사회학적 견지에서 특히 경제적 관련을 이해하고 다루는데 있는 것이니 결국 법에 대하여 사회학적 고찰방법을 적용하는 데 그 본질이 있는 것이라고 한다.[7]

그러나 20세기법 전부가 하나의 독특한 음색으로 울리든지 또는 법 일반에다 사회학적 방법을 적용하는 것이 필연적인 일이라면 그러한 음색을 띤 법 자체, 또는 사회학적 방법이 적용된 법 자체는 이미 그 이전의 법과는 실질적으로 이질적인 것이 아닐까. 음색이나 방법만이 다른 것이 아니라 그 대상 그것이 다른 것이 아닐까. 여기서 경제법 독자의 대상을 찾는 입장이 나타난다.

3) 대상설(Die gegenständliche Theorie)

경제법의 특정한 대상을 추구하는 입장에도 갖가지가 있다. 우선 W. Kaskel[8]은 경제법의 중심개념을 인적 주체적인 면에다 구하면서 말하기를, "경제법은 경제적 기업자의 그 기업경영에 관한 특별법"이라는 것이다. 그러니 이 설에 의하면 기업가가 아니고 노동자의 법인 노동법과는 분명히 구별된다. 다음 Hans Goldschmidt[9]는 조직화될 경제를 중심으로 하여 말하기를, "경제법은 조직화된 경제에 고유한 법"이라 한다. 그러면 '조직화된 경제(organisierte Wirtschaft)'란 무엇이냐. 그에 의하면 '규정된 거래경제(geregelte Verkehrswirtschaft)'와 '공동경제(Gemeinwirtschaft)'를 의미한다고 한다. 즉, 자유방임의 초기자본주의

---

7) Geller, Die wirtschaftliche Methode im Gesellschaftsrecht, 1933, ff. S. 35 ff.

8) Kaskel, Gegenstand und systematischer Aufbau des Wirtschaftsrecht als Rechtsdisziplin und Lehrfach, JW. 1920, S. 11 ff.

9) H. Goldschmidt, Reichswirtschaftsrecht, 1923, S. 12.

경제가 발전하여 통제경제로 된 점에 착안하여 경제법이 그러한 규정
된 경제에 특유한 것이라는 것이다. 여기서는 개개의 기업이나 기업자
를 초월하여 경제일반을 규정하는 국가가 전경에 나타난다. Radbruch
도 이 설에 찬동한다.[10) Köttgen도 이런 경향을 좇아 말하기를, "경제
법이란 국가가 이로써 그 경제를 지배하려 하는 법"이라고 한다.[11)

이 대상설에 이르러 비로소 경제법의 성격이 분명하여진다. 자본주
의 상승기에 있어서는 나라가 경제를 자유경쟁에 방임하던 것이 독점
자본주의로의 발전에 따라 나라의 손이 점차 경제 속으로 뻗어 들어가
경제를 규정하는데 있어 바로 경제법의 본질적 성격을 빛나게 하였다.
그러나 이 설에 있어서는 아직 경제법과 종래의 법체계, 더욱이 민상법
과의 관계가 올바르게 구명되어 있지 않다. 즉, 자유자본주의 경제의
법적 기초인 자유로운 소유권과 자유로운 계약을 토대로 하는 민상법
과 그것을 수정하는 경제법과의 관계는 어떠한가.

이 점은 Klausing에 의하여 뚜렷이 밝혀졌다. 19세기의 사법 그 중에
서도 상법은 과거에 있어 경제생활 특히 상인적 기업가, 기업조직 및
영업거래의 법률관계의 법질서였고 또 현재도 그러하다. 이러한 종래
의 질서에 대하여 이제 새로운 이데올로기에 의하여 규정되는 새 경제
질서가 충돌하였다. 이 두 체계는 지금 아직 그 지배적 지위를 다투고
있다. 새 것이 아직 승리하지도 못하고 그렇다고 해서 또 양자의 종합
도 되지 않고 있다. 이 독특하고 갈등하는 '경제의 법(Recht der
Wirtschaft)'이 바로 이른바 '경제법'인 것이다. '경제법분과'가 새로 되
어야 하고 옳게 '분과'라고 일컬을 만하려면 그것은 출발점을 여기다
구하여야 한다. 만일 이것이 옳다면 광의의 '상법'이야말로 이미 이 새

---

10) Vgl. Radbruch, Finführung in die Rechtswissenschaft, 7 u. 8. Aufl., S. 92 ff.
11) Küttgen, Art., "Gewerbegesetzgebung" in Hdwd. Staatswiss, 1927, S. 1006.

분과의 사실상의 기초를 이루고 있고 그리고 상법은 아마 어느 때든 실질적으로도 명칭적으로도 '경제법'으로 변화하고 말 것이라고 한다.[12] 즉, Klausing의 입장은 경제법을 상법의 발전적 형태로서 상법과 동일선상에서 파악하려는 것이다.

요약컨대, 자본주의는 처음에 신의 '보이지 않는 손'만을 믿고 모든 것을 거기다 방임하는 데서 인격(Person)의 자유를 추구하려 하였으나 자유로운 소유권은 자유로운 계약과 결합하여 자본주의적 생산제를 거듭하는 동안 토지와 공장의 노예를 대량 생산하였다. 여기서 독점자본주의의 단계를 가져왔다. 독점자본주의 밑에서는 신의 손 대신에 나라의 손이 자유로운 소유권과 계약을 규정 통제하여야만 비로소 인간(Mensch)의 자유를 부활시킬 수 있는 것이다. 자유자본주의의 법이 민법·상법이니 이것을 수정하는 법은 또한 민법·상법 속에다 포섭될 수 있었던 것이다. 그러나 민상법의 치밀한 체계에다 급격히 생성되는 새 원리의 법을 편입시키는 것은 첫째는 법적 안전감의 과도한 동요와 둘째는 이론적 기술적 준비부족으로 해서 이루어질 수 없다. 그 때문에 경제법이 민상법 체계외에 형성되었을 뿐이다. 그러니 경제법이 하나의 법역을 이루는 것도 그것이 민상법과는 전연 독자적인 분야로서가 아니라 자유자본주의의 민상법이 독점자본주의를 조정할만한 민상법으로 그 자체 발전하여 올 것을 앞서서 기다리고 있는 선행적·과도적인 존재인 것이다. 그리고 독점자본주의를 통제하는 면이 개인의 민법적 거래에 있는 것이 아니라 기업에 있다면, 따라서 기업을 그 대상으로 하는[13] 상법의 선발부대가 경제법이 되는 것이다. 즉, '경제법은 상

---

12) Klausing, Wirtschaftsrecht, Beitrage zum Wirtschaftsrecht, Bd. II 1931, SS. 72-74.(경제법 참고서로 가장 권위 있는 것이다)

13) 니시하라 간이치(西原寬一)·『일본상법론(日本商法論)』 제1권 3면 이하. 특히 19

법의 내재적 발전을 대기하는 과도적 성격의 법'인 것이다.[14]

이것은 자본주의적 경제기구 밑에서의 이야기다. 사회주의를 토대로 하는 소련에서는 국가권력으로써 하는 전국민경제위 지도 통제에 관한 모든 법을 가리킨다.[15] 나라의 손이 경제를 조정하는 것이 좁은 예외가 아니라 광활한 원칙인 이 나라에서는 경제법이 민상법보다 훨씬 우월하다.

그러면 우리나라 경제법은 구체적으로 어떠할 것이며 그 이념은 무엇인가.

3. 경제헌법과 경제법

- 우리나라 경제법의 이념 -

우리 헌법은 주지하는 바와 같이 경제적 민주주의의 색채가 짙다. 우선 헌법 전문에서 "국민생활의 균등한 향상을 기한다"고 한 다음 제1장 총강 제5조는 더 구체적으로 "대한민국은 정치·경제·사회·문화의 모든 영역에 있어서 각인의 자유·평등과 창의를 존중하고 보장"하는 것을 원칙으로 하되 "공공복리의 향상을 위하여" 필요할 때는 그를 적극적으로 '보호'도 하고 '조정'도 하는 "의무를 진다"는 것을 선언하여

면 이하 참조. 상법의 대상을 기업으로서 파악하는 것은 Handelscht, IS. 143 ff. 를 중심으로 하여 현시(現時)의 진보적인 통설로 되고 있다.

14) 니시하라 간이치(西原寬一)·전게서(前揭書), 88면.

15) 마게모우스키 편찬/야마노우치 이치로(山之內一郎) 역『소비에트 법론(ソヴィエート法論)』제2권 25면 이하 참조.

새 우리 헌법이 이미 고전적인 정치적 자유민주주의를 원칙으로는 삼되 경제적 민주주의를 그에 못지않게 숭상한다는 것을 모두에서부터 표방하였다. 뿐 아니라 제6장은 '경제'라 제(題)하고 6조에 걸쳐 이 경제적 민주주의를 일층(一層) 세목화하고 있다. 이것이 이른바 경제조항(economic clause)이고 이런 경제조항을 담은 헌법을 경제헌법(economic constitution, Wirtschaftsverfassung)이라 일컫는다.[16] 그리고 이러한 경제적 민주주의를 나타내는 경제조항의 유무가 18, 19세기의 근대헌법과 20세기의 현대 헌법을 차별하는 '메르크말(징표)'이 되는 것이다.[17] 그러고 보면 우리 헌법은 20세기 경제헌법으로서의 면모를 뚜렷이, 충분히 갖추고 있다.

제6장 경제의 첫째 조문 제84조는 말하기를, "대한민국의 경제질서는 모든 국민에게 생활의 기본적 수요를 충족할 수 있게 하는 사회정의의 실현과 균형 있는 국민경제의 발전을 기함을 기본으로 삼는다. 각인의 경제상 자유는 이 한계 내에서 보장된다"라고 하여 우리나라 경제질서의 기본원칙을 천명하였다. 이 조문은 바이마르 헌법 제5장 경제생활(Das Wirtschaftsleben) 첫째 조문 제151조 제1항 "경제생활의 질서는 모든 사람으로 하여금 인간다운 생활을 가지게 함을 목적으로 하는 정의의 원칙에 적합하여야 한다. 개인의 경제적 이유는 이 한계 내에서 보장된다"를 다소 수정하여 계수한 것이다. 즉, 첫째 모든 국민에게 "생활의 기본적 수요를 충족할 수 있게 하는" '인간다운 생활'(menschenwürdiges Dasein)을 보장함으로써 나라의 경제적 질서의 하나의 기본원칙으로 삼는 것이니, 자본주의 상승기의 헌법이 추상적인

---

16) 유진오 교수·「우리 헌법의 윤곽」, 『법정』 12호 12면 및 동·「국가의 사회적 기능」, 『법정』 17호 10면 참조.
17) 동·「우리 헌법의 윤곽」, 『법정』 12호 1면 이하 참조.

인격(Person)의 평등만을 내세우고 소유권의 절대성과 계약(따라서 의사표시)의 자유를 방임하던 것과 대조적으로 이것은 구체적인 인간(Mensch)에 착목하여 그의 형식적인 자유보다도 실질적인 생활을 보장하면서 그 반면에 소유권이나 계약의 자유는 그 한도 안에서만 허용된다는 것이다. 둘째로 '균형 있는 국민경제의 발전'의 원칙을 내세워 나라가 균형경제를 위한 통제 또는 계획을 할 수 있게 하니 우리 경제가 자유방임의 그것이 아니라 통제 또는 계획경제임을 여기 또 밝혀준다.18)

그러면 여기 우리나라 경제질서를 건설하는 법으로서 경제법이 등장 아니할 수 없다. 왜냐하면 서상한 바와 같이 '인간다운 생활'을 보장하거나 '균형 있는 국민경제의 발전을 기'하여 경제를 통제하거나 계획하는 법이 바로 경제법이기 때문이다. 그리고 또 우리 경제법의 이념은 거기 그대로 나타나 있듯이 모든 국민의 인간다운 생활과 균형경제의 발전, 이것이다. 우리나라 경제헌법으로서의 헌법이 20세기 헌법으로서 새롭듯이 거기서부터 흘러나온 우리 경제법의 이념도 아주 진보적이다.

헌법의 경제조항은 이 기본원칙을 더욱 세목적으로 분화시키고 있다. 제6장 외에도 경제에 관한 규정은 서상의 전문, 제5조, 제15조, 제17조, 제18조 등이 있으나 여기서 특히 제6장과 붙여서 설명하고자 하는 것은 제18조 제2항의 근로자의 이익균점권이다. 그리고 제6장 속에도 제85조는 광물 기타 중요한 지하자원, 수산자원, 수력과 경제상 이용할 수 있는 자연력의 국유에 관한 것으로 별로 설명할 것이 없다. 다만 공공 필요가 있을 때는 개발 또는 이용을 특허할 수 있는데, 그 특

---

18) 동·「헌법제정의 정신」, 『법정』 29호 27면 참조.

허 또는 그 취소는 법률의 정하는 바에 의하여 행한다 하였다. 이 조문
뿐 아니라 다른 경제조항은 물론 이 헌법 각처에 무려 수십의 "법률의
정하는 바에 의하여" 또는 "법률에 의하지 않고는"이 나오는데, 이것이
실지로 법률에 의하여 구체화된 것은 몇 개 없다. 모두가 아직도 계획
규정(Programmvorschrift)이므로 우리의 경제법은 뚜렷한 모습을 가지
고 자꾸 탄생될 것이다. 다음에는 경제조항만으로써 짐작할 수 있는 경
제법에 관해서 적어볼까 한다.

우선 첫째는 제86조의 농지개혁과 제18조 제2항의 근로자의 이익균
점권에 관해서다. 자본주의의 진전에 따라 자유로운 소유권과 자유로
운 계약과 결합하여 타인을 지배하게 된 것은 바로 이 두 곳에서였다.
즉 토지소유권자인 지주는 토지를 농민에게 대여(소작계약)함으로써,
공장소유권자는 노동자를 고용함으로써 즉 타인의 노동력을 이용하여,
그 토지, 그 공장으로 하여금 자본주의적 생산을 시킬 수 있는 것이다.
그러므로 농민과 노동자로 하여금 인간다운 생활을 시키기 위하여는
자유로운 계약이 아니라 농민은 소작인의 지위에서, 노동자는 단순한
피용자의 지위에서 해방시켜야 한다. 그러기 위하여, 농민에게는 농지
를, 공장노동자에게는 기업이익을 주라는 것이다. 농지개혁은 해방 직
후부터의 모든 정치가의 구호가 되어 이 법은 이미 국회를 통과, 공포
되었으되 근로자의 이익균점은 소리가 없다. 농지개혁법은 민법에서
소작문제를 없이 하였다.

둘째는 헌법 제18조 후단은 "영리를 목적으로 하는 사기업에 있어서
는 근로자는 법률의 정하는 바에 의하여 이익의 분배에 균점할 권리가
있다"고 하였다. 그런데 현대자본주의 경제에 있어서는 영리를 목적으
로 하는 사기업은, 더구나 근로자를 많이 쓰는 대기업은 거의 다 주식
회사이다. 그러므로 이 헌법 제18조는 주식회사법 사상에 큰 변혁을 가

져온다, 라고 하는 것은 주식회사에 있어서는 노동은 자본이 될 수 없다. 그리고 이익 배당은 자본을 낸 주주에게 주는 것이다. 그러므로 노동자에게 이익배당을 함은 노동은 자본이 아니라는 주식회사법의 철칙을 깨뜨리고서 비로소 성립한다. 이러한 노동주의 문제는 우리 주식회사법의 특징 중의 하나가 될 것이다. 이런 제도의 선구는 이미 1917년 프랑스의 노동자참가주식회사법(La loi du 26 avril 1917 sur les sociétès anonymes participation ouveriére)에서 볼 수 있다.[19]

상세한 것은 다음 기회로 미룬다. 그러나 여기서 말하여 둘 것은 이 이익균점권의 성격에 관해서다. 유 교수는 이것을 국민의 기본권의 하나로서 수익권에 넣으신다.[20] 그러나 이 이익은 나라로부터가 아니라 '영리를 목적으로 하는 사기업'으로부터이니 어찌 이 권리가 공권이 될 수가 있을까 하는 의문이 난다. 왜냐하면 Jellinek에 의하면 "공권의 특징 중의 하나는 권리보호의 보장자와 직접 또는 간접의 의무자가 국가라는 동일한 인격자인데 있다"고 하였고[21] 이 점은 교수 자신도 수익권의 정의에서 승인하시는 바이기 때문이다.[22]

다음은 제87조 공공성을 가진 중요기업의 국영 또는 공영과 제88조의 사영기업의 국유 또는 공유로의 이전 및 그 경영의 통제 관리에 관해서다. 여기에서는 제87조의 국영 공영의 해석이 문제다. 유 교수는 이것을 국유국영, 국유공영의 뜻으로 보시는데, 그 이유는 제88조가 사

---

19) Vgl. Max Greiner, Die Aktiengesellschaft mit Beteiligung der Arbeitnehmer, 1929.

20) 유진오 교수·「헌법제정의 정신」, 『법정』 22호 5면 및 동저·『헌법해의(憲法解義)』, 32면.

21) 기무라 에이이치(木村鋭一) 외 1인 역·『엘리네크 공권론(イェリネック公權論)』, 91면 이하 참조.

22) 유진오 교수·전게서(前揭書), 32면 참조.

기업의 국가 관리를 규정하였기 때문이라 하신다.[23] 그러나 그렇더라도 제87조는 열거된 중요한 것은 무조건으로 반드시 국영으로 하는 것이고 제88조는 "국방상 또는 국민생활상 긴절한 필요에 의하여"라는 조건이 있으니 제87조의 국영 또는 공영은 모두 문자 그대로 새겨 경영에만 국한시킴으로써 민유(民有)도 될 수 있게 하여 현존의, 예(例)하면 조선은행, 경전(京電) 같은 것도 주식은 공모할 수 있게 함이 외자를 구하려 할 때 편치 않을까. 물론 특허법인으로 하는 길이 틔어 있으나 실익은 없는 논의긴 하다. 하여튼 경제법은 이 제88조 사영 기업의 통제관리라는 면에서도 쏟아져 나올 것이다.

그러니 대한민국 수립 이후의 경제법으로서는 아직 농지개혁법 밖에 없다.

　　〔필자·법무부 조사국장〕

---

23) 동·전계서(前揭書), 184면.

귀속재산에 대한 법적 과제

- 귀속성 불식의 시급성 -

『신천지(新天地)』 제5권 제3호(1950년 3월호) 게재

귀속재산에 대한 법적 과제

- 귀속성의 불식의 시급성 -

1. 귀속성의 방임

귀속재산이 아직도 귀속재산인 채로 그대로 있다. 귀속재산이란 다름 아닌 적산, 다시 한 번 바꾸어 말하면 해방 전의 일본인 재산이다. 그것이 해방 후 이미 4년이 지난 오늘날까지 귀속재산인 채로 그대로 있다는 것은 확실히 하나의 정치의 빈곤이 아닐 수 없다.

그것도 귀속재산이 양에 있어 얼마 되질 않아 그 처치에 대하여 등한하더라도 나라 전체의 살림에는 아무런 영향도 주지 않는 정도라면 또 모르겠다. 그러나 귀속재산이 우리나라 총재산에 있어 차지하는 바 비중이 막대하다는 것은 더 말할 나위도 없는 사실이다. 그 비율은 여기서 새삼스러이 자세한 표를 거시하여 보이지 않더라도 구체적으로 보아 90%를 훨씬 넘는다는 것은 너무도 명백한 것이고, 가령 일례를

산업설비자본의 비율(1938년)에 있어 들더라도 일본인 자산이 98%까지 차지하고 있었던 것이다. 양에 있어 이렇게도 압도적인데다가 또 질에 있어 근간산업, 즉 전기·광업·제철·제강·석탄·화학공업·금속 등은 전부를 차지하였던 것이다. 그럼에도 불구하고 이러한 귀속재산이 아직도 귀속재산인 채로 운영되고 있는 현상이다. 주택은 귀속된 주택으로서, 점포는 귀속된 점포로서, 또 사업체는 귀속된 사업체로서 그대로 운영되고 있는 것이다. 귀속재산에 대한 무정책, 무위로 규정짓지 않을 수 없다.

왜냐하면 외국의 적산관리를 보면 그것이 더욱 분명하다. 예를 영국이나[1939년의 적산관리법(Trading with Enemy Act) 제7조] 일본에서 (적산관리법 제2조)들면, 적산에 대한 통상적인 관리방식이 적산관리인에 의한 현상관리가 아니라 매각처분이 활용된 것이다. 이것은 갖가지 적산, 더욱이 복잡한 사업체 같은 것은 그대로 관리하느니보다는 환가하여 금전으로서 관리함이 관리상 편리할 뿐 아니라 국제법상 개인재산 불몰수의 원칙을 정면으로 깨뜨리지 않게 유상으로는 하되 국내에서 적의 기업을 매각처분함으로써 소탕하자는 계략에서 나오는 것이다. 즉, 적의 기업이 의연히 자본으로서 작용하여 불어나가는 것을 시급히 차단시키자는 것이다. 이리하여 전쟁을 계기로 하여 국내에 있는 적의 일절의 재산을 조속히 환가하여버리면 국내에는 적산이라는 은행에 예치된 그 대가인 금전이 추상적인 액수로서만 존재하게 되는 것이다. 즉, 국내에는 적산이 재산으로서, 더욱이 자본으로서 작용하는 일이 배제되고, 국내 어디를 돌아보더라도 적산은 눈에 보이지 않게 되어야 하는 것이다. 이와 우리나라의 현상을 대비하면 아직도 종전 후 4년이 지나고, 독자적 정책을 가져야 할 나라가 선 지 2년이 지난 오늘날까지 우리나라 어디든지 걸어보라. 눈에 들어오는 것은 적산, 귀속재산으로서의 재산뿐이 아니냐.

그러면 우리나라의 귀속재산에는 이러한 외국의 그것과는 그 취급을 달리 하여야 할 무슨 특수성이 있는 것이냐. 도시(都是) 다른 나라처럼 적산이라 하지 않고 귀속재산이라고 일컫는 이 '귀속'이란 개념이 마물 (魔物)이다. 즉, 해방 후 미군은 남한에 군정을 펴고 나서 곧 저 유명한 12월 16일자 법령 제33호 제2조로써 모든 일본인재산을 군정청에 '귀속'(vest) 시킨다고 선명(宣明)하고, 이로써 이 재산은 군정청의 소유 (own) 하는 바가 된다고 선언하였던 것이다. 귀속재산이란 개념은 여기서부터 나온 것이다. 그 후 대한민국이 서자 미국정부는 그 해 9월 11일자 한미재정급 재산에 관한 최초협정 제5조 제2항으로써 이 귀속재산을 대한민국 정부에 '이양'하였다. 이리하여 미군정청이 소유하던 귀속재산(vested property)이 대한민국정부에 이양되었으나, 귀속재산은 대한민국의 소유가 되었다. 즉, 귀속재산은 대한민국의 국가재산이라고 할 수 있다. 이것이 귀속재산의 논리이다.

여기서부터 건국 이전 군정 때라면 또 몰라도 현재로서는 적산은 이미 국유재산이 되었으니 귀속재산에 대하여 서상의 다른 나라 적산처럼 생각해서는 안 된다는 논리가 나오기도 한다. 그러나 이 '귀속재산, 즉 국유재산'의 논리는 그렇게 전혀 의심할 여지없이 명백하기만 한 것이 아니다. 왜냐하면 서상의 한미협정 제5조의 제3항을 보면 우리 정부는 이 귀속재산을 '접수 및 관리할 별개의 정부기관'을 설치할 의무를 지게 되어, 이에 따라 임시관리국이 서게 되었으니 이 귀속재산은 대한민국에 이양된 후에도 의연히 일반 국유재산과 구별하여 관리될 특수성을 보유하고 있는 것이 분명하고 이 점은 공동협 제1조가 일반 국유재산의 이양만을 따로 규정한 것으로 보아도 방증되는 것이다. 뿐 아니라 국제법상 점령군은 개인의 사유재산은 몰수하지 않는다는 원칙

(개인재산 불몰수의 원칙)이 있으니[육전(陸戰)의 법규 관례에 관한 규칙 제46조]이 원칙과 '귀속'과의 관계가 문제다. 왜냐하면 몰수를 못한다면, 즉 귀속이 몰수가 아니라면, 일본인 개인의 사유였던 귀속재산이 미군정청의 소유가 될 수 없을 것이고 따라서 우리나라 국유재산이 될 수도 없기 때문이다. 즉, 상술한 '귀속재산, 즉 국유재산'의 논리는 이 원칙과 이율배반이 되는 것이다. 그러므로 '귀속'은 아직 소유를 의미하지 않는다고 하든지, 또는 서상의 개인재산 불몰수의 원칙은 제2차 전쟁의 특수성에 의하여 다른 여러 국제법상의 원칙들이 그러하듯이 이미 깨뜨려진 것이라고 하여야 한다. 사실, 서상의 영국의 대적거래법 제7조에 의한 대적거래령에 규정된 '귀속'을 보더라도 그것은 소유를 의미하는 것이 아니라 그 재산을 이전할 수 있는 권리를 신탁적으로 관리인에게 주는 것을 의미하는데 불과하였다. 그러나 우리의, 더구나 해방국가로서의 우리의 입장은 그러한 통상적인 옛 원칙을 묵수(墨守)할 수는 없는 것이고 오히려 그것을 깨뜨리고 나서서 2차대전 이후 새로운 현상으로 나타난 '해방국가'라는 특수성을 살리는 새 원칙을 발견하여 주장하여야 할 것이니, 상술한 '귀속재산, 즉 국유재산'의 논리는 그러한 사명을 띤 이치로서 성립하여야 하는 것이다. 즉, 귀속재산 곧 국유재산이라는 논리는 이미 고정된 결론이 아니라 이제부터 앞으로 닥쳐올 강화회의를 통하여 새로 전취하여야 할 하나의 과제인 것이다. 과제와 현실은 엄연히 차별하여야 한다.

그렇다면, 즉, 우리나라 귀속재산이 띤 특수성이란 실은 우리가 이제부터 정치(외교)로써 전취하여야 할 과제를 품고 있는 성질의 것이라면 위에서 말한 외국의 적산관리정책의 기본적인 방식은 아직 우리도 또한 밟고 나아갈 길인 것이 분명하다.

즉, 우리나라의 귀속재산도 역시 갖가지 구체적인 재산으로서, 더욱이 생산력을 가진 자본으로서 존치시킬 것이 아니라 조속히 환가되어 그 대금인 금전으로써 은행장부 위에 한낱 추상적인 금액으로서 있어야 할 것이다[귀속토지만은 이 이치를 지향하여 이미 군정법령 제173호(농지개혁법)에 의하여 그 분배가 착수되고 있다].

뿐만 아니라 귀속재산이 귀속재산인 채로 그 재산이 가치를 가치대로 발휘하지 못한다. 전술한 바와 같은 귀속의 의미의 애매성이 얼마나 관리인의 생산의욕을 멸살시켰느냐는 군정기간동안 우리는 이를 절실히 인식할 수 있었다. 소위 적산관리인의 불성실, 이것이 우리나라 경제재건을 얼마나 좀먹었던가. 그러나 그들은 귀속성의 의미의 불투명으로써 자기를 변명하였던 것이다. 이 점이 생산력을 가진 사업체가 아닌 귀속주택에 있어서는 소극적으로 그 파락일로(破落一路)의 현상으로 나타났던 것이다.

요컨대, 어느 점으로 보든 우리나라에 있어서도 귀속재산의 귀속성은 하루바삐 불식되어야 할 것이다. 그대로 방임될 수는 없는 상태인 것이다. 더군다나 귀속재산이 산업의 거의 전부를 차지하고 있어 경제의 부흥이 전적으로 바로 이 귀속재산의 운영 여하에 걸려 있는 우리나라에서는 이것은 더욱 시급하여야 할 것이다.

그러면 어떻게 이것을 불식시켜야 하나. 현명한 기술을 찾아야 할 것이다. 그러려면 먼저 미군정이 귀속재산에 대하여 어떠한 처리를 하였던가, 그 뒤를 밟아본 다음 시급한 귀속성 불식의 길을 찾아내어 이것을 여기 제창(提唱)하여보려 한다. 그 속에서 또 최근 공포된 귀속재산처리법의 귀속재산처리방식에 언급하여보려 한다.

2. 귀속성의 역사

미군정은 귀속재산에 대하여 어떠한 법리를 가지고 있었던가. 현재 귀속재산이 아직도 귀속재산인 채로 그대로 있다는 것은 미군정이 귀속재산에 대하여 아무런 정책도 베풀지 않았었다는 것을 의미하는 것은 아니다. 오히려 반대로 귀속재산을 귀속재산인 채로 두는 정책의 테두리 안에서는 미군정의 법적정책의 발전은 오히려 눈부신 바가 있다.

처음 미군정은 서상의 법령 제33호로써 모든 일본인 재산을 군정청에 귀속시키고 나서 통상 군정청기구 밖에다 훨씬 미국적 색채가 짙은 기관으로서 재산관리관(The Property Custodian)을 두고(그 사무처가 관재처였다), 일본인 재산을 통틀어 거기다 관리시키기로 하였다. 그러므로 귀속재산은 그 관할 밑에서 그의 발하는 관재령(Custody order)과 그의 더 하급법규의 규율을 받았던 것이다. 이 관재령과 그 하급법규인 소위 '정책', '수속규정', '통첩' 등 군정 3년 동안에 전(全)군정법령의 양보다 더 방대한 양이 영미법 독특의 번쇄성(煩瑣性)을 띤 채로 쏟아져 나왔다. 그것은 재래(在來)의 재산법인 민상법과는 아무런 관련도 없는, 아니 오히려 미국의 민상법적 법리를 전제로 한 법규들이었다. 거기다가 또 일반 군정법령도 그랬지만 공포방식이 충분치 않아서 그 존재조차 찾기 어려웠다. 이리하여 여기 한인 법률가에게는 아주 생소한 법역이 하나 생겨나게 되었다. 일본에서는 '스캡(연합군최고사령부)'에서 법령이나 지시만 하나 나와도 매월 각각 전문법률가들이 조직적으로 덤벼들어 이것을 연구 해설하는 바람에[일례를 들면 동경대학 교수들이 중심된 『일본관리법연구』는 현재 30여 권을 산(算)하고 있다], 군정법령은 유기적으로 종래의 일본법에 연접(連接)되어졌다. 그러나 우리나라에서는 그 시절 일반적으로 지배하던 반군정적 분위기

속에서 한인법률가들은 군정법령의 연구를 즐겨하지 않았다. 그러나 이 때문에 전술한 바와 같이 우리나라 재산의 90%를 차지하는 귀속재산을 규율하는 군정법령, 더욱이 관재령은 캄캄해지고 말았다. 현실적으로는 한인법률가들이 소중히 여기는 민상법은 그 실효의 비중에 있어 이 관재령에 당할 바 아닌데도 불구하고 여기에는 돌아보질 않았다. 여기서 귀속재산의 불행의 원인이 하나 생겼던 것이다.

그러나 여하튼 그 번쇄스런 관재령계 법속에도 한 줄기 뚜렷한 주류를 좇아 내려가면 귀속재산에 대한 법적 처리는 세 단계를 밟고 발전하고 있음을 찾아낼 수 있다. 그것은 주로 사회나 그 외의 법인이 가졌던 재산에 관해서다. 귀속재산 중에서는 개인재산보다 법인재산이 그 질·양에 있어서 비중이 큰 만큼 발전은 중요한 의미를 갖는 것이다. 제일 첫 단계는 모든 일본인재산은 한갓 물질 재산 (Physical assets)으로서만 대우되었다. 회사나 그 외의 법인의 소유재산이라도 그 회사나 법인 속에 일본인의 이익이 조금이라도 섞여 있으면 그만 그 재산은 그 전체가 직접 군정청에 귀속된 것으로 보았던 것이다. 원래는 회사는 법인이므로 회사 재산은 법인인 회사의 소유이고 회사를 구성하는 개개의 사원은 회사 재산에 대하여 법적으로 직접적인 권리가 있을 수 없는 것이요, 다만 간접적으로 회사에 대하여 가진 사원권의 한 내용으로서 해방 후 잔여 재산에 대하여 분배청구권을 가질 뿐인 것이다. 사원은 회사 재산에 대하여 직접으로는 아무런 상관도 없다. 그러므로 어느 회사에 일본인 사원이 있어서 가령 합명회사라면 지분이, 주식회사라면 주식이 일본인에게 소유되고 있었다면 서상의 법령 제33호에 의하여 군정청에 귀속된 것은 직접적으로 회사 재산이 아니라 오직 그 지분 또는 주식뿐이어야 할 것이다. 그러나 이 이치는 귀속재산관리의 개시기에는 인식되지 못하였다. 회사나 법인도 오직 물적재산의 집합체

로서만, 즉 객체적인 재산으로서만 대우되었던 것이다. 즉, 법인격이
인식되질 못하였다. 그러므로 여기서는 그러한 회사나 그 외의 법인 속
에 섞여 있는 한인의 이익은 전혀 고려됨이 없이 죽고 있었던 것이다.

그러다가 회사의 주체적인 성격이, 즉 그 법인격이 인정된 것은
1946년 4월 27일자 군정장관대리 지시 「법령 제33호에 의하여 일본인
재산을 취득함으로 인한 법인채무의 지불에 관한 건」에 의하여서였다.
거기 인용된 법제장관의 의견에 의하면 "일본 또는 일본인이 가졌던
주식 또는 그 외의 소유권은 군정청에 귀속되었으나 회사 재산에 대한
권리는 그 법인에 남아 있다"고 하였다. 이리하여 이러한 법인의 채권
채무는 그 법인이 주체로서 스스로 채권을 회수하고 채무를 지불하도
록 지시한 것이다[사실은 지시의 숨은 저의(底意)는 추상적인 법인격의
승인에 있는 것이 아니고 귀속법인의 채무에 대하여 유한책임을 주장
하려는데 있는 것이다]. 그러나 이것만으로는 아직 회사가 다만 발가벗
은 물적 재산의 덩어리로서 그치는 것이 아니고 그의 법인격이 있다는
것이 인정되고 권리능력이 승인되었을 뿐이다. 아직도 회사경영에 관
한 일절의 권능은 재산관리관에게 집중전속되므로 회사가 회사로서 작
용하려면 필수적인 기관인 취체역·감사역·주식총회 등 회사의 기관은
설치되지 않고 있는 것이었다. 이러한 회사법적 기관에 대신하여 한 사
람의 상업사용인에 불과한 관리인이 임명되어 회사도 회사로서가 아니
라 한낱 개인기업처럼 관리되는 것이었다. 이것은 일본의 적산관리방
식도 그러하며 적산관리법시행령 제5조 제1항은 "법인의 사업 또는 영
업의 관리에 있어서는 법인의 의사결정 업무집행대표를 하는 권한은
적산관리인에게 전속한다"고 하였다. 이것이 통상의 적산관리방식으로
서는 법인관리의 최후의 도달점일 것이다.

그러나 미군정은 여기서 한 걸음 더 나아갔으니, 그것은 1947년 9월

17일자 군정장관대리의 재산관리관에 대한 지시 「조선 내에서 창립된 법인관리에 관한 건」이 던진 정책이다. 그 첫머리에는 대략 "조선의 일은 될 수 있는 대로 속히 조선 사람의 손으로 이양하겠다는 군정청의 일반정책에 의하여 법령 제33호로 그 주식이 군정청에 귀속되어 있는 조선 안에서 설립된 법인은 군정청에서 임명한 관리인에 의하지 않고 정식으로 선임된 이사회(Board of Directors, 중역회)에 의하여 관리할 것을 지시한다"라고 하면서 회사는, 더욱이 주식회사인 귀속사업체는, 회사로서 운영할 것을 명하였다. 이 때 정치적으로는 이른바 '남조선과도정부(SKIG)'를 인정하여 어느 정도의 한인의 자치권을 인정하려던 무렵이니, 이 관재정책도 그러한 정치적 노선을 추종하는 군정정책의 한 발전이었다.

그 해 12월 6일자로 저 관재령 제10호 「재산관리관이 그 주식 또는 기타 이익을 가진 조선 내에 설립된 각종 법인의 운영에 관한 건」을 발포하였다. 이 령에 의하여 비로소 주식회사인 귀속사업체에는 그 집행기관으로서 이사회(취체역회와 감사역)가, 의사기관으로서 주식총회가 인정되어 어느 정도의 한인의 자치적 경영권이 부여되고 거기 투자되었던 한인의 주식도 살아나서 주식으로서 행세하게 되니 그 회사에 대한 나라의 귀속권도 오직 주주의 권한으로서 행사하자는 것이었다. 이로써 귀속회사, 즉 적산회사도 비로소 회사로서 살아나게 되었다. 1945년 12월 6일자 법령 제33호로써 죽었던 귀속회사들은 1947년 12월 6일자로 이 령에 의하여 여기 만 2년 만에 다시금 부활한 것이다. 이리하여 귀속회사에도 통상의 회사처럼 상법전 회사편의 광명이 비춰 들어가는 계기가 생겼으니, 이 관재령 제10호야말로 미군정의 관재정책의 대변혁을 획(劃)하는 크나큰 의의를 갖는 것이다.

그 후 실지로 이 관재령 제10호에 의거하여 수많은 귀속사업체가 주

식회사로서의 용자(容姿)를 갖추고서 취체역·감사역·주주총회의 기관
을 설치하면서 통상의 하나의 회사로서 등장하였던 것이다. 그러나 아
직 전(全) 회사의 불과얼마가 이러한 회사적 구성을 회복하지 못한 채
로 1948년 8월 15일 군정은 막을 내리고 말았다. 그러면 그 후 서상의
한미재정급 재산협정에 의하여 귀속재산이 일체로 대한민국에 이양되
고 이것을 관리하기 위하여 임시관재총국이 설치된 후 우리나라는 귀
속재산에 대하여 무엇을 하였던가.

3. 귀속성의 불식

아무것도 못하였다. 귀속재산은 귀속재산인 채로 방임되어 있다. 새
로운 정책을 발전시키기는커녕 서상의 미군정이 도달한 최후의 정책,
즉 주식회사이었던 귀속사업체(이것은 우리나라 거의 전부의 산업을
차지한다)를 다시금 그 회사적 구성을 회복시켜 이것을 주식회사로서
운영하는 정책, 이것조차 힘차게 추진시키지 않고 있었다. 이것은 그냥
관재령 제10호를 주식회사이었던 귀속사업체에 적용하여 나가기만 하
면 되는 지극히 간단한, 그리고 이것은 서상한 바와 같이 법령 제33호
로[즉 일상(日常)의 패퇴로] 죽었던 법인들을 일으켜 새로운 피를 넣어
주는 일이다. 한국에 본점이 있는 귀속회사, 즉 한국법인을 재정관리관
이 임명한 관리인이 아니라 그 주주총회(이 총회에는 귀속주식을 대표
하는 주무부장관과 일제 때부터의 한인주주가 참석한다)에서 선임된
중역들로 하여금 그 회사의 대표로서 운영시키자는 것이다. 이 과정에
서 한인주주의 이익이 살아나고 회사의 운영이 캄캄한 관재령에 의하
여서가 아니라 통상적인 상법에 의거하여 운영되는 이익이 있는 것이

다. 그럼에도 불구하고 관재령 제10호는 추진되지 않았다. 미군정이 '스톱'하고 나간 바로 그 지점에 그대로 정지하고 서 있다. 실로 무위(無爲) 그것이었다.

그러면 우리는 미군정이 베풀어 놓은 관재정책을 밟고 넘어서 어떠한 방식으로써 이 귀속성을 불식시켜야 할 것이냐. 우선 첫째는 종래 주식회사이었던 귀속사업체는 전부 관재령 제10호를 적용하여 조속히 회사적 구성을 회복시켜야 할 것을 주장한다. 이것은 서상한 바와 같이 한인주주의 이익이 주주로서 회복할 뿐 아니라 그 사업체의 불하처리에 있어 대단히 간편하여진다. 왜냐하면 이런 귀속사업체의 매각은 소위 주식매각(귀산법 제8조 제4항), 즉 그 회사에 대한 귀속주식만을 조속히 불하함으로써 그 회사의 귀속성은 일소(一掃)될 것이기 때문이다. 그렇지 않으면 이 사업체는 소위 기업체 매각(귀산법 제8조 참조)으로써 그 재산을 종합적 단일체로 매각하여야 하니, 그러면 만약에 거기 한인에 대한 청산이 남을 뿐 아니라 그 한인은 싫더라도 자기출자까지 매각을 당할 것이다. 또 그 기업체는 단일체로는 매각되었으되 그 경영체는 이미 산산이 무너지고 말았으니 앞으로의 운영체는 새로 처음부터 조직하여야 할 것이다. 어느 점이고 그 경영조직은 그대로 두고 그 귀속주식만을 환가하여 그 대금이 귀속재산으로 남게 하는 것만큼 간편하고 합리적이 못된다. 그럼에도 불구하고 우리나라 귀속재산처리법이 이 관재령 제10호에 의한 회사적 운영의 방식을 명문으로 써 받지 않은 것은 이상하다.

다음 둘째로는 우리 헌법 제87조가 열거한 중요기업, 즉 운수·통신·금융·보험·전기·수리·수도·가스 및 그 외의 공공성을 가진 기업은 국영 또는 공영으로 하여야 하므로 전술의 불하대상에서 제외된다(귀산법 제3조). 귀속재산처리법에 의하면 이러한 귀속사업체는 그 재산을 처리하는 다른 법이 생길 때까지는 정부가 관리하되 임대(제24조) 또는 관리인에 의한 관리(제25조)를 함을 원칙으로 하였다. 즉, 서상의 관재령 제10호에 의한 회사적 운영의 방식을 원칙으로 하지 않았으니 이것도 이해하기 어렵다.

그러나 문제는 그것보다도 이러한 중요기업은 더욱 조속히 순수한 한국법인으로 조직변경하여야 하는 점에 있다. 서상한 바와 같이 귀속성 불식의 시급성의 이유가 그 귀속성 자체의 의미의 불확정성에 있어 가지고 그 관리인의 생산의욕의 부진 또는 불성실에 있었으니만큼, 이러한 중요한 기업이면 중요한 기업일수록 더욱 속히 그 귀속성이 불식되어야 할 것이다. 이 중요기업인 귀속회사가 그 귀속성을 깨끗이 불식하고 순수한 한국법인으로 갱생될 때는 그 경영책임자의 그 운영에 임하는 기백은 벌써 다른 것이다. 그러므로 이러한 중요기업의 국영화를 위한 입법조치가 시급히 계속 행하여져서 그러한 국책회사가 시급히 연달아 나타나야 할 것이다. 이미 지난 국회에서 대한해운공사법과 대한조선공사법이 통과되어 이 두 공사는 벌써 그 설립이 끝나고 그 운영이 개시되었다. 귀속회사인 조선우선주식회사에 대비하여 그 귀속성을 깨끗이 씻어버리고 당당한 한국법인인 해운국책회사로서 등장한 대한해운공사는 그 운영정신에 있어 그 경영자들에게 얼마나 청신(淸新)한 감격을 주었을 것인가.

〔필자·법무부 조사국장〕

두 개의 공사법(公社法)

- 국영의 본질에 관련하여 -

『법정(法政)』 제5권 제7호(1950년 7월호) 게재

두 개의 공사법(公社法)

- 국영의 본질에 관련하여 -

1. 공사의 등장

'공사(公社)'라는 새로운 기업형태가 등장하였다. 지난번 국회는 두 개의 공사법을 통과시켰으니, 하나는 법률 제56호 대한해운공사법이요, 다른 하나는 법률 제57호 대한조선·해운공사법이다. 이 두 법률에 의하여 대한해운공사와 대한조선공사라는 두 개의 새로운 기업 형식으로서의 공사가 탄생되었다.

그러나 각각 그 법을 보면 "대한해운공사는 해운에 관한 국책을 수행함으로써 해운의 진흥발전을 기도함을 목적으로 하는 주식회사로 한다"(동법 제1조)고 하였고, 또 "대한조선공사는 조선에 관한 국책을 수행함으로써 조선사업의 진흥발전을 기도함을 목적으로 하는 주식회사로 한다"(동법 제1조)고 하였으니, 둘이 다 하나의 주식회사인 것에는

틀림이 없고, 다만 해운 또는 조선이란 특수한 국책을 담당하는 점이 특이할 뿐이다. 이른바 국책회사의 일종이다. 그러면 하나의 국책회사로서의 공사는, 그것을 특이하게 '공사'라고 일컬어 일반 국책회사 또는 주식회사에서 차별할 소이(所以)는 어디 있는 것인가. 이것이 본고의 첫째 문제다. 이 문제와 관련하여 영미의 소위 공유회사(Public Corporation, Government Corporation)와 전후 일본의 새로운 기업 형태인 공사 또는 공단과도 대비하면서 우리나라의 공사의 성격을 더 뚜렷이 해보겠다.

다음은 우리 헌법 제87조를 보면 "중요한 운수·통신·금융·보험·전기·수리·수도·가스 및 공공성을 가진 기업은 국영 또는 공영으로 한다"고 하였으니, 이 두 공사가 그 목적으로 삼는 해운국채 또는 조선국채를 담당하는 기관은 이 헌법규정에 의거하여 국영 또는 공영으로 하여야 할 것이다. 그런데 유진오 교수에 의하면 제87조의 "국영 또는 공영이라 함은 국유국영 또는 공유공영을 의미하는 것으로 해석하여야 할 것이다."[1]라고 하신다. 즉, 경영을 나라 또는 공공단체에서 할뿐 아니라 소유도 나라 또는 공공단체가 하여야 한다고 하신다. 그러나 대한해운공사법이나 대한조선공사법을 보면 그 자본의 80%를 나라에서 출자할 뿐(각법 제2조 참조), 나머지 20%는 민간법인 또는 자연인이 출자할 수 있게 되어 있고 또 실제도 그렇게 설립되었다. 즉, 소유의 면에 있어 100% 국유가 아니다. 국유 민간 공유로 되어 있다. 유진오 교수가 해석하시는 '국영'이 아니다. 그러면 이 두 공사는 그러한 의미에 있어서 위헌이 되느냐. 여기 본고의 둘째 문제가 일어난다.

---

1) 유진오·『헌법대의(憲法大意)』· 184면.

2. 국책회사로서의 공사

국책공사란 그 사업이 국가목적 달성에 지대한 관계가 있어서 특수한 법규에 의거하여 설립된 회사를 말한다.[2] 그럼으로써 나라는 국책공사에 대하여 일반회사와는 다른 강도의 보호와 간섭을 한다. 그러면 두 공사법에 있어서는 공사에 대하여 어떠한 국가적 보호와 간섭을 규정하였나 살펴보자.

1) 정부의 자본적 원조와 주주자격의 제한

대한해운공사에 있어서는 자본금 5억 원 중 4억 원을, 대한조선공사에 있어서는 자본금 3억 원 중 2억4천만 원을 정부가 출자하고(각법 제2조 참조), 나머지는 "대한민국의 국민 또는 법인이 아니면 출자할 수 없다"(각법 제3조 참조)이라 하여 공사는 관민공유의 회사로 되어 있다. 여기서 잠깐 부언할 것은 대한민국 법인만이 민간법인으로서 출자할 수 있다는 점에 관해서이다. 법인의 국적은 현행 통설에 의하면 원래 순전히 형식적으로 그 본점 주소지에 의하나니, 대한민국 법인이라 하면 한국 내에 그 본점이 있는 법인을 가리키는 것이 된다. 따라서 그 법인의 구성원, 자본갹출자의 국적 같은 면은 사상(捨象)되므로 실질적으로는 외국적인 한국법인(즉, 외국성을 띤 내국회사)도 출자할 수 있

---

2) 국책회사 일반에 관한 문헌은 니시하라 간이치(西原寬一)·「국책회사의 발전과 최신의 입법(國策會社の發展と最新の立法)」, 『법시(法時)』13권 5호 23면 이하]. 오스미 겐이치로(大隅健一郎)·「통제경제하의 회사법(統制經濟下の會社法)」,『법시(法時)』13권 7호], 동(同)·「회사법의 발전과 영단법(會社法の發展と營團法)」, 『법시(法時)』14권 11호 및 그곳에 인용된 문헌 참조.

게 되니 자연인에 있어서는 한국인에 한정하는 취지에서 벗어나는 결
과를 가져 온다.

2) 민간주식의 재산적 우대

매 영업연도에 있어서 배당할 수 있는 이익금액이 민간주식의 불입
금액에 대하여 연 1할에 달하지 아니할 때는 (가) 정부소유주식에 대
하여는 이익의 배당을 하지 않고(즉, 정부주식은 열후주로 하고), (나)
민간주식에 대하여는 그 미만액을 보합하여(즉, 민간주식을 우선주로
하여) 배당보증을 하고 있다(해운공사법 제16조와 조선공사법 제15조
참조).

3) 사채발행상의 특례

사채모집한도를 상법(제297조에 의하여 자본총액을 넘을 수 없다)보
다 높여서 주식불입금액의 3배까지 이를 할 수 있게 하고(해운공사법
제17조와 조선공사법 제16조 참조), 정부가 그 원금의 상환과 이자의
지불을 보증하고(해운공사법 제19조와 조선공사법 제18조 참조), 사채
소유자는 공사 재산에 대하여 선취특권을 갖게 하였다(해양공사법 제
19 조와 조선공사법 제18조 참조).

4) 역원의 준공무원적 성질

사장과 부사장은 주무부장관의 제청으로 대통령이 임명하고 이사는
주주총회에서 선임하되 주무부장관의 승인을 얻도록 되어 있고(각 법

제6조 참조) 사장·부사장과 업무를 담당하는 이사는 다른 직업에 종사
할 수 없게 하였다(각 법 제7조 참조). 이리하여 사장과 부사장과 업무
를 담당하는 이사는 그 신분이 일반적으로 공무원에 준한다 하였다(각
법 제7조 참조).

5) 감독권의 강화

주무부장관은 일반적으로 감독권을 가질(각 법 제9조 참조)뿐 아니
라 광범위한 허가·인가권을 가지고(각 법 제10, 11조 참조), 또 업무에
관하여 감독상 또는 공익상 필요한 명령을 발할 수 있게 하고(각 법 제
12조 참조) 그 명령 위반에 대하여는 벌칙으로써 대비하고(해운공사법
제2조와 조선공사법 제19조), 심지어는 정부는 공사의 결의(주주총회)
나 역원의 행위가 법령이나 정관에 위반하거나 공익을 해친다고 인정
할 때는 그 결의를 취소하거나 그 임원을 해임할 수 있게 하였다(각 법
제14조 참조).

이렇게 법은 공사에 대하여 일반주식회사와 차별하여 나타나게 강한
보호와 간섭의 손을 뻗치고 있다. 그러나 그 공사의 기본 구조는 각 공
사법 제1조의 명문과 같이 의연히 하나의 주식회사로 머물러 있고 나
라의 보호나 간섭을 하기 위하여 그 본질까지 수정시키지는 못하였다.
서상의 특이성은 종전 국책사회 일반이 가진 그것에 불과하다. 태평양
전쟁을 준비하기 위하여 일제가 만든 무수한 국책사회나 정부투자가
있는 특수회사의 일반적인 성격 이외의 아무 것도 첨가됨이 없다. 그럼
에도 불구하고 이것을 '공사'라 특칭하여 일반 국책회사 또는 특수회사
에서 차별할 이유는 아무 것도 없는 것이다.

전후일본에는 일본전매공사법(1948년 법률 제255호)이 나와 일본전

매공사라는 '공사'가 생겼으나 그것과 이것과는 오직 명칭이 같을 뿐 아무런 연관도 없다. 일본전매공사는 동법에 의하면 연초(煙草)·염(鹽)·조제장뇌유(粗製樟腦油)의 전매사업을 공유화하여 능률적인 운영을 목적으로 삼는 공법인이 상사회사가 아니다(동법 제2조 참조). 그러므로 그 기구에 있어서도 주식회사적 구조를 취하지 않았다.

그 외에도 공단이 석유배급공단·배탄공단·산업부흥공단·무역공단·선박공단 등 여러 개가 나왔다.

이것도 새로운 기업형태이다. 전후긴급경제안정기구의 일환으로서의 정부의 경제정책 수행기관으로서 이용되는 정부전액출자의 특수법인이다. 우리나라의 공사는 이 공단과도 아무런 Continuity가 없다. 전후 일본의 공사 또는 공단은 영미의 이른바 공유회사(Public Corporation, Government corporation)를 계수해온 제도이다.[3]

영미의 공유회사는 주로 국유사업을 담당하는 법인이다. 국유사업을 공유회사화하는 이유는 나라가 기업적 활동을 행하는 데 있어서 인사행정 예산 및 회사법상의 제(諸) 제약에서 이탈하여 국유기업의 운영 및 재정의 자주성을 확보하는데 그 목적이 있다. 그러므로 '회사'라기보다는 특수한 행정기관이라고 할 것이다. 다만, 일반행정기관과 다른 중요한 특색은 그 법인의 운영권을 주식회사의 취체역(Board of Directors)주의를 채용하여 정치적 간섭에 대한 독립성을 가지게 하면서 정부의 감독을 가미하려 하는 것이다. 그러므로 그 자본도 정부의 완전소유인 정부소유회사(Government owned Corporation)가 원칙이고, 정부자본과 민간자본의 공동기업(Mixed Corporation)은 희소하다. 이러한 공유회사는 이른바 기업의 '회사화' 또는 '산업의 국유화'의 방향을 가리키는 것이 아니고 주로 독점

---

3) 영미의 공유회사에 관해서는 세키 미치오(關道雄)·「미국의 거번먼트 코퍼레이션(米國のガヴァソメソト·コ-ポレ-ツョソ)」, 『법시(法時)』 20권 4호 11면 이하 참조

적인 공공기업을 규정하는 합리적인 기술인 것이다. 미국의 공유회사의 예로서는 부흥금융회사(Reconstruction Finance Corporation), 테네시 강 유역 개발공단(Tennessee Valley Authority), 파나마철도회사(Panama Railway Company), 수출입은행(輸出入銀行, Export-Import Bank), 내수로회사(內水路會社, Inland Waterways Corporation), 연방주택국(Federal Public Housing Authority), 농업신용관리부(Farm Credit Administration System)등이 그 대표적인 것이다.

그러나 우리나라의 공사는 이 공유회사와도 상관이 없다. 오직 장래의 국책회사의 한 형식에 불과하다.

3. 국영형태로서의 공사

대한해운공사와 대한조선공사는 요컨대 별다른 특색이 없는 하나의 국책회사이다. 서상한 바와 같이 종래의 일반국책회사와 차이가 없는 주식회사의 일종이다. 그러므로 공사는 회사법적으로는 아무런 문제도 제기치 않는다. 그러나 헌법과의 관계에 있어서는 그렇지 않다.

왜냐하면 선술한 바와 같이 헌법 제87조에 의하여 해운은 중요한 운수로서, 조선은 공공성을 가진 기업(근간기업)으로서 국영 또는 공영으로 하여야 한다. 한데 유 교수에 의하면 "국영 또는 공영이라 함은 국유국영 또는 공유공영을 의미하는 것으로 해석하여야 한다"[4]고 하신다. 그러므로 해운과 조선은 국유국영 또는 공유공영으로 운영되어야 할 것이다. 즉, 대한해운공사와 대한조선공사는 국유국영체나 공유공영체이

---

4) 유 교수·전게서(前揭書), 184면.

어야 할 것이다. 그러나 서상한 바와 같이 두 공사는 국유공영 또는 공유공영은 아니었다. 그러면 이 두 공사법은 헌법 제87조 위반이 되느냐.

Liefmann에 의하면5) 기업소유(Unternehmungsbesitz)와 기업경영 (Unternehmungsleitung)은 엄연히 구별되어야 한다. 그리고 자본주의의 발전은 기업경영과 기업소유의 분리를 가져왔다. 더욱이 주식회사에 있어서는 소유와 경영의 분리의 경향은 뚜렷한 것이다. 서상의 공사에 있어서도 이 두 면을 나눠서 보아야 한다.

우선 경영의 면을 보자. 경영자에 있어서는 사장과 부사장은 주무부장관의 제청으로 대통령이 임명하고 이사는 주주총회에서 선임하되 주무부장관의 승인을 얻게 할 뿐 아니라 그 신분을 일반적으로 공무원에 준한다 하였다. 그 경영의 감독에 있어서는 주무부장관이 일반적으로 감독권을 가지고 정관의 변경, 합병 또는 해산결의와 매경영년도의 사무계획과 수지예산은 주무부장관의 인가사항으로 하고 또 어느 때든지 소속공무원으로 하여금 금고 장부 제반 문서 물건을 검사할 수 있고 업무에 관한 제반 계산과 상황을 보고케 할 수 있게 하였다. 주무부장관은 그리하여 얻은 자료 위에서 업무에 관하여 감독상 또는 공익상 필요한 명령을 발할 수 있고 또 정부는 한 걸음 더 나아가 공사의 결의나 역원의 행위가 법령이나 정관에 위반되거나 또는 공익을 해한다고 인정할 때에는 그 결의를 취소하거나 또는 역원을 해임할 수 있게 하였다.

나라의 손이 이만큼 공사 속으로 뻗어 들어가 있으면 이로써 국영이라 칭할 수 있다. 나라의 경영에는 그 간섭의 도에 의하여 여러 가지로 뉘앙스가 있을 수 있기 때문이다.

---

5) Liefmann, Die Unternehmungsformen, 4, Aufl, 1928, S. 43ff.

다음, 소유의 면을 보자. 이것도 선술한 바와 같이 나라의 자본은 그 80%이고 그 나머지는 한국의 국민 또는 법인의 소유이다. 즉, 완전한 국유가 못된다. 국유·민유의 혼합 형태이다.

즉, 이 두 공사는 국영이로되 국유가 아니다. 그러나 이 경우에 국영은 그대로 두고 소유를 완전히 국유로 할 수도 있었을 것이다. 또 완전히 민유로 할 수도 있었을 것이다. 국유와 국영 사이에 아무런 결합의 필요성이 없다. 즉, 국유국영·민유국영·국유민유국영 등 갖가지 콤비네이션이 있을 수 있다. 그것을 헌법이 명문으로써 '국영'이라 나타냈는데도 불구하고 그 중에서 국유국영만을 골라낸 근거는 무엇인가. 헌법의 용어예로 보더라도 제85조는 '국유'를 쓰고 이 제87조만이 '국영'을 썼으니 이것을 국유까지 포함시킬 근거는 무엇인가.

유 교수는 "기업의 사유(私有)는 허하고 그 경영만을 국가 관리로 하는 경우도 포함되는 것 같이 생각할 사람도 있을 것이나 사기업의 국가 관리는 제87조의 규정이 있으므로 본 항의 국영 또는 공영이라 함은 국유국영 또는 공유공영을 의미하는 것으로 해석하여야 할 것이다"[6]라고 하실 뿐이다. 그러나 제88조의 이른바 기업의 사회화(Sozialisierung)는 (가) 특히 "국방상 또는 국민생활상 긴절한 필요에 의하여"라는 전제가 있어야 하며(이 점은 유 교수 자신에 의하더라도 단순히 생산력을 증진시킨다든가 생필품의 질을 향상시키거나 생산가치를 저락시킨다든가 하는 필요만으로는 부족하다 하신다), 또 (나) 그 대상이 제87조는 열거된 기업이나 공공성을 가진 기업뿐이지만 제88조는 한정 없이 모든 기업이 다 포섭되는 것이다. 그 요건과 대상이 다르다.

그럼에도 불구하고 유 교수가 사유기업의 국가 관리는 제88조와 중

---

6) 유 교수·전게서(前揭書), 184면.

첩된다고 하시며 또 바로 그 때문에 제87조에서 제외된다 하시는 것은 이해하기 어려운 일이다. 중국헌법 제144조도 "공용사업 및 기타 독점성 있는 기업은 공영으로써 원칙으로 한다"고 하였는데 이 '공영'도 경영의 면만을 말하는 것으로 해석되고 있다.[7]

이리하여 우리 헌법 제87조의 국영은 평명(平明)하게 나라의 경영으로 해석되어야 할 것이다. 소유의 면은 일응 방임되어 있는 것이다. 그렇다면 국유·민유 혼합체인 서상의 공사는 그것이 국영의 요건을 충족시키고 있는 한 합헌적인 것이다.

〔필자·법무부 법무국장〕

---

7) 이나다 쇼지(稻田正次)·『중국헌법(中國憲法)』, 138면 참조.

제2편

주식회사 합병 교부금 관련 일어 논문

會社の合併における交付金

京城帝大『法學會論集』第十三冊 第一号(一九四二年 二月 發行) 掲載

會社の合併における交付金

洪璉基

一、本稿の意図

　株式会社の合併における交付金[1]とは、解散会社の株主が存続会社または新設会社より合併に際して給与を受ける金銭をいふ。しかし商法はこれについて厳密な概念規定をしてゐない。唯、第四〇九条第三号および第四一〇条第三号が、夫々これを「合併ニ因リテ消滅スル会社ノ株主ニ支払ヲ為スベキ金額」・「各会社の株主ニ支払ヲ為スベキ

---

[1] 実際の用語例えばまだ熟せず、「交付すべき金銭」・「交付現金」・「交付金額」・「交付金」等多様である。ドイツ株式法は"bare Zuzahlungen"といってゐる（第二三八条第二項）。およそ、わが国において「交付金」として統一的に論じてゐるのは、唯、竹田・「会社合併について」民商一二巻五号七七二頁－七七九頁があるのみ。

金額」称しつつ、これを合併契約書の必要的記載事項たらしめてゐるの
み。これから推して、いはゆる端株調整(Spitzenausgleich)[2]ために支払は
るる金銭は、ここにいふ交付金より排除せねばならない[3]。蓋し、合併に
よる株式合併において「併合ニ適セザル数ノ株式(端株)アルトキハ其ノ併
合ニ適セザル部分ニ付新ニ発行シタル株式ヲ競売シ且株数ニ応ジテ其
ノ代金ヲ従前ノ(解散会社ノ)株主ニ交付スルコト」は、合併における株式
割当手続の圓滑なる進展のために法律—商法第四一六条三項・第三七
九条の直接定めるところであって合併契約の内容の実現に本づくもので
はなく[4]、従ってこの端株の調整のための金銭はこれを合併契約書の必
要的記載事項とする必要がないからである。かくて交付金はより精密に
は、解散会社の株主が存続会社または新設会社より合併契約に本づき給
与を受ける金銭である、といへる。

かかる交付金の支払は、株式会社合併におけるいかなる経済的需要に
本づくものであらうか。合併契約の実際より交付金を検出し、その経済的
機能の差異に本づく諸態様の各々について、これを考へて見よう。これ
が本稿の第一の意図である。そしてこの考察に当っては、近時の激しい
企業集中の主流をなす夥しき株式会社合併の中から需め得るだけの合
併契約書を蒐 めこれを土台にした[5]。

---

2) Vgl. R. Goldschmidt, Die sofortige Verschmelzung (Fusion) von Aktiengesellschften
   1930, S. 39.

3) Vgl. Staub-Pinner, Anm. 10 zu ※305; R. Goldschmidt, a.a.O.S.39 Schlegellberger
   -Quassowski, Aktiengesetz 3 Aufl., Anm. 29 zu §240

4) 故に、スイス債務法のごとく、かかる強制処分を許す規定を欠く法制においては、か
   かる端株調整のための強制処分権能が会社にあるか否かが既に問題であって、たと
   ひそれが許されるとするも直ちにそれが「交付金」でないといひ切れないこととなる
   (Vgl. R. Goldschmidt, a.a.O.S. 39) §

5) 蒐集した合併契約書の数は三十三件である。

さて、わが国の通説によれば、会社の合併は、「二つ以上の会社が一つとなる物権的効力を有する一種特別の契約である」として、尊ら社団の動きの方からのみ把へられてゐる。　従って、株式会社の合併にも、かかる社団法的見解がそのまま適用せらるるならば、合併のその社員に及ぼす効果は、解散会社の株主が存続会社または新設会社の株主となることに集約され且つこれに限らるることとなる。すなはち、株式会社合併の解散会社の株主への効果は、存続会社または新設会社の株式の給与を受けることに尽きねばならない。　株式会社合併の最も純粋なる社団法的構成は、株式と引換への合併(Fusion　gegen　Aktien)をもって理想型とする。然るに、交付金は、解散会社の株主がかかる株主の外になほこれに添へて給与を受ける金銭である。故に、交付金は、この「解散会社の株主は存続会社または新設会社より株式の給与のみを受くべし」といふ社団法的原理を破るものである。然らば、かかることはいかにして許さるるのであらうか。とりわけ、株式会社合併の社団法的構成とかかる交付金との関係如何。ここに交付金の第一の問題がある。次には、若し、この第一の問題　において、交付金による上述せる社団法的原理の破壊の合法性が証明せらるるならば、それは無際限に破ることをも認容するのであらうか。この原理を完全に破り去り、まさに逆に、全く交付金のみによる合併(Fusion　gengen　Geld)をも許すのであらうか。若し、これが否定され、交付金は限界づけらるるべきであるとするならば、何に拠って、いづこに、この限界を求むべきか。ここに交付金の第二の問題がある。

　この二つの問題は、株式法(Aktiengesetz 1937)以前のドイツにおいて、「株式会社合併において株式の外に他の給付が許さるるか」("Sind bei der Fusion zweier AGen. neben der Gewährung von Aktien auch andere Leistungen zulässig?")といふ命題　の下に多くの学者の入り乱れて争った合併に関するリーブリングステーマの一つであった

。それが、株式法第二三八条第二項によって、「存続会社ガ交付金(bare Zuzahlungen)ヲ給与スルトキハ、此ノ全額ハ給与セラレタル存続会社ノ株式ノ総券面額ノ十分ノ一ヲ超ユルコトヲ得ズ」として、交付金の合法性が認められしかもその限界が明示され、交付金に係はる二つの問題は一挙にして解決された。しかしわが改正商法は、旧商法とは違って交付金について第四〇九条第三号および第四一〇条第三号の二つの規定を持ってはゐるが、既に述べたるごとく、唯これを合併契約書の必要的記載事項とするのみであるため、これに依って、交付金の合法性は認められてゐるがその限界は明らかにされてゐない。交付金の限界の問題は依然として理論に任せられてゐる。そこでドイツHGB時代の交付金に関する論争を跡づけながら、この問題を考へて見よう。これが本稿の第二の意図である。

二、交付金の態様

合併契約の実際において解散会社の株主へは、種々の形態を採った金銭が給与されてゐる。そして交付金と称せられてゐるのも多様である。これを類型的に整序してみよう。そして、それが交付金であるか否かを判別しなければならない。さうして、その各々についての経済的機能を考察しよう。

(一)端額調整のための交付金

合併比率はいはば合併会社を単位とする被合併会社の価格である。従って、合併比率すなはち株式交換比率は当事会社の企業としての価値

を基準として決められる。それで一般には、企業価値の徴表であるべき各当事会社の取引所における相場の比率による。しかし企業によってはこの相場がその企業価値を充分に表示せず、また、凡ての企業がその株式について取引所相場をもってはゐない。かかるときは、配当率・資産率等その企業の実質的価値を衡量する[6]。ところが、これらの比率関係はこれを実際の株式割当の基礎とすつには余りにも複雑であることが多い。そのため、株式交換比率は大数となり、株式が細く分散してゐる会社においては殆んど凡ての株主が端株の所持者として処理され(商四一六条三項・三七九条)、株式割当手続の圓滑を欠く[7]。

かく当事会社の財産関係が株式交換比率の基礎とするに十分都合よくなってゐるないとき、まづ簡単な交換比率を作りその端額を金銭にて調整する[8]。かかる金銭が「端額調整(Begleichung der sog. Spitzen)のための交付金[9]」である。合併契約書の実例を示さう。

第　条　甲ハ乙額面金五拾円全額払込済株式拾株ニ対シ甲ノ全額払込済株式七株及金参円参拾参銭参参参、乙ノ額面金五拾円金拾弐円五拾銭払込済株式参株ニ対シ甲ノ金拾弐円五拾銭払込済株式弐株及金弐拾四銭九九九九ノ比率ヲ以テ合併期日ノ前日ニ於ケル乙ノ最終株主ニ対シ其ノ所有株数ニ応ジテ割当交付ス

---

6) Vgl. Schmalenbach, Finanzierungen 1928, S. 127 ff.

7)　例えば、存続会社の株式の相場は一三七%解散会社のそれは一〇三%であるとすれば、その合併比率は一三七対一〇三で解散会社の一三七株に対して存続会社の新株一〇三株を割当てることになる。さうすると、一三七株以下の多数の少株主は端株の所持者として取扱はれる。しかし若しこの場合、一部を金銭にて決済するならば、解散会社の株式四株(五拾円株とすれば市場価格はその一〇三%にて)価格二百六円に対して存続会社の株式三株(等しく五拾円とすれば市場価格はその一三七%にて)価格二百五円五拾銭と金五拾銭を給付すれば足る。

8)　株式会社の合併におけるかかる株式の端額調整の経済的需要は強い。調査せる合併件数三三件中一一の合併にこの交付金があった。

9) Vgl. Fischer, Die Aktiengesellschaft, in-Ehrenbergs Hdb. Abt. I, S. 417.

この交付金によって調整さるる端額は、本来は、株式が発行せらるべき
所である。故に、「端額調整のための交付金」は株式のSurrogatである。こ
の点において「端株調整のために支払はるる金銭」から区別せられる。蓋
し、この金銭は発行せられたる株式の対価であるから。そして、この交付
金の機能は株式の「端額」調整にあるのであるから、その金額が「端額」を
超過するときはもはや「端額調整のための交付金」ではない[10]。

(二) 利益配当に代わるべき交付金

合併期日[11]は、通常、解散会社の決算期と齟齬する。すなはち、合併が

---

10) 後述「資本金の払戻による交付金」参照。
11) ここに「合併期日」とは、商法第四〇九条第五号および第四一〇条第四号のいはゆる
「合併ヲ為スベキ時期」を指す。実際の合併契約書においては「合併実行日」ともいは
れるが「合併期日」といふものが最も多い。さうして、これは合併がその効力を生ずる
合併登記(商第一〇二条)の時ではない。然らば、ここで何故に「合併期日」をもって標
準としたのか。合併期日と利益配当とはいかなる関係にあるか。合併は登記によって
効力を生するのであるから、解散会社の株主たりし者に対する存続会社または新設
会社からの利益配当はこのときからのごとくである。しかしながら、合併の外部的効力
とは別に内部関係において、存続会社または新設会社の株主となるべき者および承
継せらるべき財産は予め確定せられてゐることが必要であって、この確定は合併期
日においてなされる。現に、存続合併の場合商第四一二条二項によって第三五一条
第二項が準備せられ、解散会社の株主は合併報告総会(合併登記はこの後になされ
る。商第四一四条参照)において既に存続会社の旧株主と同様の権利を認められて
ゐるのは、このことを前提して初めて理解できる。なは、非訟事件手続第一九三条の
二が存続会社の合併による変更登記申請書添付書類として「株式ノ割当及ヒ引受ヲ証
スル書面」・「第一八九条第三号ニ掲ケタル書類」(すなはち「商法第三五四条ノ規定ニ
従ヒテ監査役又ハ検査役カ為シタル調査報告書及ヒ其附属書類」)を掲げてゐるのも
同様である。これらの事情は新設合併についても等しい(商第四一三条、非訟第一九
三条の三参照)。要するに、合併の際、現実に財産が承継され且株式の割当が確定
するのは「合併期日」においてである。故に、存続会社または新設会社は合併による

決算期と決算期との間に行はれることが多い。このとき、解散会社における前期末以後合併期日までの利益の処理が問題となる[12]。それは解散会社において、合併を契機としてこの利益を「利益配当」として処分するわけにいかないためである。なぜなら、利益金処分案は定時総会において議決さるるべく(商二八三条一項二八一条五号)、従って利益配当は営業年度の終り(商二三四条参照)においてのみなし得るからである。営業年度の中間においてなすいはゆる「中間配当」は許されざるものである。また、合併期日が、たとひ決算期と一致したりある[13]ひは決算期直後であっても[14]、なほ定時総会前であるならば事情はあまり変らない。蓋

新株主に対してはこの時以後の期間につき利益配当をなすべきである。竹田・前掲七七八頁七七九頁は商第三五二条を準用すべしとされる。実際の大部分はこの結論の通りである。合併登記を標準とするものもあることはある(帝国製麻・太陽レーヨン――これは両会社の合併にその例があるといふことを示す。以下同じ)。

12)　かくて、「利益配当に代るべき交付金」は、原則として、この解散会社における前期末以後合併期日までの利益処分方法である。そしてかかる利益金の生まれるのは合併期日と解散会社の決算期日との喰ひ違ってゐるときに限りおこる。ところが、竹田・前掲七七五頁は、「合併する会社の決算期の異る場合も亦交付金の必要を生ずる」とされる。しかしながら、合併当事会社間の決算期は相違してゐても、解散会社の決算期と合併期日とが一致さへすれば、上述のごとき処理さるべき利益は生ぜず従ってその処理方法である交付金の問題はおこらない(なほ、後述註九参照)。また逆に、合併当事会社の決算期が等しくとも解散会社の決算期と合併期日と齟齬するときは、依然として処理さるべき利益を生じ「利益配当に代るべき交付金」による決算期が必要である。故に、決算期の異同が問題ではない。

13)　合併期日と決算期とが一致すれば決済さるべき利益がない筈であるが、利益配当は更に定時総会において議決されねばならないから、この定時総会を未だ経てゐるないためにかかる問題がおこる。しからば、合併期日と定時総会日とが一致すればどうか。この場合においても、前決算期の利益は決済さるるが、なほ期末後合併期日(この場合は定時総会日)までの利益はやはり交付金として交付されねば'ならない。要するに、合併があれは常にかかる利益の処理の問題がおきる。

14)　この場合は、既に経過せる決算期の利益のみならず、決算期後合併期日までの利益が問題となる。なぜなら、この場合は解散会社の決算期と合併期日との齟齬する場合の一つででもあるからである。

し、このときは既に経過せる決算期における利益配当を末だ定時総会において議決してゐないために、解散会社がこれを利益配当として処理することはできないからである。何れにせよ、合併があれば常に、解散会社においては利益配当として処理できない利益があることとなる[15]。そしてこの利益は解散会社の株主に帰属せられねばならないものである。さればといって、存続会社または新設会社が、この利益を承継して解散会社株主へ利益配当として給与することもできない[16]。なぜなら、単に存続会

竹田・前掲七七七頁は、合併当事会社の「利益配当の率が異なる場合にも交付金の必要を生ずる」とせられつつ、その例として年六分の(存続)会社と年八分の(解散)会社が「期末後配当決議前」に合併をし、存続会社における合併後最初の定時総会において従来のごとく年六分の配当を議決すれば、解散会社の株主は、偶々定時前総会に合併が行はれたために不利益を蒙るから、かかる場合、「配当率の差額すなはち年二分に該当する金額を交付金として交付することは極めて合目的的でなければならない」とせられる。六分は存続会社から配当として、残りの二分は交付金として受けることとなる。しかしながら、解散会社の株主は合併後始めて存続会社の株主となったのであるから、存続会社がかかる解散会社の利益を配当することは、その株主となる前の時期に関する利益の配当であって、利益配当ではあり得ない。このことは竹田なくし自信の認められることである(註――参照)。そしてこの理論は合併期日が期末後配当決議前で利益が確定されてゐることにより、何らの変異を受けるものではない。故に、この例示の場合は、八分全部を交付金として給与すべきである。そしてまたこの交付金は配当率の差異のためではない。解散会社の決算期と合併との齟齬のためである。

15) 調べ得たかぎりの凡ての合併が「利益配当に代るべき交付金」を持ってゐた。

16) 同旨、竹田・前掲七七六頁。ところが、松本・日本会社法論四一七註二は、存続会社がその合併後最初の配当期において解散会社の株主に対し「存続会社の株主と同様合併前に遡て利益配当」をなすことも、「別個の交付金として合併期日後の配当金と同時に交付する」ことも認められ

てゐる。しかしながら、前者の方は単に本文に述ぶるがごとく理論上正当でないのみならず、合併当事会社の決算期または配当率が相違するときただ単に「存続会社の株主と同様合併前に遡て利益配当」をなすことは実際の株主の利害からいって不当である。松本博士自身も、配当率の異なるときのみは「別個の交付金とする方法による外はない。」とされる。否、これら何れの場合も交付金によるべきである。実際の例として、松本博士を追ふものがかなりあった(日毛・昭和毛織、大日本製糖、昭和製糖、

社または新設会社にとって解散会社の株主は合併前はその株主でなく
かかる自己の株主にあらざる者に対する利益配当はあり得ないのみなら
ず、この解散会社の合併貸借対照表上の利益は合併によって存続会社
または新設会社へ依然「利益」として承継されるのではなくして単に会社
財産一般として承継さるるに過ぎないからである。

然らば、この利益を解散会社の株主に帰属せしむべき方法如何。先づ、
合併に際して解散会社の財産としてこの配当に充てらるべかりし財産を
も含ませての全財産を評価して当事会社間の株式交換比率を定めること、
すなはち、利益の株式交換比率への織り込みが考へられる。しかし
かやうな織り込み計算の困難がかかる方式を斥けるであらう[17]。ここに、
いはゆる「利益配当に代るべき交付金」による方法が登場する。すなは
ち、問題の利益を別計算として合併契約において予定しておいて、存続
会社または新設会社が合併後解散会社の株主に新しい株式と共にこれ
を給与するのである。合併契約書の実際の例を示さう。
　第　条　甲会社(存続会社)ハ合併期日ニ於ケル乙会社(解散会社)ノ最終
株主ニ対シ乙会社ノ昭和拾六年拾月壱日(前決算期日)ヨリ合併期日ノ前
日ニ至ル期間ノ利益配当ニ代へ乙会社ノ同期間ニ於ケリ年壱割ノ割合ノ
利益配当ニ代ルベキ交付金ヲ合併実行後ニ交付スルモノトス

ところでかかる合併条件を定めるいはゆる合併仮契約を締結する日と合
併期日とは、通常、相当の隔りヲ持つ。故に、「利益配当」の基礎となるべ
き利益は末だ確定してはゐない。それにも拘はらず、この給与金額は予
定されてある[18]。従って、合併期日にさやうな利益がないときにおいて

　　　小野田セメント・大分セメント等)。
17)　竹田・前掲七七六頁七七八頁。

も、なほこの金額は依然支払はれねばなるまい[19]。この点からいっても、「利益配当に代るべき交付金」は「利益配当」ではあり得ない。

すなはち、「利益配当に代るべき交付金」は交付金の一種である。従って、合併契約書の必要的記載事項である。なほ、この交付金は、合併の際新しい株式に附加しても、存続会社または新設会社における最初の利益配当に附加しても、または、合併後臨時に給与しても、これはその性質に係はらざる支払時期の問題に過ぎず、合併契約が自由に定め得るのである。

(三) 準備金の分配による交付金

解散会社の株主が、上述の交付金とは別に合併に際してその所持する株式数に応じて解散会社の準備金たりし財産の分配を享けることがある。これは、直接的には当事会社の従来の配当率に隔差あるときこれを補塡しようとする意図を持つ。しかしながらそれよりは、合併による株主の所得を増加せしめて、合併手続への株主参与の諸場合(第四〇八条一項三項・四一二条一項。四一三条一項)におけるその容喙の尖鋭化を防がうとする政策的意味により重点があるであらう[20]。かくのごとき経済的重機は

---

18) 予定の仕方は、(イ)解散会社の従前の配当によるもの(通常の形式)、(ロ)存続会社の当該期間の配当率によるものがあり、しかも後者の場合は大抵存続会社から新しく割当てられた株式数に比例して交付さるる故結局存続会社従前の株式に対する配当金額に等しからしめんとしてゐる。おそらく株主平等の原則を慮ってのことであらう。しかし、「利益配当に代るべき交付金」は利益配当でないからかかる顧慮は要らない。

19) 実際においては利益金で交付金を支払ひ得ないときには交付金を利益金額の範囲に縮限する旨の条項を定めるものがある(中国合同電(新設合併))。

20) これは、ひとりこの交付金についてのみならず、Brodmannも認むるがごとく、凡ての交付金の動機について多かれ少かれいひ得ることであらう。Ullmann, Die Veräusserung

兎も角、かかる準備金の分配は法的にいかに理解せらるるべきか。

通説はこれを交付金だとはしない。「準備金は解散会社の財産ではなく、又債務でもないから、新設会社又は存続会社之を承継すべき理はない[21]」、故に、「合併による解散に際して準備金を支出して株主して株主其他に分配することをも妨げないのである[22]」とするのみ。しかしながら、この二つの命題において等しくいはれる「準備金」は概念として同一ではないといふことに気づかねばならない。前者の場合の準備金は、財産でも債務でもない抽象的・理想的数額であるから、具体的・現実的権利義務の包括承継である合併の対象とはならないといはれるが、後者の場合すなはち分配の対象としての準備金はかかる単なる数額ではあり得ない。具体的・現実的財産でなければならぬ。さうであってこそ分配の意味があり且つ可能でもある。すなはち、一つは抽象的・現実的数額をいひ、他は具体的・現実的財産を指す。故に、通説のごとく、抽象的・理想的数額として準備金の承継・不承継より直ちに具体的・現実的財産の分配の合法性を推断することは許されないことである。かかる具体的・現実的「財産」と準備金との関係が究明されねばならない。

---

des Vermögens einer Aktiengesellschaft im Ganzen (Fusion) 1915, A, 39のいはゆる「配当調整のための交付金」(eine bare Zuzahlung zun Zwecke des Dividenden-ausgleichs)は、この交付金である。その経済的機能によりかく指称したのであらう。

21)　松本・前掲四三〇頁。同旨、寺尾・「会社合併論」早稲法学第一巻一一三頁、田中・会社法概論七七六頁、田中(誠)・改正会社法提要上巻二八八頁。大隅・会社法論六二四頁は教授が合併の本質を現物出資による資本増加(吸収合併)または会社の設立(新設合併)と見られるため、「準備金は単なる計算上の観念たるに止まり具体的な財産でないから、現物出資の目的たることを得ない」とせられる。反対説　片山・株式会社法論　一〇七九頁。

22) 松本・前掲。　同旨、大隅・前掲。　田中(誠)・前掲も「合併の方法に依り法定準備金を任意に処分し得る」とせられる。

なるほど、準備金は貸借対照表の負債欄に資本と共に掲記せらるる利益
算定めのための控除項目(Abzugsposten)であって、特別の一団をなす財
産ではない。純粋に観念上・計算上の数額である”Reservefonds“(準備金
)、ではなしに”Reservekonto”(準備金額)といはれねばならない[23]。かか
る意味においてそれは現実財産から鋭く区別せられる。しかしながら、
準備金は、貸借対照表の単なる消極項目として、それに対応する財産は
これをいかなる形においても持ってゐないのではない。準備金なる特別
の財産の一団が存在しないのみであり、「準備金に当る財産は会社の現
有する動産、不動産、有価証券、債権等の凡ゆる財産の全部に互って存
在するのであって、其具体的の如何なる部分が準備金に当るものなるや
は之を分別せざることを常とする[24]」のみである。かかる意味で、準備金
は「配当より取除かれる純財産の増加(Zunahmen des Reinvermögensm
die von der Verteilung ausgenomenung wird)[25]」で あるといはれる。
故に、準備金は単なる貸借対照表上の存在であるといふのは正しくない
[26]。準備金概念は、会社が資本金額の上に更にこれを保持し配当から排
除すべき純財産の理想上の数額としての意味と、利益または額面超過額
(Agiogewinn)によって積立てられた事実上現有する純財産としての意
味とを包摂するものといはねばならない。そして前者が
Reservekontoといはれるべきであるならば、後者は Reservefondsと
いはれてもよい[27]。さうして、これらはお互ひに無関係であるのではなっ

23) Vgl. Simon, Die Bilanzen der AGen, 1899, S. 120 ff., 230ff,; Rehm Bilanzen 2. aufl.
    1914, S.234 ff.; Staub-Pinner, Aum 13 zu 261; Wieland, Handelsrecht, Bd. 2 1921,
    S. 31.
24) 松本・前掲三二六頁。
25) Fischer, a. a, O.S, 273
26) Vgl. Staub-Pinner, Anm. 3 zu §262.
27) VVgl. Wieland, a. a, O.S. 30. 現に、鉄道会社については準備金の特別利殖・特別
    管理を要する規定があり(私設鉄道株式会社会計準則第三条以下)、また特殊会社定

くして、Reservefondsは Reservekontoを底礎し、Reservekontoは Reservefondsを拘束するのである。

この事は恰も、資本といふ概念が、理想上の数額としてのいはゆる資本金額(Grundkapital)とそれに相応すべき現実財産としてのいはゆる資本金(Grundvermögen)とを包摂する関係とパラレルである。そしてこの場合、資本金が会社が営業を開始するや他の現実財産と融けあひ特別の財産の一団たることより崩れてしまふ[28]のも準備金と等しい。かくて、貸借対照表上、資本金額と準備金額とは何れもSollbetragとして消極に、資本金と準備金とは共にIstbetragとしてしかし会社資産一般の中に含まれて積極に、掲記せらるるのである。唯その場合、夫々の性質から、前者はそれ自身独立の項目をなし顕はであるが後者はその形を失ひ会社資産一般項目の中に融けこみ隠されてゐるに過ぎない。

然らば、かかる見地に立っての、合併による準備金の承継・不承継の問題は如何[29]。惟ふに、準備金額(Reservekonto)は、通説のいふごとく、承継の対象とはならない。なぜなら、それは抽象的数額に過ぎないから。ところが、準備金(Reservefonds)は承継せられる、と解せねばならない。蓋

款中には、例へば京都電鉄定款第四七条「積立金ハ確実ナル方法ニヨリ利殖ヲ計リ其利息金ハ之ヲ基金ニ加フルモノトス」のごとき規定があって、これらの場合の準備金とは何れも理想上の数額の意味におけるそれではなくして、それに相応すべき財産としての準備を指すこと明らかである。そして　Wieland, a. a, O.S. 33 はなほ、かくのごとき定款の規定あるとき、現実に利子があれば、その額だけ準備金額を増加すべしとする(同旨，Simon, a. a, O.S. 282; Rehm, a.a. O.S. 279 ff; Staub-Pinner, Anm. 5 zu §262)。かかることは、準備金額に当る現実財産として準備金の存在を容認することに胚胎するとせねばならない。

28) Vgl。Wieland、a. a, O.S, 20. ff.

29)　通説は法定準備金についてのも事を論ずるが、本文の所論は準備金一般について妥当するものとおもふ。

し、準備金は会社資産の一部であり、合併とはまさにかかる会社資産の包括承継に外ならないからである。すなはち、合併とともに、存続会社は自己の概往の準備金額と解散会社んそれとの合算額を、新設会社は当初より解散会社の準備金額を、各々自己の貸借対照表上準備金額としての掲記する必要は豪もないが、しかし、解散会社の準備金は存続会社または新設会社に承継せられ現実財産としてその資産を形成するのである。故に、「準備金は承継されない」と一般的に立言することはできない。そしてこの事情は資本と合併との関係についてそのまま当て嵌まる。蓋し、合併貸借対照表上等しく資本金額と準備金額とは消極に資本金と準備金とは積極に掲記せられ、合併によってはかかる貸借対照表の積極のみがおなじく承継されるからである。要するに、準備金額は承継されないが、準備金は承継されるのである。従って、準備金は、その底礎すべき準備金額を欠如し依ってもはや準備金ではなく、単に存続会社または新設会社の自由なる財産としてそこに在るころになる。さればこそ、「解散会社の有したる準備金は合併の際に之を振替へて、之を資本の増額に充つることを妨げない[30]」ことにもなるのである。

然らばこれを解散会社の株主に分配することは如何。通説は、既述のごとく、無造作にこれを肯定する。しかしそれでは、事情の全く等しい資本についてもまたこれを同じく無条件に肯定せねばならない。かくては、存続会社または新設会社の資産は、ここに、何等の制約もなく殊に会社債権者とも無交渉に、解散会社株主へと流出して行くことになる。株式会社財産は会社債権者への唯一の担保であることに鑑み、これは許されざることである。通説の論理のギャップはここにある。然らば、相応の経済的需要を担ひ且つ通説の認めんとする上述せるがごとき準備金の分配

---

30) 松本・前掲四三〇頁。

はいかに根拠づけらるるべきか。惟ふに、これもまた、実際も称するがごとく[31]、交付金の一種なのである。もはや準備金たる性質を失へる単なる会社資産ではあるがなほ無制約にではなしに、交付金といふ法的形態をとって会社債権者と交渉を持ちつつ株主へ流出するのである。よって合併契約書の必要的記載事項となる。

(四)不良資産の処理による交付金

株式会社の合併の最も本質的な効果は会社財産の包括承継にある。不良資産と雖もその埒外に立つことは許されない。ところが金融企業等においては、大抵不良資産を持っており合併によってこれをも承継することは、殊に新設合併の場合合併の動機がその整理にあることからいっても、耐へられることではない。さればといって、この不良資産のみ解散会社に留保することはできない[32]。それは、この留保自体が既に包括承継

---

31)　中央毛糸・錦華毛糸間の合併契約書第八条によれば、これを「解散ニ際スル交付金」ト呼ぶ。すなはち、「前条利益配当ニ代ヘタル交付金ノ外ニ新設会社ハ合併期日ニ於ケル中央及錦華ノ最終株主ニ対シ　中央及錦華ノ各積立金ノ内ヨリ左ノ通り解散ニ際スル交付金ヲ支払フモノトス

　　　中央　　金参拾五万円也(旧株壱株ニ付金弐円五拾餞、新株壱株ニ付金壱円八拾七
　　　　　　　銭五厘ノ割

　　　錦華　　金五万円也(壱株ニ付金弐拾五銭ノ割)」

32)　合併による財産移転が包括承継(Gesamtnachfolge) であることは疑なく(Vgl. Kohler, "Die Fusion der AG., "Arch. f. burger. Recht 40, S. 310; Staub-Pinner, Anm. 13 zu §360, etc) 従ってその一部の留保は許さないと解すべきである(松本・前掲八三頁、田中・前掲一四〇頁等通説)。若し、移転せられざるものがあるとすれば、それは契約によりまたはその性質上移転を許さざるもの(民四六六条参照)に限るべきである(Goldschmidt, a. a. O. S. 75; 大隅・前掲書六一四頁参照)。しかも、かくして移転せられざるものもまた、解散会社に留まるのではなくして、合併と共に消滅すべきである。蓋し、これの帰属すべき主体を欠くから。

　　　しかし、継続的契約関係に基く債務およびいはゆる伸縮性ある義務(die sog. elastische

といふ合併の本質に原理的に矛盾するのみならず、その留保されたる不良資産の帰属すべき主体を法技術的に欠如しているためである。蓋し、合併による解散会社は、他の解散の場合のごとく清算の目的の範囲内において存続する(商一一六条・四三〇条一項)のではなくして、合併と共に消滅し(商一〇三条・四一六条項)もはや法人格として存在しなくなるからである。

銀行合同の方法として、屢々「銀行買収」(商法上営業の譲渡)や、合併を前にして不良資産を持つ銀行がその株主をもって別個の整理会社を設立してこれにその不良資産を譲渡し合併による譲渡財産からこれを取除きその内容を清浄にしてから合併する方法が採られるのは、かかる不良資産の処理のためである。しかし後者は判例によって「法律事務取扱ノ取締ニ関スル法律」第二条に牴触するものとして否定されてゐる[33]。次

Verbindlichkeiten)と合併による包括承継との関係については難問が多い(R.Goldschmidt, a. a. O. S. 75 ff. および大隅・「会社合併と不確定的内容の継続的義務」・民商八巻三号三七一頁以下参照)。

33) 大判・昭一六・一・二五、民集二〇巻一号一〇頁は、「案ズルニ、昭和八年法律第五四号法律事務取扱ニ関スル法律第二条ニハ何人ヲ問ハズ他人ノ権利ヲ譲受ケ訴訟其ノ他ノ手段ニ依リ其ノ権利ノ実行ヲ為スコトヲ業トナスコトヲ得ズトアリテ、其ノ他ノ人ガ不特定一般人タルト特定人タルトヲ問ハズ、又其ノ権利譲受ガ個別的タルト包括的タルトヲ論ゼザルガ故ニ、右法条ニハ特定銀行ヨリ其ノ整理ヲ為ス目的ノ為ニ回収困難ト思料セラルル債務者ヲ異ニスル数多ノ債権ヲ包括的ニ譲受ケ、訴訟其ノ他ノ手段ニ依リテ其各債権ノ実行ヲ業トシテ為ス場合ヲモ包含スト解スルヲ相当トス。本件ニ於テ原審ノ確定スルトコロハ、要スルニ株式会社神戸岡崎銀行外六銀行ハ原判示合併前予メ回収困難ト思料セラレル債権ニ付テハ其ノ取立ノ為メ各自会社ヲ新設シテ之ニ譲渡シ置キ、新設会社ヲシテ専ラ右債権ノ取立其ノ他各銀行ノ整理事務ニ当ラシメント協議シ、右神戸岡崎銀行ノ関係ニ於テハ同銀行ニテ当時回収困難ト見ラレタル債権ノ取立其ノ他銀行ノ整理事務ヲ目的トシテ被上告会社ヲ設立シ、被上告会社ハ岡崎銀行ヨリ上告人ニ対スル本件債務ヲ含ム債権ヲ取立ノ為メニ譲受ケ、其ノ取立及ビ同銀行ノ整理事務ノミ其目的ト為シタルモノナリト謂フニ在リテ、此ノ如キハ前記法条ノ適用ヲ受クベキモノニ非ザル旨判示シタルモノトス。然レドモ右認定事実ニ依レバ、

に、合併に際して不良資産はこれを資産勘定から消却しておく方法も考へられる。しかし、資産勘定より消却することはそれが合併比率計算の基礎となることより除外されたることを意味し、結局この方法は解散会社の株主の損失によって行はれねばならない欠点を持つ。然らば、かかる合併の本質的効果としての包括的承継といふ法的要請と不良資産の回収益はやはり解散会社の株主にこれを帰属せしめようとする経済的要請とを調和せしめる工夫はないものか。

交付金はこれに応へる技術にもなり得る[34]。すなはち、解散会社の資産

被上告会社ハ神戸岡崎銀行ヨリ多数ノ債権ヲ包括的ニ譲受ケ、同銀行ノ為メニ其ノ債権ノ取立其他ノ方法ニ依ル整理ヲ為スコトヲ目的トシ、本件訴訟ハ其ノ目的ノ為メニ提起セラレタルモノナルコトヲ察知スルニ難カラズ。従ッテ若シ被上告会社ニシテ右譲受ケ債権ノ実行ヲ訴訟其ノ他ノ手段ニ依リ業トシテ為スニ於テハ前記法条ノ適用ヲ受ケ、本件訴訟ハ許サルベキモノニ非ズ」としてゐる。上記昭和八年法律についての大審院判例は何れも極めて厳格にこれを解し（昭一二・七・二三、集一六巻一二五七頁、判民昭一二年度七事件(穂積賛成)、昭一三・八・一六、集一七巻一六七〇頁、判民昭一三年度一〇六事件(野田反対)、昭一五・七・六、集一九巻二五七頁判民昭一五年度六四事件(吾妻反対)、目的論的相対的解釈を認めてゐない。しかしながら、およそ、この昭和八年法律の立法趣旨がいはゆる三百代言的業務の取締にあるのであるから、本事案の場合のごとく、会社の整理目的といふ特定の目的がありまた譲渡人と譲受人との経済的同体性をなすことより三百代言的目的がないことが明かである場合は、本法第二条に「業」に属しないといふ風に目的論的に解釈すべきである。判例に反対したい（判民昭一六年度二事件野田参照）。

34)　最近の合併においては、三和銀行、三和信託、東海銀行の各合併(何れも新設合併)に際してこの類型の交付金があった。その中で、三和信託の合併契約書を示さう。
第十条甲、乙、丙ノ固有勘定ニ属スル資産ヨリ夫々外部ニ対スル諸負債額、特寄リ払込資本金額、第八条ニ依ル特寄リ積立金額、第六条及第七条ニ依ル交付金額、合併ニ付要スル清算所得ニ対スル法人税額、登録税其他引継資産ヲ以テ支出スベキ金額ヲ控除シタル残額ハ之ヲ損失補填ノ引当財産トシ新会社ニ於テ旧会社別ニ之ガ処理ヲ為シ其ノ計算ヲ明カニシ第十二条ニ依ル損失ノ補填ニ充当シタル上尚残額アルトキハ之ヲ合併当日現在ノ甲、乙、丙ノ各株主ニ対シ其ノ所有ニ係ル株式払込金額ニ応ジテ分配スルモノトス

は良・不良を問はず存続会社または新設会社に包括的に承継するが、こ
れは合併条件算定の基礎としないで存続会社または新設会社において
これを解散会社別に処理して、先づ合併条件の基礎となった優良資産の
損失塡補に充当したる上、一定の期間経過後、その残額はこれを合併実
行日における解散会社の株主に対し夫々その株式に応じて分配するの
である。このとき、解散会社株主の受けたる金銭は交付金である。唯、一
定期間他の優良資産の損失補塡の引当財産として留保され損失補塡に
充当されないことを、停止条件とすることが特異であるのみ。そして、実
際においてこの交付金は、資本額に影響を及ぼさない準備金たり財産よ
り賄はれる。故に、実質上、「準備金の分配による交付金」の特殊型をな
すに過ぎない。従って、これは合併契約書の必要的記載事項である。

(五) 資本金の払戻による交付金

合併による解散会社財産の包括承継の結果、存続会社または新設会社
の資産は膨張する。そしてこの資産に対応すべき資本金額が定められ
る。ところが、ときにはこの金額が当該会社にとっての企業採算単位より
見て余りにも尨大に失する場合がある。こういふ事情は、近時の合併に
おいて多く見られるごとく[35]、当事会社が何れも豊富なる資産率を持つと

第十二条　新会社ガ引継キタル資産ニシテ合併ノ当時既ニ存セル損失、又ハ合併ノ
際既ニ知レタル瑕疵其ノ他ノ事由ニ因リ合併後満一ヶ年内ニ発生シタル損失若ハ隠
レタル瑕疵ニ　因リ合併後満三ヶ年内ニ発生シタル損失ハ第十条ニ依ル引当財産ヲ
以テ補填スルモノトス

但し、三和銀行の場合に於ては不良資産の管理の仕方を異にする。不良資産を一旦
新会社において承継して更にこれを第三会社に疎の管理のために信託譲渡したり或
ひは既に合併前第三会社に信託譲渡し受益権として新会社において引継いたりし
て、何れにせよ、解散会社の株主に交付するときは実は現金ではなしに、かかる信
託財産の受益権を分割譲渡する方法を採る(同会社合併契約書第八条第十条参照)。

きに起る。故に、かかる場合は、企業採算単位に適応するやう、合併に
際して会社財産を減少せしめもって資本金額を低め得るやうにせねばな
らない。かかるテクニックとして実際においては次のごとき方法が採られ
ている[36]。すなはち、合併契約において、株式併合の方法により資本金
額を企業採算単位を超ゆる額に該当するだけ減少せしめ、依って資本金
たることより除外せられる自由なる財産を解散会社の株主に分配すること
を定めるのである。故に、実質的には、株主への払込資本金の一部払戻
に外ならないわけである。

　合併手続におけるかかる会社財産の流出過程はいかに法的に理解せ
らるべきであらうか。先づ、存続会社または新設会社は解散会社の資本
金額をそのまま承継・維持しなくともよいのか。次には、かかる株式合併

---

35)　それは近時の合併が、唯単に資本運動の必然的論理としての自由競争による企業集
　　中過程の一齣として行はれる平時経済的性格のみならず、この昂まりゆく企業集中
　　傾向をいやが上にも促進させる戦時経済的性格を併せ帯有してゐるためである。(高
　　宮晋・「戦時統制経済と企業集中」経済学論集一一巻九号参照)すなはち、近時の合
　　併は単なる弱肉強食の結果であるのではなく、企業合理体制確立のための行政的慫
　　慂によって健全なる企業間に行はれたためである。

36)　実際の例としては、三和信託(共同信託・関西信託・鴻池信託の解散による)の新設合
　　併の際にある。すなはち、三社の合併条件は何れも対等に新設会社との比が五対三
　　であるにも拘はらず(合併契約書第五条)しかもなほ次のごとき交付金がある。
　　第六条　合併実行当日現在ノ甲、乙、丙ノ各株主ハ前条ニ依リ新会社ノ株式ノ交付ヲ
　　受クルノ外左ノ割合ヲ以テ交付金ノ分配ヲクルモノトス
　　一、甲ノ額面五拾円内金拾弐円五十銭払込株式ニ対シ金弐拾五円
　　二、乙ノ　額面金五拾円全額払込済株式五株ニ対シ金壱百円
　　三、丙ノ　額面金五拾円全額払込済株式五株ニ対シ金壱百円
　　　　　丙ノ　額面金五拾円内金拾弐円五拾銭払込株式五株ニ対シ金弐拾五円
　　すなはち、交付金もまた払込資本金といふ四割といふ三社対等の割合である、かか
　　る例は、いはゆる株式交換比率による端額調査のための交付金でないこと、最も明
　　かである。事実また会社自身、「企業採算単位ヲ考慮ノ結果、旧三社ノ払込資本金総
　　額六割ヲ経営スルヲ相当ト認メタルタメ旧会社払込資本金四割ヲ減資交付シタルモノ
　　ナリ。従ッテ右交付金ハ払込資本金ヨリノ払戻金ナリ」といってゐる。

による資本減少は合併に加へて別に減資が行はれたのか、或ひは合併の効力として合併の中に包摂されるのか。更に次には、この前提の下に行はれた株式合併による資本金額減少によって生まれた現実財産を解散会社株主へ分配することはいかなる法的根拠によって許さるるのか。

　惟ふに、存続会社または新設会社は解散会社の資本金額を承継しないから、その資本金額は合併当事会社の資本金額の和と一致することを要しない[37]、と解すべきである。蓋し、既に「準備金の分配による交付金」の項にて詳論せるごとく、合併によって採来する包括承継においては、解散会社の現実財産のみ問題となり資本金額のごとき抽象的・観念的数額は抑々その対象とならず、従って、これの承継・不承継は問題とすべ

---

37)　通説。例へば、松本・前掲四二九頁、田中・前掲七七五頁、竹田・前掲論文民商一二巻五号七八四頁、大隅・前掲書六二四頁、田中(誠)・会社法掲要七四頁等、殊に詳細であるのは、寺尾・前掲論文九七頁以下であるが、その根拠づけは各人各様である。松本博士は、合併による株式合併の特別規定をその根拠とされるが、資本額に関係のない株式合併(当時会社の株式金額の異るとき)も考へられるから、これのみによって結論せられない。竹田・大隅両氏は、合併を現物出資による資本増加または設立とみられることから、「その増加額は現物出資たる消滅会社の財産の評価如何によって定められる問題であって、消滅会社の資本額により何等制約を受くべき筋のものではなく」、かかる見地に於てのみ真にその基礎付を為すことを得る」とせられるのであるが、必ずしもさうでもない。否、この根拠づけすらが、本文所説のごとく資本金額の観念的性格を基礎にしなくては、何故に資本金額が現物出資の対象とならないかを説明できないのであらう。そして、また、これを基礎にする限り、合併における財産の移転を現物出資と解しなくとも、資本金額が現実財産に制約される所以は資本充実の原則によってかへってより根源的に説明され得ないこともない。田中博士は「何となれば合併は会社財産の包括承継を生ずるが資本には何等関係なく生ずることを得るからである」と。卑見と同旨と解すべきか。田中(誠)博士は別に理由をあげられてゐない。反対説、片山・前掲一〇七頁。これ、資本金額の性格を無視されてゐるのだとおもふ。

惟ふに、準備金額の承継・維持については、その観念的性格を云謂する諸説が、等しい性格を持つ資本金額の承継・維持を問題とするときは、これを顧みないのは理解に苦しむ所である。

きでもないからである。すなはち、存続会社または新設会社の新しい資本金額は、解散会社の資本金額からは全く自由にそして専ら爾後保持すべき現実財産を基準とすべく(資本充実の原則)、従って当事会社の資本金額の和より小にも大にもなし得る[38]。否、全く資本金額の増加を欠く場合さへあり得るであらう[39]。かくのごとく合併と資本増加との関係は必然的ではない[40]。従って又、かくのごとき資本金額の増減は、合併の本来的効力としての包括承継の性質に本づくものであって、すなはち合併の効果として合併に包摂されるのであってこの場合合併の外に合併に併合して増資または減資が行はれたと見るべきではない[41]。これは商法が「合併ニ因ル株式併合」(商四一六条三項三七七～三七九条)を認めてゐることよりも推断できるであらう。

　かくのごとくにして存続会社または新設会社の資本額は解散会社の資本額よりも小にすることは法的に許される。しかもそれは合併の効力としてであってそれとは別なる減資があったのではない。故に、減少せる資本金額を資本金として底礎してゐた財産の解散会社株主への分配は、減

---

38) 存続会社の場合、存続会社の有する解散会社の株式に対しては合併による新株の割当をなさない。故に、かかる場合はその額だけ資本増加をなさなくともよい。ドイツ株式法第二三八条一項には明文がある。Schlegelberger-Quassowski, Anm. 9-11 zu §238 によれば、かかる場合は寧ろ資本増加を為し得ないと解すべきである。何となれば、自己株式引受禁止の原則に反するからとする。

39) 例へば、一人会社である子会社を親会社が合併した場合、かかる場合は、いはゆる「資本増加を伴はざる合併」(Verschmenzung ohne Kapitaler-höhung)である(Schlegelberger-Quassowski, Anm. 3 zu §238)。さうして、かかるときには「存続合併は現物出資による資本増加である」といふことは否定される。

40) 「合併において資本増加は必然的なりや」は合併に関する重要題目の一つであることは周知の通りである。ドイツ株式法第二三八条によって立法的に否定された。HGB時代の通説ででもあった。例へば、Staub-Pinner, Anm. 14 zu §305. 詳細は R. Goldschmidt' a. a. O. S. 61 ff. 参照。

41) 同旨、寺尾・前掲九八頁。

資による資本金の払戻ではあり得ない。私はこれを、実際においても称するがごとく[42]、交付金の一つの型として位置づけようとおもふ。従って合併契約書の必要的記載事項となる。

(六) 総　括

　以上が交付金の持つ経済的機能に本づくその態様である。しかしながら、これらの諸類型は各々それ独自の法律的意味を持つのではない。すなはち、各々が独立の法律的類型をなすのではない。法律的には、合併において解散会社の株主に存続会社または新設会社の株式の外に金銭が支払はるる、例外的事象たる点において一般である。その経済的動機の多様はともあれ、何れも等しく「交付金」といふ法的形象を採るところの合併に際する会社財産の株主への流出に外ならない。その財産が、利益・準備金額・資本金額の何れに対応するものであるにもせよ、事情は変らなかった。そしてそれは、合併貸借対照表上、利益・準備金額・資本金額共に各々独立の消極項目をなすのではあるが、積極においては等しくその形を崩して会社財産の中に融け合ひ具体的・現実的意味は何れも同一であり、そして、合併はまさにかかる会社財産の包括承継に外ならないことに本づいてゐた。かくて、上述せる諸類型の現金が、法的形象としての「交付金」といふ概念に包摂さるる意味は全く等しいといはねばならない。

　ところが、大隅教授によれば、「当事会社の財産の関係が簡単な比率による株式の割当を許さない場合に於て、其の端額を調整する為めに金銭の支払をなす必要を生ずる。合併に当り解散会社の株主に金銭を支払ふことは、かかる場合且つ其の限度においてのみ許されると解すべき

42) 註三一参照。

である[43]」とされる。この見解に従ふならば、上述諸型の交付金中ひとり「端額調整のための交付金」のみが許さるることとなる。従って、爾余の交付金の存する合併契約は許されざるものとなり、少くとも合併としては無効であって、合併外の何ものか(例へば会社の営業譲渡)であるとされねばならないであらう。しかしながら、大隅教授は、何故に上述諸々の経済的縁由の中でひとり「端額調整」の需要のみが選ばれて許容せられ他は悉く違法とせらるるか、は明らかにされてゐない(法定準備金の分配は他の理由から根拠つけてゐられることは既述の通り)。教授はその理由つけとして、唯、「端額を調整する為めに金銭の支払を為す必要」にのみ言及されるが、しかし、既述のごとく経済的需要[44]は上述諸型の交付金の何れの縁由においても等しく存在し、また、たとひその間に程度の強弱があるにせよ、それが違法なものを合法とする質的変化を齎す程それ程強烈な差異があるとは認められない。事実においては却て逆に、「利益配当に代るべき交付金」の経済的需要は端額調整の需要を凌ぐものがあらうことは、前者が殆んど凡ての合併に存在することにより充分に証明されるであらう。更にはまた凡ての合併において果して端額調整の需要の度合がその他の縁由より必ず強いと一般的に断定できないであらう[45]。

　要するに、経済的縁由の差異によって交付金の違法を決定することは許されない。法律的には、何れの型の交付金も許されるか或ひは何れも許されないかである。上述せる何れの経済的動機もそれは単なる原因と

---

43) 大隅・前掲書六一八頁。傍点筆者。なほ、大隅「商法改正要綱に於ける会社合併の問題」法叢二六巻五号七四〇頁註も同旨である。

44) 経済的需要と法との関係についての詳細は、西原・経済的需要と商事判例(昭和十三年)に譲る。

45) 例へば、三和信託の合併のときには、「端額調整」の需要はないが、しかも他の三つの型の交付金が存在する。これはこの場合には他の需要こそ強いことを意味する。なほ、かかる経済的需要の特殊および一般性の詳細は、西原・前掲二六頁以下参照。

して法の前に平等であるからである。

　次に、これら諸類型の交付金は、一つの合併において一つの型の交付金の存在は他のそれの存在を許さない程、排他的であるべき理由はない。各々の経済動機の存在する限り、それに対応する型の交付金が併存し得る。現に、三和信託の合併のときには、「利益配当に代るべき交付金」・「不良資産の整理による交付金」・「資本金の払戻による交付金」が併存した。否、上述せる凡ての交付金の併存する合併も考へられる。故に、交付金の限界の問題は、交付金諸類型の各々についてのそれではなくして、一つの合併における全交付金総和の限界に関する問題である。然らば、かかる意味の交付金の限界は、何に拠って、いづこに、求むべきか。

　三五二条を準用すべしとされる。

　実際の大部分はこの結論の通りである。合併登記を標準とするものもあることはある(帝国製麻・太陽レーヨン——これは両会社の合併にその例あるといふことを示す。以下同じ)。てゐる。しかしながら、前者の方は単に本文に述ぶるがごとく理論上正当でないのみならず、合併当事会社の決算期または配当率が相違するときただ単に「存続会社の株主と同様合併前に遡て利益配当」をなすことは実際の株主の利害からいって不当である。松本博士自身も、配当率の異なるときのみは「別個の交付金とする方法による外はない。」とされる。否、これら何れの場合も交付金によるべきである。実際の例として、松本博士を追ふものがかなりあった(日毛・昭和毛織、大日本製糖、昭和製糖、小野田セメント・大分セメント等)。

　ハ前記法条ノ適用ヲ受ケ、本件訴訟ハ許サルベキモノニ非ズ」としてゐる。上記昭和八年法律についての大審院判例は何れも極めて厳格に

これを解し(昭一二・七・二三、集一六巻一二五七頁、判民昭一二年度七事件(穂積賛成)、昭一三・八・一六、集一七巻一六七〇頁、判民昭一三年度一〇六事件(野田反対)、昭一五・七・六、集一九巻二五七頁判民昭一五年度六四事件(吾妻反対)、目的論的相対的解釈を認めてゐない。しかしながら、およそ、この昭和八年法律の立法趣旨がいはゆる三百代言的業務の取締にあるのであるから、本事案の場合のごとく、会社の整理目的といふ特定の目的がありまた譲渡人との経済的体性をなすことより三百代言的目的がないことが明かである場合は、本法第二条に「業」に属しないといふ風に目的論的に解釈すべきである。判例に反対したい(判民昭一六年度二件野田参照)。

三、交付金の限界

　交付金をめぐるHGB時代の論争は四つの立場において対立してゐた。交付金を否認する立場、端額調整のための交付金のみを認める立場、従給付たる交付金を認める立場および交付金を制限しない立場。ところで、これらの諸立場は、交付金の限界の問題にとどまらず、更にその奥に交付金給与そのものの合法・違法の問題に関して争ふのである。既に述べたるふごとくこの二つの問題を立法によって解決せるドイツ株式法にとって、この論争の跡は、まさに　J．v．Gierkeのいふごとく[46]、合併に関する他の多くの文献と共に既に陳腐となってしまった。しかし、交付金の限界について規定を欠くわが商法にとってはさうでない。何となれば、交付金の限界の問題は、解散会社株主は存続会社または新設

---

46) Vgl. J. v. Gierke, Handelsrecht und Schiffahatsrect, 5 Aufl. Ⅱ. Teil, S. 326

会社より株式の給与のみを受くべしといふ原理の破壊の限界の問題とし
て交付金の合法・違法の問題と深く絡み、従って、これを解明するために
は、結局交付金に係はる凡ての聯関をその根底に帰って明らかにせね
ばならず、さうして、交付金の論争はまさにここに問題を展開してゐたか
らである。故に、先づ、HGB時代のこれら四つの立場を各々その代表
者に従って述べよう。次に、これらはドイツ株式法の立法にいかに反映し
て行ったか。すなはち、ドイツ株式法の交付金に関する規定の理論的意
義を闡明しよう。終りに、これを批判しつつわが商法の立場より
交付金の限界を考へよう。

(一)HGBの立場

HGBは、わが旧商法と等しく[47]、交付金の合法・違法・限界の問題に
ついて何らの規定も持たない。凡ては理論に任せられてゐる。
　(1)交付金を否認する説
　HGB時代殆んどドイツの通説をなしてゐた[48]。しかし何れも形式的根
拠づけに終始してゐるが[49]、その中にあってBrodmann[50]は最も徹底せ

---

47) 但し、松本・前掲四三一頁は、旧商法「第二百二十五条第三項が解散会社の株式を目
　　的とする質権の合併に因りて株式び金銭の上に存在すべき旨を定めたるは、右の場
　　合(交付金の給与)をも予想せるものと解し得るのである」とせられ、交付金の合法性の
　　根拠を旧商法の下においても商法の規定の中に求められてゐた。
48) Ritter, Kommentar. 1910, Anm. 2 zu § 305; Makower, Kommentar. 1906-7, Anm.
　　1 f, 1 zu § 305; Lehmann, Das Recht der A Gen. Bd. Ⅱ 1904, S. 534; F.
　　Goldscmitd, Die AG. 1927, Anm. 9zu § 305; Horrwitz, Das Racht der GV. der
　　AGen. U. KGen. a. A. 1913, S. 453; Heymann, "Akienrechtliche Fusion," ZHR. 92,
　　S. 217; Saub-Pinner, Anm. 3 zu § 305 etc.
49) これら通説の根拠は、HGB第三〇五条の文言「其存続会社ノ株式ノ給付ト引換ヘ二」
　　("gegen Gewährung von Aktien der übernehmenden Gesellschaft") に執着している
　　のが多い。さうして、この「引換ヘ二」("gegen")を「引換ヘ二ノミ」("nur gegen")に解釈

る理論を展開する。

(a)

　先づ、合併の本質より説く。合併による財産の譲渡は、反対給付に対する給付(Leistung gegen Gegenleistung)・双務的法律行為ではなくして、参加のための給付(Leistung auf Beteiligung)である。株主はその解散会社財産の上の持分を新しい「株式の給与」に対して譲渡したのである。すなはち、出資(einbringen)したのである。或者が十万マルクに値する土地を現物で出資するとき、その対償として五万マルクは株式で他は金銭で支払はれたとすれば、これは全土地を出資したことにはならずに、その観念的二分の一の現物出資となるに過ぎない。これと等しく合併の際交付金があれば、解散会社の全財産が出資・「参加のための給付」とはならないで、交付金のあっただけ双務的法律行為があることとなる。純粋なる「参加のための給付」ではない。すなはち、合併ではなくなる。

(b)

　次に、交付金は商法第二一三条(出資払戻禁止の原則)に反する。独立の人格に帰属する会社財産は、その株主との関係において全く遮断せられ、会社の存続する限り株主は唯毎年の貸借対照表上の純益についての分配請求権を有するに過ぎない。その外何物も支払はれてはならない(HGB二一五条参照)。これは株式会社法最内奥の核心ですらある。ところで、合併の際交付金を給与するのは、配当利益の給与ではなく資本

　する。しかし、まさにかく解すべきか否かが今問題であるわけで、これらの詳説いはゆる petitio principii (不当前提)の誤を犯してゐる。

50) これら通説の根拠は、HGB第三〇五条の文言「其存続会社ノ株式ノ給付ト引換ヘニ」("gegen Gewährung von Aktien der übernehmenden Gesellschaft") に執着しているのが多い。さうして、この「引換ヘニ」("gegen")を「引換ヘニノミ」("nur gegen")に解釈する。しかし、まさにかく解すべきか否かが今問題であるわけで、これらの詳説いはゆる petitio principii (不当前提)の誤を犯してゐる。

の払戻である。これが許さるべきではない。(i)

　交付金の支払が自己会社からでなく第三会社からといふことによって
も事情は変らない。なぜなら、例へば会社が土地を売ってその価格を第
三者のためにする契約の形式にして買主から直接株主にその株式数に
比例して支払はしたことと変らないからである。さうしてこれは明らかに第
二一三条二一五条の脱法行為である。否、違反行為である。(ii)
また、会社が存続するのではなく合併と同時に会社は解散され、
交付金が給与さるるときはもはや会社は完全に消滅してゐるから構はな
い、とすることも当らない。なぜなら、株主には遮断期間(HGB三〇六条
二項三項参照)の経過までにはおよそ何物も支払はれてはならないから
である。否、この期間こそ債権者が満足するまで何物も支払はれてはな
らない。債権者保護が不充分であるにも拘はらなず立法者がそれで満足
したのは、合併は全く当事会社の内部関係において行はれ外部関係とし
ては財産の包括承継の外何物もない、と見たからである。「合併といふ株
式会社の解散形式の凡ての特殊性は、当事会社の財産が実体の損失(Su
bstanzverlust)なしに合一されるとうふ点で正当化されるのである[51]」。故
に。この期間前の支払である交付金は禁ぜられねばならない。かくして
彼は交付金の給与を許されざるものとするのである。ところが、彼は語を
ついて、「惟ふに、交付金は解散会社の株主をして喜んでその意に従は
しめることを狙っている[52]」といひつつ、遂に経済的需要と妥協してしま
って、二つの条件の下に交付金を許容するのである。(i)
耐へ得べき(erträglich) 交換比率を可能ならしめるやうな
調整(Ausgleich)のためのものであること、(ii)交付金の総額が当事会社
の財産の総額から見て些少であって会社債権者の損害になるやうなこと

---

51) Ders., Aktienrecht(Komm.) 1928, 7(a) zu § 306
52) Ders, Zuzahlungen. S. 130.

が全く排除されてゐること、故に、交付金と株式の名目価格よりも実質的価格との比を更に当事会社の財産の総額との比を考へること。すなはちBrodmannは、交付金を理論的には全く違法としつつも経済的根拠より、これを制限されたる範囲においてではあるが許容する。

(2)端額調整のための交付金のみを認める説

交付金を、法的に、全く許されないとはしないで、当事会社の財産関係が簡単な比率による株式の給与を許さない場合においてその端額を調整するためにする交付金は認めらるべきだ、とする。

R.Fischerはいふ[53]。合併は社団法的行為(ein Geschäft des Korporations-rechts)である。従って、存続会社の反対給付は原則としてその株式の形態による参加権(das Recht der Beteiligung in Gestalt ihrer Aktien)でなければならない。しかしながら、いかなる事情の下においても株式外の給付は許されないとすることは当らない。すなはち、当事会社の比率評価によっては株式の給与が不能であるとき、換言すれば、いはゆる端額調整のためには(zur Begleichung der sog. Spitzen)交付金は許容される。さうして、これを認めるべき根拠は慣習法に求めらるべく、交付金はこれによって批判さるべきだ、とする。

Hueckは、更にかかる意味の交付金は成法上認められる、とする[54]。いはく、合併が清算手続を欠如するために害される虞のあるものは、存続会社の債権者の利益のみである。ところが、その保護はいはゆる会社債権者保護規定のみでは、存続会社が信頼するに足り堅実であるのでない限り、未だ不充分である。故に、存続会社が誰であるかに多大の関

---

53) Ficher a. a. O. SS. 416, 417.

54) Hueck, "Sind bei einer Fusion Barzahlungen an die Aktionäre der aufzunehmenden Gesellschaft zulässig?" ZBH. 1930. S.278 ff. Hueck は自ら自己の意見を後述するHachenburgのそれに最も合致するといふ(A. a. O. S. 283)。 しかし、その根拠においてもまたその結論においても、趣を大いに異にする。

心を持つ。よって、株主が合併相手方の選択の際慎重であることが会社
債権者利益に関はる。そして、株主はなるべく強く(なるべく多くの株式に
て)存続会社に参加するやうになればなるほど、益々慎重になる筈であ
る。そのためには、交付金を給与することによって平明な交換率にせね
ばならない。故に、平明な交換率を可能にするための交付金は、解散会
社の債権者を強く保護せんとする法趣旨に一致し許さるものである。しか
しながら、交付金がこの範囲を越えて却て存続会社の選択に際し株主の
利益に影響を及ぼすやうなことは許されない。交付金はそれ自身独立の
意義を持つのではない。かくして、株式の交換比率が複雑化しないでし
かも交付金は最も少いやうに交換比率を選ぶべきであるとすれば、交付
金の合法なる場合の充分に厳密な限界が設けられる[55]。次にBrodmann
が交付金HGB第二一三条・出資払戻禁止の原則に反するといふのは正
しくない。成程、この規定が、出資の払戻を排斥して株主には会社が存
続する限り唯利益配当請求権のみを与へ、もって会社債権者の利益をそ
の第一線において保護しておることは確かである。しかし、解散会社の
債権者は解散会社の財産からのみ弁済をうける権利を有せし者である。
だから、この財産は株主へは純益の外には豪も流出されてはならない。
ところが交付金は存続会社の財産から支出され、他方解散会社の財産は
少しも減少せずに引渡され分離管理されてゐる。故に解散会社の財産に
は少しも触れずに、存続会社の財産からなす交付金の支払は何等第二
一三条に反するものではない、と。

---

55) 例へば、存続会社の株式相場は一三八%解散会社のそれは一〇三%だとすれば、解
　　散会社の株主は四株(千マルク株で価格四千弐拾マルク)の代りに、存続会社の株式
　　三株(価格四千拾マルク)と拾マルクの交付金を貰ふ。これに反すれば違法である。

(3)従給付たる交付金を認める説

　交付金が存続会社のなす総給付から見て、従給付(Nebenleistung)[56]たる性格を持つ限り許さるべきである、とするものである。

　通説への最初の手ごわい批判としてHachrnburg[57]の主張せるものである。いはく、凡ての法律行為において決定的であるのは、主たる給付(hauptleistung)である。主たる給付がその行為に極印をおす。主たる給付が「株式の給与」である限り、幾何の交付金があっても構はない。(ⅰ)故に、株式をほんの僅少な部分について給与し大部分を金銭で支払ふときは、法律のいってゐるがごとき意味においての「株式の給与」がない。従って合併ではない。営業の譲渡である。(ⅱ)　　また、同一株主が二つの会社を設立してすぐ合併し過当評価をして株式の給与の外に対価以上の金銭を交付すれば、出資払戻禁止の原則を潜脱することになるといふが(Makover)これは当らない。なぜなら、護受財産があるから単なる払戻ではないからである。過当評価なら株式のみを給与する場合にも等しく起り得ることである。次に、合併によって解散会社の株主および債権者の利益は豪も害されない。なぜなら、株主は特別決議によって(HGB三〇三条)、会社債権者は、譲渡会社財産がHGB第三〇六条によって分離管理され遮断期間の経過するまで債権者に対する関係においては依然解散会社の財産と看做されしかも存続会社の取締役および監査役はこの管理行為の執行につき連帯責任を負ふことによって、各々その利益を担保され、その保護は清算の場合と変らない。そして合併は清算のない解散形式である。「故に、会社債権者の利益にとって、解散会社の株式の

---

56)　この言葉はHachenburg 自身用ひたわけではない。後になって他の学者(例へば J. Junck, R. Goldschmidt)がかく規定した。

57)　Hachenburg, "Sind beider Fusion zweier AGen, neben der Gewährung von Aktien auch andere Leistungen zulässig?" LZ. 1911, S, 646 ff.

みを或ひはそれと共に金銭を取得するかどうかといふことは重要なこと
ではない。なぜなら、彼等の債務者の財産は
彼等のために常に毀はれずに(intakt)あるから」。
最後に、合併を二つ株式会社が一つの新しい法人に合一される行為で
あると解して、一つの会社より他の会社の株主への金銭の支払を、概念
的に、考へられないこととするのは戒められるべきである。かかる半神秘
感(halb mystisches Gefühl)が通説の基礎に構はっているやうである。
しかしながら、合併は一つの会社の財産が他の会社に譲渡されることに
よって行はれる。株主を収容するのは唯企業の獲得の対価として株式が
給与さるるために過ぎない。従って、その株式と共に金銭の給与さるるの
はこの合併の本質に何ら矛盾するものではない。日常の合併において
殆んど常に交付金で調整している金額がある。この故にその合併たるを
疑ふものはない。この取引上の観念(Verkehrsauffassung)がここにおいて
も決定的であるべきである。唯この場合「株式の給与」たる極印がおされ
てゐねばならない。それだけである。そしてこれは登記裁判所によって
監視・確定される、と。

(4)交付金を制限しない説

J. Junckの立場である。交付金は無制限に許される、唯、計画に従って
(planmässig)解散会社の凡ての株主が存続会社の株主となることを要す
るのみ、と。これが彼の最初の論文[58]の結論であった。ところが第二の
論文[59]においては、更に急進的に株主合併といふ要件を捨てて、交付

---

58) J. Junck, "Sind bei der Fusion (Verschmelzung) zweier AGen, neben der Gewährung
von Aktien auch andere Leistungen zulässig?" LZ. 1924, S. 489 ff

59) Ders., "Ueber Umwandlung von Gesellschaften." Jher. Jahrb. 77, S. 297 ff. 以下
Junck, Umwandlungと省略す。

金について全き自由を許容するのである。

　先づ、第一の論文から。およそ、合併が遂行されると解散会社は消滅する。存続会社はその包括承継人となる。恰も相続の場合のごとくに。従って、解散会社の株主はその会社における社員権を失ふ。その代わりに存続会社の株主となるのである。「株式の交換」は単なる外的事象に過ぎない。ここから推論すると、解散会社の株主が存続会社の株主となり得るだけの株主は発行されねばならない。計画に従って、解散会社の凡ての株主に少くとも一株は割当てられねばならない。

　すなはち、合併契約の中において、いかなる比率にて解散会社の株主が存続会社の株主となるかが定められねばならない。さうでさへあれば、合併といふ概念は保たれ、その範囲において交付金は制限がない。しかし、合併の実行に当り、解散会社の株主が、その所持株式数を補充できなくて、存続会社の株主になることができないことは問題にならない。

　かかる意味の交付金が株式会社法の何かの原則に悖るものであらうか。先づ、「資本維持」のためのHGB第二一三条は、この場合問題にならない。なぜなら、解散会社の株主は、　交付金を存続会社の新しい株主としてではなくして、解散会社財産を移転しその会社における社員権を拋棄する対価の一部として受領するのであるから、存続会社は交付金でもって新しい財産を獲得することになる故である。次に、存続会社の株主の利益について。不必要に多くの株式が発行されないことが望ましい。このために少くとも部分的には現金にて調整されねばならない。しかもそれによって存続会社の財産は少しも減少しない。解散会社の財産の形で補償を得るから。過当評価なら、株式のみを発行する場合にも起り得るのであり且それはHGB第二七九条によって担保される。解散会社の株主に

ついては過当評価は問題とならず、過少評価ならこれ又株式のみを給与する場合にも起り得且これは多数決の原理または自己の経営参加権で処理せねばならない。蓋し、法律は合併するか否かを株主総会に任じてゐるから。終りに、会社債権者の利益について。存続会社の債権者の保護は株主の場合と等しいが、解散会社の債権者の地位はどうか。この保護のために商法ははっきりと特別の顧慮を払つてゐる。清算の欠如を償つて余りあるやうな諸規定の連鎖で担保している、と。

　ところが、彼は、第二の論文において、これを更に進める。いはく、第一の論文においては、唯解散会社の凡ての株主となることができることで満足せねばならぬ、とした。しかし、「なほそれを超えて交付金を所得することは、苦にはならない、解散会社の株主に得でこそあれ何人をも害さない[60]」「要するに、何故に契約による清算の排除を唯株式の交換の場合にのみ許すべきかの合理的根拠がない[61]」一つの株式会社の財産がその解散の下に他の会社に譲渡せらるるときは、常に、清算を排除すべきである、と。ここでは、解散会社の株式は一株もなしに全く交付金のみの給与を受けることも、許容される[62]。

(二) ドイツ株式法の立場

　交付金の性質・限界について、ドイツ株式法以前HGB時代においては上述のごとき四つの立場が併立していた。ところが、これについてドイツ株式法第二三八条第二項によつて既に述べたるごとく周到な規定が定

---

60) Ders., Umwandlung ., S. 314.

61) Ders., Umwandlung ., S. 318.

62) Breit, "Fusion und Aktienrechtsreform," ZHR. 94, S. 404 ff., bes. S. 416 ff.も同旨である。

立され、ここに諸立場は一応立法によって批判されたのである。然らばド
イツ株式法はいかなる根拠によって何れの立場を採ったであらうか。上
述せる諸理論は、ドイツ株式法にいかに反映したのであらうか。上述の
諸立場を批判しつつわが商法への立場を考へるに先立ち、先づ、ドイツ
株式法による批判を跡づけて見なければならない。

　先づ、株式会社法改正運動の最初の具体的形式である「第三四回ドイ
ツ法曹会(ケルン)に依って株式会社法改正調査の爲めに設置されたる委
員会」(die durch den 34. Juristentag zur Prüfung einer Reform des
Aktienrechts eingesetzten Kommission)が一九二六年より一九二八年に
亘る審査の後作成したる報告[63]は、交付金の問題について、次のごとく
提案してゐる。

　「株式と引換への合併(Fusion　gegen　Aktien)において株式の外に解散
会社株式の券面額の一〇%まで現金を給与することは許さるべきである。」

　なほ、報告(S.38)はつづいてその根拠を述べる。これは、端額調整を
超ゆる交付金の拒否が合併の遂行を困難ならしめるといふ経済的需要
に本づく。しかしばがら、他方かかる現金の支払には限界がなければな
らない。従給付たる性格(Charakter von Nebenleistung)を失ってはならない。
かくて委員会は解散会社株式の券面額の一〇%にその正当なる限界づ
けを求めたのである、と。

　すなはち、ドイツ法曹会株式会社法改正委員会は、「従給付たる交付
金を認める立場」をそのまま踏襲したのである。これ惟へばさもあらんこ
とである。何となれば、この委員会の会長が既に述べたる従来給付説の
代表者たるHachenburg　その人に外ならないからである[64]。そしてここでは

---

63) Bericht, der durch den 34. Juristentag zur Prüfung einer Reform des Aktienrechts
　　eingesetzten Kommission, herausgegeben von der ständigen Deputation des
　　deutschen Juristentags. 1928.（以下、Bericht des Juristentagsと略する）S. 37.

何故に交付金は従給付たる性格を持すべきか、は何ら根拠づけられて
ゐない。一〇％といふ限界づけは恣意的でさへある[65]。すなはちこの提
案において何らかの理論の深化を期待することはできない。そして、こ
の捉案に対しては、Brodmannが逸早く反対をした[66]。これもまた、彼の
立場よりすれば、尤もなことである。

　すなはち、かかる現金は、資本の払戻として元来違法なのであるから
、端額調整のためにのみ限られるならば一外には認むべき何等の需要
がない一更にその限界を縮小すべく、且つ解散会社の株式の実価がそ
の券面額一〇％に過ぎない場合もあるであらうから、当事会社の株式の
実価(innerer Wert)の合計額の二―三％にくぎるべきである、といふ。

　次に、かかる状勢の下に、一九二九年三月及び六月の両度に亘り、ド
イツ司法大臣によって各方面へ発せられた株式社法改正問題に関する
質問[67]表(Fragebogen)に注目せねばならない。発問事項(七)「企業集中
の株式会社法に及ぼす影響」中の第八章「合併」C「株式と引換への合併
における計算遂行の便宜化」(Erleichterungen der rechnerischen
Durchfül rung der Fusion gegen Aktien)の項において、次のごとき
三つの質問がなされてゐる。(各項目の上の数字は発問第二部中の質問
事項の通し番号である。)

　(62)株式と引換への合併における計算遂行の便宜化の為、解散会社に
株式の外に金銭で支払はるべき端額を超えて現金が交付金されてしか
るべきか。

---

64) Vgl. Bericht des Juristentags, S. 1.

65) Vgl. Breit, a. a. O. S. 416.

66) Brodmann, "Uber den Bericht der Aktienrechtskommission des Juristentages", ZHR, 94. SS. 80, 81.

67) この質問表については、田中・「転換社債にて就て」商法研究第二巻五八一頁五八二頁および同所註(一)所掲文献参照。

　(63) I　　かかる現金支払の最高限をいかに定むべきか。存続会社の株式の券面額の百分比によるべきか、はたまた、交付金総額の当事会社財産の総価格に対する比によるべきか(ブロードマン・株式法第三〇六条註七a参照)。或ひは、存続会社の株式相場によるべきか。

　(64) II　最高限としてはいかなる比率が考へらるるか。

　この質問表に対する回答として、私の参照したものは、「独逸弁護士会」および「独逸会計士団」のそれである[68]。その中、前者が稍々詳細である、すなはち、(62)を肯定し、かかる交付金の最高限としては、簡単にして確定したる数額が選ばれねばならず、そのためには、合併実行のために必要なる株式の総券面額の百分比がよく、そしてかかるものとして独逸法曹会委員会の一〇％を拒むべき根拠はどこにもない、といってゐる。後者は、これよりも簡単に、(62)を肯定しそして等しく券面額の一〇％をもって適当だとするのみ。

　かくて、この基礎の上に、一九三〇年の「株式会社及び株式合資会社に関する法律の草案」いはゆる第一草案の第二一五条第二項[69]の規定および一九三一年の「株式会社及株式合資会社に関する法律の政府草

---

68) Deutscheranwaltverein, Zur Reform des Aktirnrechts. Antworten des Deutschen Anwaltvereins auf die Fragen des Reichsjustizministers, 2. Teil, 1929, S. 89 und Verband Deutscher Bücherrevisoren, Zur Reform des Aktienrechts, Stellungnahme des VDB zu dem Fragebogen des Reichsjustizministeriums 1930, S. 51.

69) Entwurf eines Gesetzes über AGen. und KGen. a. A. nebst erläuternden Bemerkungen. Veröffentlicht durch das Reichsjustizministerium 1930, S. 72 によれば、§ 215. Durchführung der Verschmelzung, (2) Bare Zuzahlungen zu Aktien der übernehmenden Gesellschaft dürfe den zehnten Teil des Nennwerts dieser Aktien nicht übersteigen.

　「存続会社ノ株式ニ添加する交付金ハコノ株式ノ券面額ノ十分ノ一ヲ超ユルコトヲ得ズ」とある。

案」いはゆる第二草案の第二一三条第二項[70]ができあがったのである。

　ところが、一九三三年、いはゆる国民革命が勃発した。そしてナチズム
は凡ての文化に拡充されていった。株式会社法理論もまたその埒外に
立つことは許されない。すなはち、株式会社への指導者原理(Führreprinzi
p)の導入と株式会社からの無名性(Anonymität)の排除といふ二つの指導
理念の下に、株式会社法改正の問題はここに論議しなほされることとなっ
た[71]。しかしながら、交付金の問題については、独逸法学士院株式法改
正委員会の第一報告および第二報告[72]報告何れにおいても、何も触れ
てゐない。そして、これらの報告書に本づいて作られ、一九三七年一〇
月一日より施行せられたる「株式会社及株式合資会社に関する法律(株式
法)」(Gesetz über Aktiengesellschaften und Kommanditgesellschaften auf
Aktien(Aktiengedetz))の第二三八条二項[73]は、交付金について他の多くの
規定と等しく一九三一年の第二草案そのまま受け継いだのである。

---

70) この草案は、一九三一年経済事情急迫のため緊急命令によって、HGB中株式会社
　　に関する規定の部分的改正が行はれ、更に同年この改正の部分以外の点について
　　第一草案に若干の修正を加へたものである。Amtlicher Entwurf eines Gesetzes über
　　AGen. u.KGen. a. A sowie Entwurf eines Einführungsgesetzes. Veröffentlicht auf
　　Anordnung des Reichsjustizministeriums 1931, S. 31によれば、§ 213. Durchführung
　　der Verschmelzung,(2) Bare Zuzahlungen durch die übernehmende Gesellschaft zu
　　den Aktien dieser Gesellschaft düfen den zehnten Teil des Gesamtnennbesrags
　　dieser Aktien nicht übersteigen. とあって、第一草案のそれと殆んど変らない。

71) 　詳細は、西原・「株式会社に於けるナチス思想」法協五四巻八号九号一〇号、大森・
　　「ナチスの株式法改正論」論叢三五巻二四号四一八頁以下に譲る。

72) Vgl. Bericht des Ausschusses für Aktienrecht der Alademie für Deutsches Recht,
　　ZAkDR. 1. Jahrg. (1934) Heft I. S. 20 ff.; Zweiter Berichtiiber die Arbeiten des
　　Akitienrechtsausschusses der Akademie für Deutsches Recht, ZAkDR. 2. Jahrg.,
　　Ifeft 5. S. 247 ff.

73) 試みに、Aktiengesetz, § 238. Durchführung der Verschmelzung, (2)を掲記すれば、
　　Leistet die überbehmende Gesellschaft bare Zuzahlungen, so dürfen diese nicht den
　　zehnten Teil des Gesamtnennbetrags des gewährten Aktien der übernehmenden
　　Gesellschaft übersteigen. とがって、第二草案との相似が容易く見とれる。

　従ってドイツ株式法の立場は、根源的には、第一草案さらには法曹会
株式会社法改正委員会の提案へと遡り、つまるところHachenburgの立場
に 淵 源 す る の で あ る[74]、と い は ね ば な ら な い 。唯 、
Hachenburgの立場に対して他の諸立場の等しく指摘してゐた
Nebenleistungの限界としての不明確性は、法曹会の提案以来明確な数
字によって限界づけられた。しかし、それも未だ技術的修正に過ぎず、
理論的にはなほ Hachenburgにその拠点を求める外ない。ここにおいて、
Hachenburgの立場は、われわれの前に制定法的権威をもって迫るのであ
る。しかし、その立法の過程は上述せるごとく何等理論の深化があった
わけではない。寧ろ、その過程においてのHachenburgが法曹会株式
会社改正委員会の会長であったといふ、理論外の事実の力を無視する
わけにはゆかない。すなはち、交付金に関する諸立場のドイツ株式法に
よる批判はその理論的権威が薄い。われわれは、一応ドイツ株式法より
離れて、白紙から考へよう。われわれは先に述べたる交付金理論をいか
に批判し、いかに学ぶべきか。

（三）商法の立場

　上述せる四つの立場は、交付金の違法・合法更にその限界をめぐって
対立するのであるが、しかし、それらの関心の場は凡て等しく、畢竟、交
付金は、合併における社団法的契機に矛盾しはしないか、また、出資払
戻禁止の原則に違背することはないか、の二つの点に集中せねばなら

---

74) 株式法起草者 schlegelberger, Quassowski も、そのKommentar, Anm.l. a. zu § 238
　において、「しかしながら、交付金は従たる給付(Nebenleistung)であるべきである。
　よって法はその最高限を確定したのである」といっているのは、この事情を物語るも
　のである。

なかった。それは、交付金が合併に際し解散会社の株主には株式のみを給与すべしといふ原理を破るものとして前者に関はり、且つ他方において、会社財産の株主への流出として後者に絡むからである、すなはち、この二つの問ひの解明に、さきに述べたある交付金の第一・第二の問題の解明が懸ってゐる。故に、この二つの問ひに関する各々の立場の解明を批判しつつ日本商法への立場を考へよう。

便宜のため先づ、(イ)出資払戻禁止の原則(HGB二一三条、株式法五二条わが商法には相当規定を欠く)と交付金との関係について。会社財産は株式会社において会社債権者への唯一の担保である。故に、株主は、会社が存続する限り唯年度貸借対照表上生じたる利益についてのみ請求権を有し、その外、会社財産はその株主へ流出するやうなことがあってはならない。これが出資払戻禁止の原則である。すなはち、この原則は全く会社の債権者保護のためのもの[75]である。

ところで、HGB第三〇六条によれば、解散会社財産は、合併と共に分離管理され会社債権者に対する関係においては依然解散会社の財産と看做されしかもその管理行為の執行につき存続会社の取締役および監査役は連帯責任を負はされて、Hachenburgのいふごとく会社債権者の前に少しも毀はれずに(intakt)保持されてある[76]。しかも交付金は存続会社より交付金されるものである。故に、ここにおいては出資の払戻は起りようがない。この意味において、Brodmann以下通説[77]が交付金は出資払戻禁止の原則に悖るといふのは営らない。また、従って交付金が解散会社の債権者を害することなきにも拘はらず、会社債権者保護が末だ不充

---

75) この販促を立言するHGB第二一三条について、Brodmann, Kommentar, Anm. 16 zu § 213; Staub, Pinner, Anm.1. zu § 213; Wieland, a. a. O. S. 25 u. s. w.はこれを認めている。

76) 前述(1)(ハ)参照。

77) 前述(1)(イ)参照。

分であることを前提として立論するHueckの立場も[78]、その推論過程の巧緻にも拘はらず、不当であるといはざるを得ない。

　ところが、日本商法においては合併における会社債権者保護手続(商一〇〇条四一六条)はこれとは違ふ。債権者に異議権が与へられるのみで、HGBのごとく解散会社財産が債権者のために分離・管理されない(ドイツ株式法も趣を同じうする)合併と共に存続会社または新設会社財産と混合せられ、且つ、交付金この混合せられたる財産よりする株主への会社財産の流出に外ならない。然らば、交付金は、わが商法においては出資払戻として違法なるものが、商法第四〇九条第三号および第四一〇条第三号によって例外的なものとして特に許容せられたものであらうか。然らず、と解する。明文はないがわが商法においても、勿論出資払戻は禁止せられる。しかしながら、それは、会社債権者保護を目的とするが故に、会社債権者と無交渉に行はれる場合のそれをいふのであって、合併におけるがごとく、会社債権者と交渉を持った出資払戻は別にこれを禁止すべき理由はどこにもない。何となれば、害される虞れを持つ債権者は、合併そのものについて異議権を行使すれば足りるからである。故に、交付金による会社財産の流出は、いはゆる出資払戻禁止の原則に牴触するものではないのである。殊に、改正商法によっては、交付金は、合併契約書の必要的記載事項とされそして特別総会の承認を経なければならないこととされた(商四〇八条一項)。故に、合併契約書は議事録に収められ(商二四四条)公示される(商二六三条)。そして会社債権者への催告はこの後において行はれる(商一〇〇条・四一六条参照)。従って、会社債権者は交付金の存在をたやすく知ることができ、交付金によって害さるべき債権者は容易に異議を申立てることができるわけである。交付金を合併契約書の必要的記載事項たらしめた立法趣旨は、株

---

78)　前述(1)(ロ)参照。

主保護の外に、更にここに求めらるべきである。すなはち、日本商法の
ごとき法制においても、交付金は不当なる出資払戻ではない。

　要するに、出資払戻禁止の原則に拠っては、交付金を違法としたり或
ひはこれを制限すべき根拠は何一つ与へられないのである。この意味
において、Hachenburgが交付金は出資払戻にならないといふことを最も
強く証明しながら、しかも交付金を従給付(Nebenleistung)に
制限すること[79]を、Brodmannが「余りに多くを証明した」(zuviel
beweisen)と詰った[80]のは正しいとせられねばならない。

　次に、(ロ)合併における社団法的契機[81]と交付金との関係について。
Brodmannのごと[82]、合併の本質を専ら社団法的(korporationsrechtlich)に
のみ観念するならば、解散会社財産の承継の補償たるべき反対給付は、
株式の形をとる参加権(Beteiligungsrecht)でなければならない。少くとも、
Fischerのいふごとく[83]、これが原則でなければならぬ。すなはち、合併
において解散会社の株主には株式のみを給付すべしとする原理は、か
かる合併の社団法的構成に本づくものである。故に、合併において社団
法的側面のみ見るならば、交付金はこの原理を破るものとして違法であ
るか　Fischerのいふごとく[84]例外とされねばならなくなる。わが国の通説
によれば[85]、会社合併とは二つ以上の会社を合同して一会社となす契約
であるとして純社団法的に観念されてゐるから、交付金については

---

79) 前述(1)(ハ)参照。

80) Brodmann, Zuzahlungen, S. 124

81)　株式会社合併の本質について、「その社団法的側面或ひはその財産法的側面の何
　　れをより強調するか」によって、合併における個々の問題がいかに違って解釈される
　　かについては, Vgl. R. Goldschmidt, a. a. O. S. 22 ff.

82) 前述(1)(イ)参照。

83) 前述(1)(ロ)参照。

84) 前述(1)(ロ)参照。

85) 例へば、田中・前掲書一三二頁参照。

Brodmann乃至Fischerの説に赴かざるを得ないであらう。しかし、会社合併ことに株式会社の合併がしかく社団法的なものであらうか。株式会社合併における社団法的契機はいかやうであらうか。

　Hachenburg[86]はHGBが合併を「財産の全部譲渡」("Veräusserung des Vermögens im ganzen")として構成しておることを根拠として、かかる会社合併の社団法的観察の仕方をば半神秘的(hallbmystisch)だとして排斥してゐる。しかし、HGBとは構成の仕方を異にするわが商法(ドイツ株式法もこれと趣をおなじうする。第二三三条参照)の下においてはいかがであらうか。既に述べたるがごとくわが国の通説は合併を全く社団法的に観察してゐるのであるが、これは、竹田博士[87]および大隅教授[88]によって強く疑はれてゐる。すなはち、通説が合併を社団法的にのみ構成するの結果解散会社財産の移転を単に合併附随的効果とするのに対し、却って逆に、会社財産の包括承継こそ合併本来の目的として法律上会社合併の本質となすべきである。何となれば、抑々合併の制度趣旨は「いふまでもなく企業の維持すなはち会社をして清算による企業の解体に基く経済上の不利益より、免れしめんとするに在る」からである、とされる。惟ふに、Hachenburgよりも実質的に合併の本質を衝かれ、わが国においては最初に合併における財産法的(vermögensrechtlich)契機に気づかれた卓論であるとせねばならない。Brodmann、Fischerおよび通説の合併本質観は、合併におけるかかる財産法的契機を全的に見失ってゐる点において、少くとも一面観たるを免れない、といひ得る。

---

86) Hachenburg, a. a. O. S. 655.

87) 竹田・前掲一頁以下。　二頁においては通説の構成をば「ロマンチック」だと評される。

88) 　大隅・前掲論文七二六頁以下特に七三〇頁以下によれば、通説に対しては「法人格を有する社団としての会社を併せて一会社とすることが法理上果して可能であるか、又仮令可能であるとしても会社の合併をかかる行為と解することが合併制度本来の目的から見て妥当であるかは疑なきを得ないと思ふ」とされる。

しかしかくして、 Hachenburg・竹田博士および大隅教授のごとく合併に
おいて社団法的契機を全的に捨象し去るならば、交付金はここに全く自由
となる筈である。単にそれの給与が合法であるのみならず制限すべき理
由もなくなる。なぜならば、これによって、合併において解散会社の株主
には株式のみを給与すべしとする原理もまた全的に崩れてしまふからで
ある。ところがHachenburg・竹田博士・大隅教授は、三人三様かくのごとく
は結論されない。先づ、Hachenburgは、交付金は従給付(Nebenleistung)に
限らるべくそして株式の給与が主給付(Hauptleistung)でなければならな
い、[89]とする。併し、合併において社団法的契機を捨象し去り解散会社
の株主には株式のみを給与すべしといふ原理が崩れてしまった今、何
を根拠として、株式の給与が主給与たるべしといふことを論証せんとする
か。第三〇五条における「株式ノ給与ト引換ニ」(“gegen Gewährung von
Aktien”)といふ文言をか。これとて形式的根拠でしかない[90]。交付金が
従給付たるべき実質的根

拠は。合併における社団法的契機の全き捨象共に、既に失はれてゐ
る。Hachenburgの立場は、ドイツ株式法第二三八条第二項として立法化
[91]されたにも拘はらず、われわれはこれに従ひ得ない。かかる理論的欠
陥はさておいても、また「従給付」とは概念的に不分明不確定であって、
合併そのものの効力をも揺がす交付金の限界として技術的難点[92]は更
に大きい。

ドイツ株式法のごとく立法的にその限界を公定するならばともかく、さう

---

89) 前述(1)(ハ)参照。寺尾・前掲四六頁は、交付金の限界として「其公然性、平等性ヲ害セ
　　ザル限リ敢テ障ナシと信ズ」とされつつ、同説として Hachenburgおよび Fischerを挙
　　げられるが、その意不明であるため敢て批評を避ける。
90) まさにかかる形式的根拠より離れることが、彼の出発点であった。
91) 前述(2)参照。
92) Vgl. Staub-Pinner, Anm. 3 zu §305; Junck, a. a. O. S. 494

でないわが商法において、ドイツ株式法の「付与セラレタル存続会社ノ株式ノ総券面額ノ十分ノ一」をもってその限界とするわけにもゆかない。何となれば、この株式法の限界は何等理論的限界ではないからである。何れにせよ、Hachenburgの立場はわが商法の立場となすことはできない。次に竹田博士[93]は、交付金は「株金の払戻となり、法の認めざるところである」から「已むを得ざる場合に限り」すなはち「合併計画全体から見て、株式の比率を定める調節上の必要ある場合に限定して大過ない」とされるのである。しかしその根拠は既に本項(イ)において否定されたところである。終わりに、大隅教授は、「端額調整」に交付金の限界を求められてゐることは既述した通りである。その根拠は別言されないが、交付金を「端額調整」の場合に限り許容されることよりかく推論せられる外ないであらう。しかし、交付金そのものをかくその動機により限定されることの不当なる所以は既に述べた。惟ふに、竹田博士および大隅教授のかく交付金を限定される根拠は、もっと深く、両氏の合併の本質観に求めらるべきではなからうか。なぜなら、両氏は、既に述べたごとく合併において財産の移転を重く見られ会社合併をば「現物出資を以てする会社の資本増加(吸収合併)または設立(新設立合併)に外ならない[94]」とされるのであるが、会社財産の株主への流出である交付金と現物「出資」とは既に概念的に矛盾するからである。しかしながら、私は合併のかかる概念規定そのものに疑を懐くものである。なぜなら、両氏のいはれるごとく合併の本質は法律上もまた解散会社財産の「包括承継」にあるのであるが、両氏の合併概念である「現物出資」「資本増加」および「設立」何れの観念も「包括承継」といふ観念を論理必然に包摂してはゐないからである。要するに、交付金を制限する諸立場は、その制限の態様がいかやうで

---

93) 竹田・前掲八頁以下。
94) 竹田・前掲一頁、大隅・前掲書六〇七頁。

あるにせよ、何よりも根源的であるその制限の必然性が根拠づけられてゐない。

然らば、株式会社合併における交付金はここに全き自由を享有することになるのであらうか。完全に無制限にすなはち、一個の株式の給与もなく凡て交付金による株式会社合併(Fusion gegen Geld)が合併として許されるだらうか。ここにおいては、解散会社の株主は一人も存続会社または新設会社に承継されない。これは株式会社合併における社団法的契機の完膚なきまでの捨象を意味する。蓋し、解散会社の株主が当然存続会社に合併されるといふことは、株式会社合併における社団法的契機の最も根源的なる要請であるからである[95]。それでは、株式会社合併において社団法的契機はかくまで全的に捨象し去ることが可能であらうか。成程、株式会社は、物的会社でありそしてその構造変革(Strukturwandlung)は益々その物的要素を顕在化し人的要素を捨象しつつ物的要素の純粋型へと極まって、目的財産(Zweckvermögen)そのものへと発展するのではある。しかしながら、株式会社は法的にはなほ依然、社団として、構成されてゐる(商五二条一項)。その限り、社団としての株式会社の合併を、その要素である株主より離れて考へるとこはできない[96]。株式会社の合併においても、なほ会社合併一般と等しく、合併によって解散会社の株主は当然存続会社または新設会社へ併合されねばならない。そしてまさにここに、株式会社における合併と営業譲渡との窮極の差異が見出されるであらう。故に、株式会社合併における社団法的契機はこの限度においてはなほ保持せられねばならない。換言すれば、株式会社の合併にお

---

95) 大隅教授も、株主合併をもって合併の要件とされるのではあるが、それは合併の本質より来るのではなくして、「商法の規定の解釈上認めらるべき一結論であり、通説におけるとはその意味において全然異っている」とされる。

96) 同旨・田中・前掲書一三七頁

ける社団法的契機の捨象はここに限界づけられねばならない。従って、株式会社合併における社団法的契機の捨象によって許容せられた交付金も、また、ここに限界づけられることとなる。かくて交付金によって解散会社株主の存続会社または新設会社による合併までも侵すことはできない、とされねばならない。交付金の限界づけらるべき根拠も、また、その極限も、実にここにその拠点がもとめられるのである。

　要するに、交付金は「株主の合併」といふ社団法的契機をさへ侵さない限りにおいて、自由である。Junckの第二の論文がこの限界さへも無視するのは[97]、株式会社合併における社団法的契機の捨象の限界を知らなかったためであらう。寧ろ、私は、上述のごとき社団法的契機の保持の必要といふ根拠づけを与へつつ、彼の第一の論文の結論[98]に従ふ。すなはち、「解散会社の株主が存続会社の株主となることができるだけの株式が与へられねばならない」ことが必要である。そのためには、「計画に従って解散会社の各株主に少くとも一株の存続会社の株式が与へられるやうに決められてゐるねばならない[99]」。すなはち、「合併契約において、いかなる比率にて解散会社の株主が存続会社の株主となるか、が決められてゐねばならない」。「さうでさへあれば合併といふ概念は保だれる」。むろん、端株の所持者が強制処分(商四一六条三項三十九条一項)によっ

---

97)　前述(1)(ニ)参照。

98)　前述(1)(ニ)参照。

99)　然らば、「解散会社の株式百に対して存続会社の株式は一株しか割当ずに金は何千円といふやうな定をしたもの」は如何。松本・株式会社法改正の要点二二四頁は、「このやうな場合は合併は寧ろ解散会社の営業の買収のやうに見えます」といはれる。しかしながら、本文のごとき見解に従ふならば、この場合もなほ合併とされねばならない。何となれば、この場合においても株主の併合といふ社団法的契機は交付金によっては少しも傷つけられてはいないからである。そしてこの場合、株式交換比率が百対一であるため百株以下の端株の所持者は株主の併合より排除されたとするも、それは、端株の処分(商法四一六条三項・三七九条)によるのであって交付金がこれを侵したためではない。

て現実に存続会社または新設会社の株となれなかったことは、合併たる性質を傷つけない。商法第四〇九条第二号および第四一〇条第二号が「合併ニ因リテ消滅スル会社ノ株主ニ対スル新株ノ割当ニ関スル事項」・「各会社ノ株主ニ対スル株式ノ割当ニ関スル事項」を各々合併契約書の必要的記載事項たらしめてゐる。惟ふに、これは株主の保護のためばかりでなく、実に上述のごとき合併の合併たる本質的要請に本づくものなのである。交付金は、これをさへ侵さない限り、有効である。故に、交付金の最大限は株主の合併が最小限において行はれたときである。換言すれば、株式会社の合併における、交付金のマキシマムは社団法的契機のミニマムである、といひ得よう。

　稿を閉づるにあたり、竹井・西原両先生より篤き御指導を賜はりたることを附記し、もって感謝の微意を表するものである

　　〔筆者・京城帝大　法文学部　助手〕

再び會社の合併について

日本『民商法雜誌』第十六巻 第六号(一九四二年 十二月 發行) 揭載

再び會社の合併について

竹田省

一、会社合併の社団法的又は財産法的性質

　会社の合併は、その本質に於ては、解散会社の現物出資による存続会社の増資(吸収合併)又は新会社の設立であり、解散会社はその全財産を包括的に出資することによって解散すると同時にその株主は直ちに存続又は新設会社の株主となり、別に清算が行はれないことを特色とするに過ぎない(語の簡単のために株式会社の合併を問題とする)。この考方は大隅教授の所説と略々同一なのであるが、我国の通説はこれと違ひ、会社合併とは二つ以上の会社を合同して一つの会社とすることだと説明し、その意、言語的には必ずしもさう表現されてゐるわけではないが、二つ以上の会社が一つの会社に包容され、

数個の人格が一つになるのだと解しているが如くに思はれる。しかし、かやうな説明は畢意一場の比喩に過ぎないのであって、法律的には何の説明ともなり得ないことは曽て述べたところでなる。(民商法雑誌十二巻五号一頁本書二二一頁以下掲載)。

　吾々の右の解釈に対する正面からの批判はまだ聞くを得ないが、近頃、京城大学の徳山氏が、「株式会社の合併に於ける交付金」の問題を究明されるに当たり、交付金許否の根本問題として合併の本質に触れられ、吾々の見解に対し若干の批判を加へてゐられる(京城帝国大学・法学会論集十三冊一号一〇三頁以下。この論文は、交付金の問題を、実証と理論との両面より懇切に取扱はれたものであって、卑見とは見解を異にするところ頗る多いに拘らず、その徹底的態度に対しては、十分の敬意を表したく考へる。)氏は、「わが国の通説によれば、会社合併とは、二つ以上の会社を合同して一会社となす契約であるとして純社団法的に観念されてゐるから、交付金については、Brodmann乃至 Fischerの説(両氏とも、会社の合併を所謂社団法的に観察し、解散会社からの存続会社への財産の移転は、存続株式の取得を対価とするのであるが、それは財産としての株式の取得を対価とするのではなくて、存続会社への参加─を対価する、と解してゐるのである。而して両氏とも、原則としては交付金を認めず、例外的にのみこれを認める。竹田註)に赴かざるを得ないであらう。しかし、会社合併殊に株式会社の合併がしかく社団法的なものであらうか」(上掲一四四頁)と、通説に対して否定的疑惑を挿み、大隅氏や私などの見解は、「わが国においては最初に合併に於ける財産法的(vermögensrechtlich)契機に気づかれた卓論であるとせねばならない。Brodmann,Fischerおよび通説の合併本質観は、合併におけるかかる財産法的契機を全的に見失っている点において、小くも一面観たるを免れない、といひ得る」とし(同上一四五頁)、一転して、「Hac henburg・竹田博士・大隅教授のごとく合併において社団法的契機を全的に捨象するならば交付金はここに全く自由となる筈である。単にそれの給与が合法であるのみならず制限すべき理由もなくなる。なぜならば、これによって、合併において解散会社の株主には株式のみを給与すべしとする原理もなくなるからである。」(同上一四五頁)として、合併を純財産法的に見る竹田等の立場からは、交付金の許与を制限すべき理由が出てこないではないかと難詰せられ、進んで「株式会社合併において社団法的契機はかくまで全的に捨象し去ることが可能であらうか。成程株式会社は、物的会社でありそしてその構造変革は益々その物的要素を顕在化し云々目的財産そのものへと発展するのである。しかしながら、株式会社は法的には依然、社団として　構成されてゐる。

　その限り、社団としての株式会社合併を、その要素である株主より離れて考へることができない。そしてまさにここに、株式会社の合併においても、なお会社合併一般と等しく、合併によって解散会社の株主は当然存続会社又は新設会社へ併合されねばならない。そしてまさにここに、株式会社における合併と営業譲渡との窮極の差が見出されるであらう。故に株式会社合併に於ける社団法的契機はこの限度においてはなほ保持せられねばならない。従って、株式会社合併に於ける社団法的契機の捨象によって許容せられた交付金も、また、ここに限界づけられることになる」(同上一四七頁)と論ぜられる。

　交付金許容の限度を、氏の如き所謂財産法的契機とか社団法的契機とかいふが如きものによって定めることを適当とするか否かは後で述べようと思ふが、ここに明かにしておきたいことは、氏は右引用するところによって明かであるように、吾々の合併本質観を以て、社団法的契機を全的に捨象して純財産法的に観念するものであるとせられ、且つこの点に於て、独逸のBrodmannやFischer並に我国の通説が、合併を社団法的に

理解するのと正に相反する立場に立ってゐるとしてゐらるるのであるが、氏のこの理解は甚だしく当を得てゐるないといふことである。

　独逸に於ては、株式会社の合併を財産法的に見る見方と社団法的に見る見方とあり、通説は財産法的に見ているに対し、Brodmann, Fischer等は社団法的のものだとしてゐることに間違いない。しかし、独逸に於ていはれる財産法的又は社団法的の意味からすれば（Korporationsrechtliches　　　Gedankenに立つ学説と、vermögensrchtlicher　der Fusionを重視する学説とを、この語で区別し O.V. Gierkeの外Brodmann, Fischer その他を社団法的見地に立つものとしているのは、私の知る限りでは、R.Goldschmidt, Sofortige Verschmerzung von Aktiengesell-schaften, S.24である）卑見の如きは（大隅氏も大体同じであるが、同氏をこの議論の中に巻きこむことは遠慮しよう）氏のいはれるとは反対に、純社団法的であり、しかも Brodmannや Fischerよりも、一層純粋に、社団法的であるとすら考へるのである。独逸法に於て財産法的なりといはれる学説からすると、合併は、本質に於ては営業の譲渡である。即ち独商法（株式法前の商法）は第三〇三条で、一般的に会社の営業財産の包括的譲渡を規定し、続いて第三〇五条、第三〇六条に於て会社の合併を規定をしてゐるが（独商三〇四条は企業の公有化を規定する）、これは、会社の合併を以て営業譲渡の一亜種としてゐるによるのである。即ち営業譲渡の対価が金銭である場合は一般の営業の譲渡に過ぎないが、それが存続会社の株式たる場合が合併なのであって、営業譲渡契約が財産の交換を目的とする双務契約たると同じく、その亜種としての合併契約も同じく財産の交換を目的とする双務契約であり、両者の差異は、対価が金銭なるか存続会社の株式たるかの点に於て差異あるに過ぎない。而して合併の中には、解散会社に於て更に清算をする場合（独商法三〇五条の所謂 Fusion ohne sofortige Verschmerzung）と清算を省略する場合

（独商法三〇六条の　Fusion　mit　sofortige　Verschmerzung）とあるが
（なほ、独法に於ては、合併の前の場合には、解散会社の財産が存続会
社によって当然包括的に承継されないのに反し、後の場合には当然に
包括的に承継され、その財産は分離管理される）、いづれも法典自身に
よって、ともに合併と称せられてゐるのであって、従て、そのいづれも、
営業譲渡の一つの場合だといふことになるのである（我商法の合併はこ
の最後の場合に限られることはいふまでもない）。とにかく、独法に於て
所謂財産法的合併観といふのは、合併契約を以て、営業譲渡を目的をす
る双務契約であるとし、一般の譲渡契約の金銭を対価とするに反し、合併
契約に於ては存続会社の株式を対価とする点が違ふにすぎないとるす
のである（私をしていはしむれば、対価が単に株式でなくて、存続会社
の株式に限られる点に於て、既に社団法的な要素を含むのであるが、爰
には述べない）短言すれば、営業譲渡契約は金銭を以てする
売買であるのに対して、合併契約は有価証券たる株式を以てする交換で
ある、といってもよいことになるのである。これに反し、所謂社団法的見
解といはれるのは、存続会社が解散会社の株主をその組織中に収容す
ることが合併の本体であるとし、従て、営業の対価の決定は解散会社の
株主の存続会社に於ける地位即ち如何なる割合に於て存続会社の事業
に参加するものとするかの問題となるのであって、一般の有償譲渡契約
に於てのやうに与へられる株式の市価のみが標準となるのではないとす
るのである（殊にBrodmann, S. 537）。而してこの両者の見解の相違は、
次の二つの問題につき愈明瞭となる。即ち、①所謂財産法的
見地からすると、解散会社に対して与へられる株式が存続会社の株式で
ある限りは、資本増加によりて新に発行せられる新株式たるを要せず、既
存の株式例へば貯蔵株を以てしても、同じく合併でなければならないが
（独逸の通説はこれを肯定する）、社団法的見地からすると、これは普通

の交換に過ぎないのであって合併ではないことになる。②合併契約が本
質に於て財産的双務契約であるとすれば、その契約は詐欺・強迫又錯誤
に関する民法一般の規定に従はなければならないことになるが、社団法
的見地からすれば、株式の申込についての取消の制限と同様の制約の
下に立つしめなければならない。

　独法に於ける財産法的見地に立つとせられる学説と、社団法的見地に
立つ学説とは、各細部に於ては差異もあり、表現も同ではないが、私の
理解を以てすれば概略右のやうなわけ合である。而して同じく私の理解
を以てすれば、独逸に於ける所謂財産法的見地は、合併は株式の交換
であるとする実際的経済的概念に根ざすものであり且つ法典上にも根拠
がないのではないが、我国に於ては、かやうな説は何人によっても主張
せられず、私も亦我国には採用すべき余地がないと考へる。徳山氏は私
を以て財産法的見地に立ち社団法契機を全的に捨象するといはれるの
であるが、私の説は独逸に於て、Brodmannや Fischerやに対立する
ものとして財産法的見地に立つ学説とは頗る縁遠いものなのであり、寧
ろ Brodmannや Fischerと共通の社団法立場に立っているものたることは
明かであらうと思ふ。

　次に徳山氏は我国の通説は所謂社団法的見地に立つにものとして
Brodmannや Fischerと同列に置いてゐられるのであるが、卑見としては、
これも正当ではない、Brodmannや Fischerの所謂社団法的見地といふのは
前述の如く、独逸の通説は、合併の本質は存続会社の株式を対価と
する解散会社の営業の譲渡であるとし、与えられる株式が既発行のもの
であり、従て増資のない場合でも同じく合併たることを認めると同時に存
続会社の株式が資本の増加により新に発行される場合でも、この資本の
増加は合併の本質的部分には属せず、必要なる株式を作るための附随
の現象だとするのである。然るに、我国の通説は、合併に於ては、解散

会社は存続会社の中に包摂せられ、解散会社の株式は、その財産ととも
に当然存続会社に収容せられると同時に、解散会社の株式は存続会社
の株式に自らにして転換するといふが如き意味に於て、数箇の会社・人
格の合一化であり、従て、資本の増加や出資の引受又は払込といふが如
きことは、観念的には有り得ないとするものの如く思はれるのであって、
それは、社団法的な見方には相違はないが、独逸に於ける
BrodmannやFischerなどの見解の社団法的といはれるのと、
全く趣を異にし、前にも述べた一種の比喩的説明以上の何物でもないの
である(Fischer,　bei　Ⅲ.　S.417は　我通説と頗る類似する説明をし、
合併の場合には、解散会社の株主は存続会社に収容aufgenommen
せられ、解散会社は、より広い会社に移行aufgehenするの
であって削減するのではない、といふやうに説明している。しかし
Fischerも他方に於ては、かやうなことが、存続会社の増資に
よってのみ行はれることを主張してゐるのであって、従て私からいへば
右の説明も比喩の範囲をでない)、又独人Hachenburgは、無論通説と同
じく所謂財産法的見地に立つ人であるからでもあるが、交付金の支払の
許否の問題について、合併によって、「二つの株式会社が一つの新しい
人格になるのだから(sich　vereinigen)一つの会社が他の会社の株主に
支払ふといふやうなことは観念的に思考し得ないといふやうな一誰がさう
主張しているわけではないが一半神秘的感情に陥入ってはならない」と
戒告してゐるのである(Leipziger Z.1911, S.655. 私は、二人格を合併して
一人格とするやうなことは、　頗るローマンチックだといって、学生などを
笑はせていた頃は、実は、まだ、ハッヘンブルグの論文を見てゐなかっ
た)。

　以上要するに、私は合併を純社団法的に考へているのであり、現物出
資による増資又は設立、解散等総て純社団法的上の事柄である。但し合

併は勿論単純なる増資又は設立ではなく、解散会社の全営業を以てする
増資又は設立であり、解散会社の清算の省略を伴ふといふ特別な場合
であるとすることはいふまでもあるまい。

二、合併交付金許容の限度

　合併交付金の許否については前論文にも述べたところであり爰に繰返
す必要を感じない。前示徳山氏の論文は特にこの問題を極めて詳密に
取扱ひ吾々の所説にも触れてゐられるので、それと関連して若干の補足
を試みる。

　徳山氏の見解は要するに、独人Junckの旧説に従ひ、合併は社団
法的契機と財産法的契約との両面を具有するものであって、苟くも会社
の合併たる以上、その社団法的契機が保有されてゐなければならない。
而して合併に必要な社団法的契機としては、「解散会社の株主が存続又
は新設会社の株主となるだけの株式が与へられねばならない」のであり
、「そのためには計画に従って各株主に少くとも「株の存続会社の株式が
与へられるやうに決められてゐねばならない」、「さうでさえあれば合併
といふ概念が保たれる」とされる。即ち氏の説は、解散会社の株主に各
一株宛でも新株式が与へられるならば、残りは、全部交付金でよいとせら
れるのである。しかし、所謂社団法的契機とは、私の誤解でなくば、解散
会社が存続会社又は新設会社に収容されるといふことでなければならな
いと思はれるのであるが、それならば、何故に、株主たる人のみに着眼
して、解散会社の株主がその頭数に於て全部収容されさへすればその
持株はこれを無視してよいことになるのであるか、理解に苦しまざるを得
ない。解散会社が存続会社に収容されることが合併の本体であるならば

、株主たる人だけではなく、その有する株式についても、そつくり、存続又は新設会社に収容されることが当然でなないか。思ふに、独逸法では、既述の通り、解散会社によって譲渡される営業に対し株式が供与される場合が合併であると規定されてゐる。そこで所謂株式の供与とは、株主側からいふば、その株式を取得し存続又は新設会社の株主となることに外ならぬのだから、この意味で、合併は所謂社団法的なものを含んでゐなければならぬとすることは恐らくは正しい。所謂財産法的見地をとる学者は、これは株式取得の結果にすぎないのであって、合併の本体ではないといふのであるが、それは経済的目的と法律的構成との混淆ではないかと思はれる。しかし社団法的といっても、株主の一人のみが、その有する株式だけで、存続又は新設会社の株主となるに止まる場合でも、その限りに於て、やはり社団法的なものを含んでいるわけであり、株主の全員がさうなる場合でなければ社団法的でないとはいへぬわけである。Junckの説は未見であるが、かやうな中途半端な説を捨てたことは当然と思はれる。要するに、所謂社団法的といふのは、解散会社の全株主がしかもその持株全部に応じて、存続又は新設会社の株主となることだとせなければ意味をなさないのであって、解散会社の株主の全員が、しかも、ただの一株でも与えられればそれは、合併であり、残りの株については交付金で賄ついてよい、とすることは、理論として中途半端であるばかりでなく、結果としても頗るをかしい。

　卑見によれば、交付金の許容並にその限度は、合併が財産法的のものか社団法的のものかといふやうなことから判断し得ることではない。少くも我国の会社合併たるには、解散会社の全株主、全株式が存続又は新設会社に収容されることを要することは殆ど疑がないのであって、その故にこそ清算が省略されるのである。従て、徳山氏の意味でどの程度に社団法的であらねばならぬかといふことは始めから問題とならないと考

へる。

　然らば交付金は、どの程度に許されるかといへば、卑見は、前稿にも
いった通り、合併の本質殊に我国の合併は必然的に解散会社の清算の
省略と結合することから導かるべきであると考へる。即ち合併は解散会社
の収容であるあから(比喩であるが間違ではない)、第一に、存続又は新
設会社の株式の代わりに交付金を与へるといふことは許されず、若しこ
れを交付するとすれば、それは清算手続によらない財産分配であって、
清算手続の潜脱たるを免れない。或は交付金は存続会社が支払ふので
あって解散会社が支払ふのではないのだから、清算手続の潜脱となる
はずがないとする議論もあり得ようが、存続又は新設会社は解散会社の
財産の評価を動かすことによって、即ち結局解散会社の負担に於て、こ
れを支払ふのであるから、実質的に見て、清算手続の潜脱といはざるを
得ない。或は清算手続といってもそれは結局会社債権者の利益を保護
するためのものである。合併手続に於ては、交付金は合併契約書に記載
され且つ債権者に異議の申出を為さしめることを要するのであるから、清
算手続によらないで財産を分配するとしても、結局会社債権者も承知の
上といふことになるから、それで差支がないではないかという説も考へら
れる。しかしこの論鋒でいへば、株式会社にも合名会社についてと同様
に、所謂任意清算が免されるとせねばならぬことにならう。任意清算の場
合にも債権者に異議の申出を為さしめることは同じだからである(商一一
七条一項三項・第一〇〇条)(交付金許否に関する独逸の学説は徳山氏
前掲論文に詳かである、氏は別にこれを拒否すべき理由がないとされる
)。即ち要するに、交付金の交付は、我商法の合併の本質上、原則として
は許すべからざるものであるといふことに帰着する。而して全然これを認
めないとすることは理論としてはよいが、実際に貫徹することは殆ど不能
といってよい。それは双方の会社の財産の精密な評価といふことは通常

極めて困難であることと、株式の金額が常にラウンドたることの実際の要請があるところから、解散会社の財産に対して、過不及なき存続又は新設会社の株式を割当てることは極めて困難であり或は殆ど不能なことが少からぬからである、これ法律が交付金なるものを認めている理由であって、その限度について何等の規定のない我商法の解釈としては、全体の計画として全財産に対し株式の割当が為されることになってゐるならば、株式交換の比率を調節するに必要な限度に於て交付金の交付がなされてもよいと解したいと思ふのである。尤もこの解釈は限界の曖昧なるを免れないといふ非難は甘受せざるを得ないのであるが、これは、会社殊に株式会社の如き衆団的組織法に於ては、有り勝ちのことであって、例えば引受又は払込未済の株式のある場合に於て、全体としての払込又は引受があると見得る限り（判例は違った表現を用ひてゐる）、その一部の欠缺は会社の成立を妨げないとせられるのと、同一の理念によると考へてよからうと思ふのである。

　尚ほ交付金交付の実際の必要は、その窮極に於ては、株式金額のラウンドたることを要すること並に営業の評価の困難なることに基き、株式の残りなき割当が亦甚だ困難であるといふことに由来することは上述したところである。私は前稿に於て、その一二の例として、両会社の株式の市価、決算期又は配当率の相異なる場合を挙げて説明しておいたが、交付金の必要ある場合はこれで尽きてゐるといふのでは固よりない。解散会社の不良資産の評価の困難なところから、これを別に整理することによって得られる金銭を交付金として交付するが如きも他の例の一つである。これ等の場合の外に、所謂準備金の分配による交付金、資本金の払戻にやる交付金の例もあるやうであるが、かやうの交付金は合法のものと認め得るや否やは、私の見るところとしては、頗る疑はしい（以上三例じゃ徳山氏の交付金の例として掲げているところである）。準備金の分配によ

る交付金といふのは、解散会社の積立金は、そのままの数額が、存続或は新設会社の積立金として（存続会社の既に積立てている積立金と合してであることは勿論である）維持されることを要しないところから、その額に相当する財産の全部又は一部を、解散会社の株主に交付金として分配する場合のことであるが、この場合交付せられる財産額は合併により移転する包括財産から取り除けられ、これを各株主に分配するといふことになるのであって、それは手もなく解散会社の清算手続によらざる財産の分配であり、法の許さざるところといはざるを得ないのである。合併交付金といふのは、財産承継のいはば対価として、存続又は新設会社が支払ふものなるに反して、問題の場合は、解散会社がその株主に対して支払ふものなることが既にその交付金でないことを示してゐるといえる。然らば、その財産を承継財産に包括せしめて存続又は新設会社に移転した上で、改めて、存続又は新設会社から解散会社の株主に分配することにするならば、それはやはり交付金でないかといはれるかも知れんが、それは形式的糊塗に過ぎない。一旦存続又は新設会社に移転せしめると同時に、これと同額のものを返戻するといふことが始めから確定されてゐる以上、その財産は実質上は包括移転外の財産である。従ってその解散会社の株主への分配は、清算手続の潜脱だといはざるを得ない。尤も交付金自体が清算手続によらない財産の分配であることは前に述べた通りであるから、その点からいへば、問題の交付金としても同じであり、特に問題の場合だけを交付金でないとすることはをかしいといはれるかも知れない。しかし、交付金は比率確定の困難に対する例外的救済と見るべきことこれ亦前述の通りであるから、問題の交付金も、この要求に基く場合に限り、適法なる交付金たり得るのであって、単にそれが積立金であり、存続会社に承継されない自由財産なりといふが如き考の下に、これを直ちに交付金として分配することができるとはいへないのである。次

に、所謂資本金の払戻による交付金といふ場合も、根本の理論は積立金の場合と同じである。即ち合併の場合、解散会社の資本額はそのまま存続又は新設会社の資本額中に維持されることを必要としない。合併は、存続又は新設会社にとりては資本の増加に外ならない。だから、合併によって、何程の資本を増加すべきかは、合併によりて移転される財産に対して、存続又は新設会社の何程の株式を与へるかの両者の評価に基く比率の問題に過ぎないのであって、存続会社の増資額又は新設会社の資本額は関係会社の資本の総計額たるべしといふが如き理論は、どこからも、出て来ないからである。そこで、解散会社からいへば、所謂承継せられない資本額（実は存続又は新設会社の資本額として維持されない分の額）の割合に応じて払込株金額の一部を交付金として分配するといふのが（例えば承継される分は資本額の六割とすれな、払込金の四割を交付金として分配する）爰に所謂資本金の払戻による交付金である。これも前の準備金の場合と同様、存続又は新設会社の資本として維持されない額（即ち自己の資本額中合併によりて減少することになる額）に相当する財産は、実は合併により存続又は新設会社に承継される包括財産に包含されない別の財産であって、解散会社自身が支払ふ場合は勿論、形式上存続又は新設会社が支払ふとしても、その実質は、清算手続によらない会社財産の分配に外ならないのであり、積立金による交付金の場合と同様、合併のための株式交換比率の決定上、特に必要なりと認められる場合でない限り、合法的な交付金といはれないと考へる。

　私は前稿に於て、交付金を与へる必要のある場合の例として、(1)株式の市価に相違のある場合、(2)　両会社の決算期の相異なる場合、(3)両会社の配当率の相異なる場合の三つを掲げておいた。(2)(3)については、徳山氏の非難もあるので（徳山上掲一一頁以下）、序ながら、爰に少しく補足することを許して貰ひたい。

　まづ決算期の異なる場合に交付金交付の必要を生ずるのは、この場合には、両会社の株主に対する利益の配当が著しく不均衡なことが生じ得るからのことであって、この不均衡が著しくなければ敢て交付金まで払はなくとも話が付くのである。今両会社の決算期が同じいとすれば定時総会も略ぼ同じ頃に開かれ、その後の余り遠くない時期を合併実行期に選定することによって、解散会社の株主の、合併により失ふべき利益配当を僅少ならしめることができ、敢て交付金に調節を求めないでもよいことになり得るであらうと考え、前稿に於て、交付金交付の必要のある場合の一例としたのであるが、しかし決算期が同時であっても、実行期がこれより後になればなるほど、解散会社の株主の損分が大きくなり、交付金とでもしなければ片がつき難いことになる。だから、交付金の必要を生ずるのは、決算期が同一なりや否やによるのではなく、合併実行期が解散会社の決算期に近いかどうかによることは明かである。徳山氏の、私の前稿に対し指摘されるところは、右の意味に於て正当である。しかしながら、合併実行期を解散会社の決算期と一致せしめても、氏の主張するやうに、「処理さるべき利益は生ぜず従てその処理方法である交付金の問題は起らない」とはいへない。合併実行期を解散会社の決算期と一致させるといふのは、その期の利益の配当率が為され、従て、処理される利益の存しない状況にあることを前提としてのことでなければならぬから、その実、実行期を解散会社決算期と一致させるといふことは、実行期を配当実施期即ち定時総会終了の時に一致させるといふことでなければならない。これは氏も次の註でさういふ風に説明して居られるわけである。解散会社の株主は期末までの分は解散会社から配当を得け又実行期からは存続会社から配当を受けることになるが、期末から実行期までの分については、どの会社からも配当を受けぬことになる。そこで、縦令実行期を解散会社の定時総会と同日に持って行っても、期末から定時総会

までの何がしかの期間に対しては、解散会社の株主はどの会社からも配
当を受けないことになる。しかもこの期間を無くすることは定時総会を期
末の即日とする外不可避なのだから、利益配当に不均衡を生ずる場合に
は交付金が必要であるとすれば、交付金の必要のない合併は遂にあり
得ず、合併は常に交付金を伴はねばならぬことになるわけである。然る
に、実際上は交付金のない合併もあるのは右の不均衡のある場合には
常に交付金が交付せられるのでなくて、その不均衡が交付金によって処
理せねばならぬほど著明であるときに限り、それが交付されるのだから
である。敢て強弁するのではないが、決算期が同一であれば、この不均
衡を少からしめる実際上の可能が比較的に多いのではないかと想像さ
れるのである。

　次に(3)に関し、配当率の違ふために交付金の必要を生ずる場合の例
として、私が「例へば存続会社は従来年六歩の利益配当を持続して来た
のに対して消滅会社は年八歩の利益配当をしてゐた両会社が、期末後
配当決議前に合併し、合併後の当初の定時総会に於ては、存続会社の
従来の配当率に従ひ、年六歩の配当を決議したとする。消滅会社の株主
として、最後の一期間に対しては年八歩の配当を得べきであったのに、
偶々定時総会前に合併となった結果として、年六歩の配当をしか受け得
ないことになるの外はない、故に、配当率の差額即ち年二歩に該当する
金額を交付金として交付することは極めて合目的的でなければならない
」といったに対し、徳山氏は、「しかしながら、解散会社の株主は合併後
始めて存続会社の株主となったのであるから、存続会社がかかる解散会
社の利益配当を配当することは、その株主となる前の時期に関する利益
の配当であって、利益配当であり得ない。—故に、この例示の場合は、
八分全部を交付金として給与すべきである、そしてまたこの交付金は配

当率の差異のためでない。解散会社と合併実行期との齟齬のためである」と非難してゐられる。私の例は疎忽極まるものであって、氏の非難は正当である。しかし、私の言はんとしているのは、八分配当会社が、配当決議後六分配当会社に合併したとすると、その株主は、実行期後の期間に対してのみ存続会社の株としての六分の配当を受けることになるのは無論であるが、期末後配当決議までの間に対しては、どちらの会社も配当を受けることができない。そこでその期間に対し八分の割合の交付金を与へる必要を生ずることになるわけであるが、この場合、消滅会社の配当率が、存続会社の配当率と同じく年六歩であったと仮定すれば、その六分の割合の交付金を交付することは、(2)に述べた決算期を異にすることにより交付金を与へる必要を生ずるといふことで説明ずみであって、交付金交付の新たなる例とはならない。しかるに、消滅会社の配当が八分であったとすると、八分の割合の交付金が必要となり、時の差異から生ずる配当の差異といふことの外に、配当率の差異から生ずる交付金が加へられる。即ち八分の交付金の内六分は、時の差異から生ずる交付金であり、二分は配当率から生ずる交付金である、といふ意味で、配当率の差が交付金交付の一つの理由となるとしたのである。例えば悪いが、考方は別に間違ってゐるとは思はない。

三、合併実行期の問題

前稿に於て、私は、商法第四一〇条に所謂、「合併ヲ為スヘキ時期」とは、実際上合併実行期といはれてゐるものであり、その意味は、一部の論者の合併登記の予定日だとする説を排斥して、実質的な意味の合併時即ち新株式の割当が確定せられ且つ財産が移転される時とすべきだと

いふことを主張し、而してかく解すべき理由としては、商法自身殊に第一
〇一条は、「会社カ合併ヲ為シタルトキハ云々二週間内ニ登記ヲ為スコト
ヲ要ス」と規定して、登記の先づ二週間前に、既に合併なるものの為され
てゐることヲ認めてゐることを指摘しておいた。即ち商法は一方第一〇
二条に於ては、合併は登記によってその効力を生ずるとしておきながら
、他方第一〇一条に於て、既にその二週間前に合併なるものの存在を認
めてゐることは、その合併を実質的な意味の合併と解するの外はないの
である。しかし株式会社に於ては、登記は報告総会又は創立総会後二週
間内になされるのであり(商四一四条)、総会では合併の全経過を報告す
るのであるから、株式会社に於て、の実質的な合併は総会前に存在せね
ばならないわけである。故に、株式会社についての実質的な意味の合併
は、一般の資本増加又は会社設立の場合と同様、株主関係が確定し、且
つ出資の払込が終はったとき(現物出資は一時払込たることは無論であ
る)でなければならぬことになるのであって、このことは理論からしても亦
実際から見ても、その正当なることを確信するのであるが、商法が合併は
登記によりてその効力を生ずるとする規定を唯一の根拠として、商法第
四一〇条により合併契約書に記載すべき合併実行期とは、登記の予定日
なりとする説が、今尚ほ跡を絶たないやうであるので、更に卑見を明かに
にするため若干の補足を加へたいと思ふ。

　商法自身実質的合併を予想することは右った通りであるが、その外、
同じく商法自身、その第三七七条第二項に於て、会社合併の場合に於け
る株式の合併は、株式合併のための株券提出期間又は第一〇〇条所定
の債権者の異議申出期間の満了によってその効力を生ずると規定して
ゐる。即ち商法は合併登記前に於て、既に、株式合併の効力を認めてゐ
るのであって、若し反対説の如く、合併が登記によって始めて合併となる
ものならば、登記前に於て株式合併もその効力を生ずべきはずのないこ

とである。商法が、かくの如く登記前に於て既に株式合併の効力を認めてゐることは、実質的に合併の一部の効力を認めてゐることに外ならない。又若し反対説の如く、登記までは合併は総て効力のないものとするならば、報告総会に於ては一体何を報告するのであるか。株主関係の確定と出資の払込即ち財産の移転の行はれてゐることを除いては、合併に関する事項の報告としては無内容でなければならぬ。思ふに、会社の合併は、これを私などの如く、現物出資による資本の増加又は会社の設立と解すると否と問はず、少くもこれに類推せらるべき階層的法律関係であることは、これを認めざるを得ない。資本の増加又は会社の設立の場合に於ては、株式の申込と引受(これは合併契約と株主総会の決議がこれに該当する)進んでその割当並に出資の払込があり(実行期日がこれに当る)、次に報告総会又は創立総会といふが如く、それぞれの階段に於て、それぞれの効力を生じ、最後に登記によって完成されるのであって、これ等の総てが登記によって始めてその効力を生ずるのではない。合併の場合亦同一であって、合併契約以下皆それぞれの階段に於てその効力を生じ、従て、株主関係の確定並に財産の移転も、皆合併登記前、その階段に於て既に効力を生ずることは何の不思議もないことである。所謂合併の実行期とは、かくの如くして、増資又は会社の実体の備はるときと解することは極めて適当な解釈であり、強いてこれを合併登記の予定日などと解することは、露骨な語を許されるならば、辟論どころか愚論ともいいたいところである。

　ただ少しく疑はれるのは、財産の移転の行はるる日でさへあれば、株主関係の確定すると否とを問はず、その日が即ち実行期日と解してよいではないかといふことである。しかし、増資又は会社設立の場合には、出資の払込に株式の割当が先行すると対比して、合併の場合にも、株式の割当が財産の移転と少くも同時であるか又はこれに先行することを要

すると解するのが適当ではないかと考へる。尤も合併の場合は、一般の増資又は設立の場合のやうに、先づ株式の割当が定まらなければ出資義務者も定まらぬという関係は存在せず、出資は必然的に解散会社によって為されるのだから、株主関係の確定を財産の移転に先行せしめる必要がなく、従て、所謂実行期を株主関係の確定とは無関係に財産移転の時と解してもよしやうに思へないでもない。が、合併そのものの実行といふ語からは、株主関係の確定をも含む実行的な合併をいふと解するのが、より妥当であると考へるのである。なほ株主関係の確定といへば、株式合併の必要のある場合にはその併合の効力を生じたとき(商三七七条)と解すべきであり、敢て商法第三七九条の処分を待つ必要はないことは疑はない。端株に付ても一応株主が確定し(従て、この場合は株式の共有を生ずる)、その者の計算に於てその端株が処分されるのであることは殆ど疑がないからである(商三七九条一項は、端株に対して割当られる新株は、従前株主の計算に於て処分せらるべきものとしてゐるのは、従前株主は、その新株の株主だからだど解せられねばならない)。

　以上、所謂合併実行期とは株主関係の確定と財産の移転との行はれる日と解すべきことを述べたのであるが、合併契約書に所謂実行期の定めがない場合には、右の意味の実行期即ち財産移転の時はどうなるであらうか。私は前稿に於て、この場合は、登記の時と解するの外はないであらうといっておいたのであるが、これは正当ではなく、爰に是正したいと思ふ。即ちこの場合でも、合併の実行は報告総会に先行すべきであり、従って、遅くとも報告総会と同時であると解せねばならない。然らずとすれば報告総会に於ける報告は無内容となるのみならず、一般の増資又は設立の場合の対比よりしても、かく解する必要があると思ふのである。

　合併実行期を右の如く解すべきもとすると、これと関聯して種々の疑問

を生ずる。この場合の財産移転といふことの意味自体は更に明かにされ
る必要があるばかりでなく、実行期後の解散会社の法上の地位、株主の
い。本稿はこれの問題にも論及する積りで書き出したの権利義務、株主
総会、株券の効力等に関し、究明を要する問題が甚だ多であるが、差し
当り、その時間を持たないので更に他日を期することにする。

〈필자약력〉
일본상법학자(1880~1954) / 도야마 현 출생 / 경도제대법학부 졸 / 사법관시보·경
도지방재판소에서 수습 / 1907년 경도제대에서 연구생활 / 1908년 동대학법학부조
교수 / 1912~1915년 독일·불란서·영국에 유학 / 1915년 경도제대교수·1919년 법
학박사·1923~1925년 동대학 회원 / 퇴직 후 대판(大阪)에서 변호사 개업.
특히, 전공인 상법학분야에 있어서는 「경도학파(京都学派)」를 이루고 있으며 저서
「상법총론」(1912)은 조교수 시절의 노작이지만 이 저술로 인해, 상법학자로서의
지위를 굳혔다. 그 밖에 「수형법대의(手形法大意)」「상행위법」「상법총칙」등 많
은 저서를 남겼다. 사법전문지로서 특이한 존재였던 「민상법잡지(民商法雜誌)」는
1935년에 일본법학계의 대가인 스에카와 히로시(末川博)와 그가 공동편집으로 창
간한 것이었다. 작고후인 1955년 유고(遺稿) 「수형법·소절수법」이 출간됐다.
〔일본 평범사(平凡社) 간(刊)〈세계대백과사전(1973년 판)〉에서〕

株式會社合併の本質

―竹田博士の高教に關聯して―

日本『民商法雜誌』第十七巻 第五号(一九四三年 一月 發行) 掲載

株式會社合併の本質

―竹田博士の高教に關聯して―

洪璡基

一、はしがき

　会社の合併の本質は、通説にとれば、「二つ以上の会社が一つとなる物権的効力を有する一種特別の契約である」として、専ら社団の動きの面から把へられてゐる。そして株式会社の合併にもかかる見解はそのまま適用せられる。ところがこれに対し竹田博士および大隅教授は、株式会社の合併の本質は「現物出資を以てする会社の資本増加(吸収合併の場合)又は設立(新設合併の場合)に外ならない」とされる。さうしてその根拠は大隅教授に従ふならば、「会社合併の本質は法律上に於ても会社財産の包括的移転にあるものと解せらるべきこと明らかであり、いはば人格合

併とも称すべき無理な観念を執り来って、却て本体たる財産の移転を以てその一附随的効果となすべき理由は豪も存しない」ことにある、とせられる。ここにおいては合併における財産の動きの面が際立つ。

　かかる対立する株式会社の合併本質観に関して、私はさきに「株式会社の合併における交付金」(京城帝国大学・法学会論集一三冊一号一〇三頁以下)を論ずるにあたり、いささか触るるところがあった。この拙稿につき、最近、竹田博士は「再び会社の合併について」(民商一六巻六号一頁以下)において懇切なる批判を示された。ここに感謝の微意を表すものである。さて、博士の結論によれば、まづ株式会社の合併の本質につき、(1)「独逸においていはれる財産法的又は社団法的の意味からすれば、卑見(博士の見解のこと)の如きは氏(筆者のこと)のいはれるとは反対に、純社団法的であり、しかも、　Brodmannや　Fischerよりも、一層純粋に、社団法的であるとすら考えるのである」(竹田・前掲四頁)、(2)「独逸における所謂財産法的見地は、我国に於ては、かやうな説は何人によっても主張せられず、私も亦我国には採用すべき余地がないと考える」(前掲六頁)、(3)「氏は我国の通説は所謂社団法的見地に立つものとして、Brodmannや　Fischerと同列においてゐられるのであるが、それは、社団法的な見方には相違ないが、独逸におけるBrodmannやFischerなどの見解の社団法的といはれるのと全く趣を異にする」(前掲六頁)、とされ次に、交付金の限界につき、拙論に対してさまざまの疑問を投ぜられた。

　博士のかかる高教を機縁として、本稿は次のやうなことがらを考察しようとおもふ。まづ、株式会社合併の本質につき、いはゆる社団法的あるひは財産法的といふことはいかなる意味においていはれるのであるか。さうしてそこにおけるわが国の学説の位置はどうであらうか。殊に、社團法的あるひは財産法的なる考へ方は、果して博士のいはるるがごとく、

わが国の学説には妥当すべくもないものでありらうか。次に株式会社の合併において資本増加はいかなる意味をもつものであるか。竹田博士および大隈教授の合併本質においては、資本増加はその本質的契機をなす。しかし果して資本増加は株式会社の合併においてしかく本質的なものでありらうか。凡ての合併はその本質的要素として必ず資本増加をもたねばならないのでありらうか。若しも「資本増加を伴はざる合併」(Verschmelzung ohne Kapitalerhöhung)ありとすれば、これはもはや合併としては認容されないものでありらうか。合併たるためには常に「資本増加を伴ふ合併」(Verschmelzung mit Kapitalerhöhung)でなければならないだらうか。この「株式会社の合併において資本増加は必然的なりや」といふ問題は、かつてHGB時代ドイツにおいて好んで争はれたテーマであり[1]且つ竹田博士におかれても論及せられたことがある[2]。従って、ここにおいてはドイツ諸学説の社團法的あるひは財産法的なる色彩は鮮やかに露呈されてゐるため、これと比照しつつ博士の見解を性格づけるべく極めて都合のよいよすがとなる。博士自ら銘うたれて社團法的だとされる構成は、果して、博士自らによってこの問題につき徹底されているだらうか。終りに、かくして措定せられたる株式会社合併の本質に本づき、そこにおける交付金の限界についての拙論に対し博士のなされたる批判につき考へよう。

---

1) Vgl. R. Goldschmidt, Die soforeige Verschmelzung (Fusion) von AGen. 1930, S. 63 ff

2) 竹田・「合併会社の株主としての被合併会社」民商六巻一号一八頁以下および同・「会社の合併について」民商一二巻五号一五頁以下(以下この論文は竹田・「会社の合併について」と略称す) 参照。

二、株式会社の合併における社団法的と財産法的

　株式会社の合併は、その積極的効果として、(イ)解散会社株主の存続会社または新設会社による合併と(ロ)解散会社財産の存続会社または新設会社への包括承継とをもたらす。そして、株主の合一(Vereinigung der Mitglieder)はその社團法的側面(korporationsrechtliche Seite)をなし、財産の合一(Vereinigung der Vermögen)はその財産法的側面(vermögensrechtliche Seite)をなす。この二つの異れる面のいづれが株式会社合併の本質的契機をなすのであらうか。この答によって合併の本質は規定される。従って、合併にまつはるもろもろの個別的問題、たとへば、①解散会社の株主としての存続会社は解散会社の合併決議においてその議決権を行使し得るか②株式の外に交付金を給与することは許さるるか③存続会社において資本増加は必ず行はねばならないのか、等を解く鍵もここにある。

　さて、合併における社團の動きの面を把へ合併を社團法的に構成せんとするものは、法人格の移行(Übergang der Rechtspersönlichkeit)による株主の合併を第一次的なものとし財産の移行(Übergang des Vermögens)をその副次的なものとするに対し、これとは逆に、合併における財産の動きの面を際立たせ合併を財産法的に構成せんとするものは、財産の移行こそ資本的なものであり株主の合併はたかだかその結果に過ぎないものとする。かかる合併の社團法的性格を強調する立場と合併の財産法的性格を強調する立場との対立は、HGBに対するドイツの学説において鮮やかであった[3]。

　HGBは周知のごとく、一般的規定として、第三〇三条において会社財

---

3) Vgl. R. Goldschmidt, a. a. O. S. 22 ff,

産の全部譲渡を規定し、つづいて特別規定として、第三〇五条・第三〇六条において合併を規定している。すなはちここにおいては、合併は営業譲渡に連続する。従って、かかる合併においては、財産の移行が第一次的なものとされ法人格の移行はそれにつづくものとされる。いひかへるならば、財産法的なるものを前面に推し出して合併を単に一面的に社團法的行為（Geschäft des Korporationsrechts）だとはしない。否、株式会社の合併とはとりもなほさず株式と引換へ財産の譲渡であって、財産を剥がれた会社の消滅はその結果に過ぎない、とする。ここでは、合併は営業譲渡の一つの亜種であって、その差異は合併が株式と引換へ財産譲渡（Vermögensveräusserung gegen Aktien）であるのに対し、営業譲渡は金銭と引換への財産譲渡（Vermögensveräusserung gegen Geld）であるに過ぎない。すなはち、HGBの合併構成は財産法的である、と断ぜらる。

　かかる制定法の構成にも拘はらず、一聯の学説は合併における社團法的契機のみを純化する。たとへば Fisherはいふ、[4]「合併は社団法的行為である、その故にこそ存続会社からの反対給付は原則としてその株式でなければならない。しかも、その株式は特にこのためad hocに行はれた資本増加決議によって発行せられたものでなければならない、解散会社の株主はその財産を存続会社に移行しそのために解散せる会社における社員権を拋棄する代わりに、存続会社の社團的行為 korporativer Akt によってその社員権を与へられその社員として収容 aufnehmen せられる、合併といはれる行為においては、解散せられたる社團は消滅 untergehenするといはんよりはむしろ拡充せられたる他の社團の中に移行aufgehenするのである」と。かかる説明の原型は既に K.Lehmann においてこれをみることができよう。いはく[5]、合併とは二つ

4) Fischer, Die Aktiengesellschaft, in Ehrebergs Hdb. Bd. III, Abt. I, S. 417.

以上の会社が一つに会社に合一さるることである。この合一の仕方さまざまである。すなはち、合併は、合併する会社がすべて既存の法人格を新しい会社のために抛棄するか。あるひは、その一会社が他の会社の中に移行(aufgehen)することによって行はれる、と。またたとへば、Brodmannは[6]、合併による財産の譲渡は反対給付に対する給付(Leistung gegen Gegenleistung)ないし双務的法律行為ではなくして参加のための給付(Leistung gegen Beteiligung)である、といふ。またたとへば、Heymannはいはく[7]、「合併は社團法的行為である、故にここにおいては、BGB第四三三条・第五一五条の意味における価格が約束せられ授受せらるるのではなくして、二つの株式会社の会社法的合一(eine gesellschaftliche Verschmelzung)が行はれ、反対給付としてはもっぱら会社法的権利(gesellschaftliche)が与へられ、解散会社は剰すところなく存続会社に移行せられる」と。さらにたとへば、Schultze v. Lasaulxはいはく[8]、合併は社團法的要素とともに個人法的・財産法的要素を一つにしてゐる、しかしながら、社團法的原理(korporationsrechtliche Grundsätze)によって圧倒的に支配せられてゐる、否、合併は、幾多の連鎖的なる個別的行為すなはちいはゆる合併契約・当事会社の総会決議・裁判所に対する申告および登記等を統合する社團法的合同行為(ein korporationsrechtlicher Gesamtakt)である、この合同行為を無造作に個人法的行為(Rechtsgeschäft des Individualrechts)に比してはならない、なぜなら、合併は個人法とは全く親しまざる存続会社による株

---

5) Vgl. K. Lehmann, Das Recht der Aktiengesellschaften, Bd. 2. SS. 523, 524.

6) Vgl. Brodmann, "Warum sind bei Fusionen Zuzahlungen Wider das Gesetz?" ZBH. 1927, S. 24 ff. bes. S. 126 u. Ders., Aktienrecht (Komm.) 1928, Anm. 7(b) zu § 306.

7) Heymann (Bromen), "Aktienrechtliche Fusion" ZHR. 92, SS. 220. 221.

8) Schultze. v. Lasaulx, "Zur Fusion von Aktiengesellschaften" u. Genossenschaften, "Jher. Jb. 79, S. 354.

主の合併と登記の点において社團法的規定に服しつつ同時にHG第三〇三条による財産の譲渡行為といふ財産法的核心をもつからである、と。

かくのごとき合併における社團法的契機のほとんど一面的なる強調に対立しつつ、単にHGBの構成を形式的な拠りどころとするにとどまらず合併そのものの本質から、合併における財産法的契機を際立たせる学説が説かれる。Junck[9]、Ullmann[10]、Breit[11]の外に、たとへばHachenburg[12]は、合併を二つの株式会社が一つの新しい法人に合一(vereingen)される行為であるとして、存続会社より解散会社の株主への交付金の支払を概念的に考へられないこととするのは戒められねばならない、かかる半神秘感(halb mystisches Gefühl)が、通説の基礎に横はってゐるやうである、しかしながらも合併は解散会社の財産が他の会社に譲渡さるることによって行はれる、株主を収容するのは唯企業の獲得の対価として株式が給与さるる結果に過ぎない、といふ。

然らば、わが商法については如何。通説[13]、会社の合併とは「二つ以上の会社が一つとなる物権的効力を有する一種特別の契約」であり、株主の合併がその主たる当然の結果であって、財産の合併は「合併契約に附随せしめられたる結果」に過ぎない、といふ。これ既に述べたる　K. Lehmann, Fischer, Heymann　等とまさしくおなじ流れを汲むもので

---

9) Vgl. Junck, "Sind bei der　Fusion (Verschmelzung)　zweier Aktiengesellschaften neben der　Gewährung　von Aktien auch andere Leistungen　zulässig,?" LZ. 1924 Sp. 489 ff.

10) Vgl. Ullmann, Die Veräusserung des Vermägens einer Aktiengesellschaft im Ganzen, 1915 S. 35 ff.

11) Vgl. Beit, "Fusion u. Aktienrechtsreform," ZHR. 95 S. 23 ff.

12) Vgl. Hachenburg,　"Sind bei der Fusion zweier Agen, neben der Aktiengesellschaften der Gewährung　von Aktien　auch Leistungen zulässig,?" LZ. 1911, S. 646 ff. bes. S. 655.

13) 例へば、田中・会社法概論一三二頁参照。

ある。竹田博士が、わが国の通説はドイツにおいて社団法的だといはれ
るのとは「全く趣を異にする」といはれるのは、誠に理解に苦しむところで
ある。すなはち、わが国の通説は、合併において専ら社団の動きの面を
把へ合併の社団法的側面を際立たせる。これに対し大隅教授は夙に疑
惑を投げられた[14]。すなはち、「法人格を有する社団としての会社を併
せて一会社とすることが法理上果して可能であるか、又仮令可能であると
しても会社の合併をかかる行為と解することが合併制度本来の目的から
見て妥当であるかは疑なきを得ない」、「抑々法律が会社につき特に合
併なる制度を認めた理由は、いふまでもなく企業の維持即ち会社として
清算による企業の解体に基く経済上で不利益より免れしめんとするに在
る、而て法律がそのために採り来って手段が会社財産の包括承継による
移転である。われわれはこの事実を直視すれば足る。然らば会社合併の
本質は法律上に於ても会社財産の包括的移転にあるかものと解せらるべ
きこと明かであり、いはば人格合併とも称すべき無理な観念を執り来って
、却て本体たる財産の移転を以てその一附随的効果となすべき理由は豪
も存しない」、「私もわが商法上の合併に於ては、解散会社の社員が存続
会社又は新設会社の社員となることを要件とす解するも、それは合併が
法律上社団法人を合一する行為たるべきが故ではなくして、商法の規定
の解釈上認めらるべき一結果であり、通説に於けるとはその意味に於て
全然異っている」、とされるのである。約言するならば、合併の本質は財
産の合併・包括承継にあるのであって株主の合併・人格の合併にあるの
ではない、否、後者こそ前者の附随的効果に過ぎない、と喝破されるの
である。ここにおいては合併の財産法的側面が輝いてゐる。既に前稿に
おいてもいへるごとく(拙稿一四四頁)、わが国においては最初に合併に

---

14)   大隅・「商法改正要綱に於ける会社合併の問題」法叢二六巻五号八〇頁乃至八八頁
    参照。

おける財産法的契機に気づかれた卓論だとせねばならない。教授は、さ
らに進んで、「会社の合併は会社財産を全体として移転する処の行為で
ある、その限りにおいては合併も会社の営業全部の譲渡も異る処はない
のであるが、その移転が前者に在っては他の会社に対する財産出資た
るの意味を有するに反し、後者に在っては売買若くは交換として為さるる
点にその根本の相異が存する」(前掲八七頁)、と断ぜられる。ここにおい
ては合併における財産法的契機の強調の極限がみられる。これは、既に
述べたるごとく、ドイツにおいても合併の財産法的構成の純粋型とされた
ものである。かかる事象を前にして、竹田博士が「ドイツにおいていはゆ
る財産法的見地は、わが国においては、何人によっても主張せられず」
といはれるのは、いったい、いかに理解さるべきであらうか。

　ともあれ、かかる対立の中に、ドイツにおいてもわが国においてもお
なじく、合併における社団法的契機を一面的に抽象する立場がむしろ通
説をなしてゐた[15]。それは惟ふに、かかる社団法的見解は深くO.v.
Gierkeの「団体理論」に淵源するものであったからであらう[16]。そして
かかる株式会社の合併における社団法的契機の強調は、とりもなほさず
、株式会社そのものにおける社団法的契機の強調の一つの投影ではな
からうか[17]。なぜなら、株式会社の社団性の純化はその合併における社
団法的側面を際立たせずにおかないであらうからである。そしてまさに
その逆に、かかる合併の純粋なる社団法的構成に対して疑惑が挟まれる
ならば、それはまさしく、株式会社そのものの純粋なる社団性の動揺を

15) Vgl. Hachenburg, a. a. O. S. 655; R. Goldschmidt, a. a. O. SS. 24, 25, 41 なほ、拙
　稿前掲一三〇頁註一参照。

16) Vgl. R. Goldschmidt, a. a. O. S. 22 ff.; O. v. Gierke, Die Genossenschaftstheorie
　und die deu tsche Rechtsprechung 1887, S. 825 ff.

17) R. Goldschmidt, a. a. O. S. 25 Anm. 3 は、一般的に社団法的見解を現代株式の上
　に引き入れること自体を訴っている。

反映するものといへないだらうか。すなはち、株式会社の合併における
財産法的契機の彫出は、株式会社そのものにおける財産法的契機の発
見をものがたるものであらう。さらに端的にいふならば、株式会社の合併
における社団法的・財産法的の問題は、実は、株式会社そのものにおけ
る社団法的・財産法的の問題の縮図的顕現に過ぎないのではなからうか。

さあれ、Wielandによって株式会社の社団性の絶対性が衝かれて以後
、株式会社の社団性は強く疑はれた[18]。ナチス政権下の株式会社法改
正委員会の第一報告書は[19]、「株式社団(Aktienverein)に代ふるに真の
意味における株式組合(Aktiengesellschaft)をもってせねばならぬ」と主張
し、一九三七年の株式法は、遂にその冒頭に、「株式会社ハ固有ノ法人
格ヲ有スルGesellschftナリ[20]」と、規定した。ここに、一応なりとも、株式会
社法はその社団性の褪色を余儀なくさせられたのである。しかもそれは
、単なるドグマとしてではなくして、株式会社における所有と経営との分
離・一人会社等の事実によって強く底礎されてゐる。さらに、株式会社の
構造変革は、その物的要素を顕在化し人的要素を後退せしめつつ、社
団形態より財団形態へと発展するものにおもはれる[21]、さうしてかかる傾

---

18) Vgl. Wieland, Handelsrecht, Bd. I, S. 336 ff. Zahn, Gegen den körperschaftlichen
Aufbau des Aktiengesellschaft, Deutsche Justiz, 1935 S. 27 ff. なほ、松田・株式会社
の基礎理論(昭和十七年)六七頁以下および一一五頁以下、豊崎・「株式会社に於け
る多数決の濫用」法協五八巻五号二三頁以下参照。

19) Vgl. Bericht des Ausschus es für Aktienrecht der Akademie für Deutsches Recht,
ZAkDR. I. Jahrg. (1934) Heft I. S. 20 ff

20) 株式法起草者たるSchlegelberger, Quassowski も、そのKommentar, Anm. 2 zu § 1
において、これをもって民法上の組合とは異なるがなほ特殊の組合と認めたものだと
する。しかし社団説はなほ黙してはゐない。例へば、J. v.Gierke, Handelsrecht u.
Schiffahartsrecht, 5 Aufl. Ⅱ Teil, 1941, S.170, TeichmannlKoehler, Aktiengesetz,
1937, 2c zu § I, etc.は依然として社団説を保持する。なほ、松田・前掲一四四頁以
下特に一四七頁も株式会社の社団性を強く主張される。これに対しては、西原・新刊
批評「松田博士著株式会社の基礎理論」法時一四巻一二号五九頁参照。

向は株式会社の合併の本質にも滲透せざるを得ない。株式会社の合併
における財産法的契機の強調はこの流れを汲むものに外ならない。ドイ
ツ株式法は、「合併の本質」と題してその第二三三条において、「株式会
社ハ清算ヲ行ハズシテ之ヲ合一(合併)セシムルコトヲ得。合併ハ、①一ノ
会社(譲渡会社)ノ財産ヲ全体トシテ他ノ会社(譲渡財産)ニ譲渡シ之ニ代ヘ
コノ会社ノ株式ノ給与ヲ受ケ、又ハ、②新ナル株式会社ヲ設立して会一
サルベキ各会社ノ財産ヲ全体トシテ移転シ之ニ代ヘ新会社ノ株式ノ給与
ヲ受クルコトニ依リ之ヲ行フ」と、規定する。HGBの時の支配的学説が強
く社団法的であったに拘はらず、合併における財産法的契機を顧慮せざ
るを得なかったのである。すなはち、ここにおいては、合併における社
団法的契機に財産法的契機が融然ととけ込んでゐる[22]。私もまた、合併
の本質は財産の合一・包括承継にある、と考へる。しかしながら、わが商
法においては株式会社はなほ、社団として構成されている(商五二条一
頁)。その限り、社団としての株式会社の合併を、その一つの要素とされ
てゐる株主より全く離れて考へることはできない。いひかえれば、株主の
合併という社団法的契機を全的に捨象し去るわけにはゆかない。すなは
ち、株式会社の合併は、既にＨＧＢ時代よりＲ.
Goldschmidt[23]、Gilbert[24]等によりいみじくも喝破せられているごとく、社
団法的にして財産法的なる法律行為である、といふべきであらう。

　さて、大隅教授は、既に述べたやうに株式会社の合併を財産法的に構
成され、合併の本質は「法律上においても会社財産の包括承継にある」と

---

21) 西原・前掲五九頁参照。かかる見解は Weilan, Azhn等とひとしく株式会社をもって組
　　合とはしないまでも、株式会社の社団性の強調の否定といふ面において共通なる地
　　盤に立つものとおもはれる。

22) Vgl. Schlegelberger-Quassowski, Aktiengesetz, Anm. 15 zu §233.

23) R. Goldschmidt, a. a, O. S. 25

24) Gilbert, Formzwang für Fusionverträge, JW. 1928, S. 2598.

されつつ、さらに「現物出資を以てする会社の資本増加(吸収合併)または設立(新設合併)に外ならない」、と規定されるのである。そして、竹田博士もまた既述のごとく、「株式会社の合併とは解散会社の営業全部をもってする存続会社の資本増加または新会社の設立である」とされる。そして自ら「大隅教授の所説と略々同一なのである」とされる。さらにまた、博士は、通説の構成―「二つ以上の会社が一つとなる物権的効力を有する一種特別の契約」だとする説明は「畢竟一場の比喩に過ぎない」「ロマンチック」だとされるのである。ここに、Hachenburgがドイツにおける通説の社団法的構成に対しhalb　mystischだとするのとを思ひ合せるとき、私は、竹田博士の見解をもってその根本において財産法的見解に立たれるものと断ずるを毫も憚らなかったのであった。ところが、いまや、博士の見解は博士自らにおいて社団法的だとされるのである。しかし、株式会社合併において株主の合併と財産の合併とのいづれの面をその本質的契機とされるのか、については何もいはれない。すなはち、博士自ら、ドイツにおいていはれる意味において「Brodmannや Fischerと共通の社団法的立場に立つ」と、いはれながらまさにしかくいはるべき根拠についてはなにら肯認さるべき説明をなされない。成程、博士の合併の本質とさるる資本増加・設立といふ行為は会社法独特の社団法的行為ではある。しかし、合併の構成の仕方として社団法的・財産法的といはれるのは既述のごとくさやうなる点より規定さるるのではない。惟ふに、大隅教授の場合、「現物出資」・「資本増加」および「設立」のいづれの観念ないしそれらの結合も自ら正当に合併の本質的契機だとされる会社財産の「包括承継」といふ観念を論理必然的に包摂してはいないのとひとしく、竹田博士の場合、合併の本質について社団法的であることすなはち博士自身の言によれば「存続会社が解散会社の株主をその組織中に収容することが合併の本体である」とすることと合併を「現物出資をも

ってする資本増加または設立」だとすることとはなにら必然的聯関がない
のである。ひとしき結論をとられながら、大隅教授は財産法的であると、
竹田博士は社団法的であるといはれるところに、既に、その結論と財産
法的・社団法的だとすることとの間の必然的聯関の欠如が顕はにされて
ゐる。それにも拘はらず博士は自ら社団法的であると銘うたれる。

三、株式会社の合併における資本増加

　株式会社の合併殊に吸収合併はしばしば資本増加に擬へられる。たと
えば、K.Lehmannは[25]吸収合併においては「現物出資の登場する資本増
加」がみられ新設合併に「現物出資のある変態的設立」(qualifizierte
Gründung)とみられる、といひBrodmannも[26]、「HGBのいはゆる合併と
は存続会社の立場からいへば変態的資本増加(qualifizierte
Kapitalerhöhung)いひかえれば専ら現物出資のみによる資本増加である
」、といふ。わが国においては、竹田博士および大隅教授によってひとし
く、「株式会社の吸収合併の本質は解散会社の営業全部を現物出資とす
る存続会社の資本増加にある」、とされてゐる。これはわが国における通
説とは著しき懸隔をもつユニークな説明である。しかしながら、合併のか
かる本質規定は、大隅教授によって正当にも合併の本質的概念要素とさ
るる財産譲渡の包括性をその内包として包摂してはゐない。尤もかかる
ことは大隅教授とは違って社団法的見地に立たるる竹田博士には何ら苦
慮さるるところでないかもしれない。しかし、単なる現物出資と資本増加と

---

25) K. Llehmann, a. a. O. S. 52 4ff

26) Brodmann, Anm I b zu §305; ders. "Über den Bericht der Aktienrechtskommission
　　des Juristentags," ZHR. 94 S. 81. その外にも例へば、Wieland, a. a. O. S. 360.

の結合(商三四八条・三五〇条・三五三条・三五五条の結合を考ふべし)が直ちには決して吸収合併とはならないであらう。現物出資による資本増加は吸収合併の含蓄するもろもろの要素の一つに過ぎない。合併の観念は資本増加の観念より遥かに包括的である[27]。この点において、先づ、上述のごとき合併の本質規定には首肯できない。

しかのみならず、果して存続合併において資本増加はしかく必然的なるものであらうか。いかなる存続合併においても資本増加は必ず存続せねばならないものであらうか。さらにまた、現物出資された金額だけ資本増加がなされねばならないのであらうか。もしもこれに底触すれば、たとへば「資本増加を伴はざる合併[28]」(Verschmelzung ohne Kapitalerhöhung)のごときは、合併として無効なのであらうか、問題は、①存続会社と解散会社とが持株関係にあるときおよび②当事会社に自己株式にあるとき、におきる。

（イ）存続会社が解散会社の株式をもってゐるときかかる当事会社間の合併のとき、存続会社は自己のもつ解散会社の株式に対して自己の新株を発行することができるであらうか。これ自己株式引受となり許されざることである[29]。なぜなら、合併における株式の交換は引受と性質をおなじく

---

27)　Heymannはいはく、「合併を資本増加における出資行為から区別することは難しい、合併はしばしば資本増加の一亜種であるとされているが正しくない、尤も二つながら純会社法的行為ではあるが、合併は資本増加より遥かに包括的である、たとひ財産の包括的出資による資本増加に比するにしても」とVgl. Heymann, a. a. O. S. 222.

28)　Vgl. Schmitt, "Fusion ohne Kapitalerhöhung," ZBH. 1927, S. 24 ff.; RGZ. 124, S. 301 etc.

29)　同旨、Ullmann, a. a. O. S. 47; R. Goldschmidt, a. a. O.S. 48; Schlegelberger-Quassowski, Anm. 9 zu § 238 u. Anm. 2 zu § 237; v. Godin-Wilhelmi, Aktiengesetz, 1937, Anm. 3 zu § 238 u. Anm. 17 zu § 65 竹田・「合併会社の株主としての被合併会社」民商六巻一号二五頁および同・「会社合併」一六頁は、この結論とは違って、この場合は株式の自己引受であることは認められながらもなほ、「自己引受による取得も合併による取得に相違ない」から、「商法の規定(第二一〇条)はこの場

するものであるからである。故に、存続会社が解散会社の株式をもつ限度において資本増加はなし得ない、といはねばならない。実際の合併契約が、存続会社は解散会社の株式をもってゐる限度においては新株を発行しない、旨規定するのはこの為に外ならない[30]。従って、この限度において、資本増加の必然性は否

定される。そしてまた、その限度において、現物出資額と資本増加額とは齟齬するわけである。

存続会社が解散会社の総ての株式をもってゐることもあり得る。かかる一人会社(Einmanngesellschaft)の存在はわが商法(旧商二二一条三号・商四〇四条参照)もこれを許容する。かかる親子会社間の合併のときは、上述のごとき理由により、資本増加は全く欠如せねばならない。株式の交換・割当は皆無である。解散会社の株式は合併の時点において消滅し、株券は消却されねばならない。故に、実質上は存続会社において帳簿上あるひは貸借対照表上証券の項が抹消されてその代わりに解散会社の各種具体的財産が記入されて行くに過ぎない。ここにおいては資本増加の必然性は全く否定せられる。「資本増加を伴はざる合併」(Verschmelzung ohne Kapitalerhöhung)の純粋型である。株主の併合も起りようがない。合併における社団法的契機は完全に欠如されている。ただしこれは一人会社そのものが既に社団性全く欠如してゐたことに本づく。かか

合をも含めて規定してゐると解すべきである」、とされる。　しかしながら、自己株式引受の例外規定たる第二一〇条がかかる場合をも包括するのであらうか。殊に、博士自ら吸収合併をもって資本増加の一亜種とされしかもその実益はそこにおける法理をこゝに援用し得る点にありとせられながら、資本増加においては認められない自己株式引受を合併においては認められることはいかにも矛盾である。果せる哉、博士も「合併会社はその有する被合併会社の株式に対しては合併により発行する自己の新株を取得しないことにすることも法律上は可能である」と附演せられる所以である。

30) Ullmann, a. a. O. S. 46; Staub-Pinner, Anm. 6 zu § 305

る合併もなほ合併として認められるであらうか。

　（ロ）　存続会社が自己株式をもってゐるときわが商法はドイツ株式法の
ごとき貯蔵株(Vorratsaktien)なるものは認めてゐるない。しかしながら、
合併のとき、存続会社がたまたま商法第二一〇条による自己株式を所持
してゐることがあり得る。この場合、この旧株を合併による株式の割当に
振向けることはできないだろうか。もとより、この旧株の存在に拘はらず、
合併による資本増加に本づき新株を発行することもできる。しかし、既存
の旧株を解散会社の株主に割当てることはなにらかの点において違法
であるであらうか。自己[31]株式についての第二一一条後段の「処分」の趣
旨に反するものとはおもはれない。然らば、なにらかの点において合併
の本質に悖るものであらうか。

　若しもこれが許容さるるならば、自己株式の所持の限度において資本
増加の必然性を欠如する。そして、現物出資額と資本増加額とは齟齬し
て来る。殊に、合併によって必要な総ての株式交換をみなこの旧株によ
って賄へるとき、このときは資本増加は全く欠如することとなる。すなはち
、ここにおいて「資本増加を伴はざる合併」の純粋型がみられることとなる
。故に、問題は、存続合併において資本増加はしかく必然的なりや、とい
ふことにおきかへられる。

　（ハ）　　解散会社が存続会社の株式をもってゐるとき合併によって
これらの株式は存続会社に承継される。かかる自己株式の取得は、否、
この取得のみが、商法第二一〇条によって許される。この場合、存続会
社においてはかかる自己株式をも含めた解散会社の全財産を評価して
資本増加をなすこともできる。しかし、かかる自己株式を当該合併におい
て解散会社株主に対する割当に振向けることはできないのであらうか[32]

---

31) Schlegelberger-Quassowski, Anm. 11 zu § 238 はこれを許容する。

32) Schlegelberger-Quassowski, Anm. 7 zu § 238; v. Goldin-Wilhelmi, Anm. 17 zu §

。(ロ)とおなじ問題が提起される。もしもこれは許容せらるるならば、自己株式取得の限度において、資本増加の必然性は否定される。そしてここにおいても現物出資額と資本増加額とは一致しない。かかる自己株式の処分方法は、商法第二一一条に違背しないこと明らかであるから、その外にいかなる合併の本質に悖るものであらうか。

　(二)　解散会社が自己株式をもってゐるとき存続会社への解散会社財産の包括承継によってこれらの株式は存続会社の所有となる。故に、(イ)場合とおなじく、これに対して合併による新株を割当てるわけにはゆかない。その限度において資本増加の必然性はなくなる、しかしこの場合は、(イ)の場合と違って、現物出資額と資本増加額とは一致する。なぜなら、もとよりかかる自己株式はなにら合併の対象となるべき財産を形成しないからである。

　これら四つの場合の問題は、畢竟、「吸収合併において資本増加は必然的なりや」、といふことに集約される。この間に対するHGB時代の学説の解答は二つに分たれる。合併における社団法的側面を強調する立場はこれを肯定する。これをFischer　に代表せしむるならば[33]、「合併は社団法的行為である、故に存続会社の反対給付はその株式でなければならない、しかも、特にそのため ad hoc になされた資本増加決議に本づき発行されたる株式でなければならない、もしも許容さるべき交付金の外に自己株式にしろ個人法的行為によって既往の株主より単に有価証券として得たるものを給与するならば、同様に個人法的・非社団法的行為があったのに過ぎない」、従って合併とはいへない、といふ。すなはち、「金銭と引換への合併」(Fusion gegen Geld)が合併でないのはい

65はいづれもこれを認容する。

[33) Fischer. a. a. O. S. 417. その外、たとへば、Brodmann, Aktienrecht, Anm. 7 a zu §306; Heymann, a. a. O. S. 232も同旨である。

はずかもがな、真の合併は、単に「株式と引換への合併」(Fusion　gegen Aktien)たるのみならずさらに、特にそのためになされたる資本増加によって発行せられたる「新しき株式と引換への合併」(Fusion　gegen　junge Aktien)でなければならない。資本増加の必然性は厳しく守られねばならない。合併は常に「資本増加の伴ふ合併」(Fusion mit Kapitalerhöhung)でなければならない、とするのである。これに対し、合併における財産法的側面に重点をおく立場は前述の間を否定する[34]。すなはち、合併においては資本増加は必然的ではない。否、違法な場合さへある。「資本増加を伴はざる合併」もまたなほ合併である。現物出資額の一部についてのみ資本増加が行はれたとしても、なほ「完全合併[35]」(Vollverschmelzung)に相違ない。資本増加のあった部分のみが合併であるのではない、とする。

　かかる財産法的見解は、ドイツ法曹会株式会社法改正委員会を支配し[36]、さうして一九三〇年の第一草案および一九三二年の第二草案を貫き

---

34) 「資本増加は合併の本質的概念要素ではない」、「資本増加は必然的ではない」とするものは、たとへば、Staub-Pinner, § 305, Anm. 14; Ullmann, a. a. O. S. 41; Lehmann, a. a. O. S. 524; F. Goldschmidt, Anm. 11 zu § 305; Horrwitz, Recht der Generalversammlung, S. 453; Müller-Erzbach, Deutsches Handelsrecht, 2/3 Aufl. 1928, S. 314; Schmitt, a. a. O. S. 24 があり、判例もまたこの立場に立つ。Vgl. RGZ. 124, S. 279 ff. bes. S. 304しかしながら、かかる財産法的結論をとるものの中には、たとへば Staub-Pinner, Lehmann, Goldschmidt, Horrwitz etc. のごときは交付金については制限的立場すなはち社団法的見解の結論をとり、その立場の一貫しないことに対しては、Breit, a. a. O. S. 404 ff bes. Ss. 411, 412 の痛撃するがごとくである。おもふに、合併における社団法的・財産法的といふことをその鮮やかなる対立の中に意識して合併に関する諸説を整序したのはやっとR. Goldschmidt に至って始めてなされたのであって、その以前はかかる立場の意識を欠如したるため同一学説が互に矛盾する結論をとってゐるやうである。

35) RGZ. 124 S. 304は、現物出資額の一部についてのみ資本増加があってもなほ Vollschmelzung od. Vollfusion である、といふ、すなはち、これを資本増加のあった部分だけの合併いはば Teilverschmelzungとみるべきではない。

37)、さらに、ドイツ株式法第二三八条第一項「存続会社ハ解散会社ノ株式又ハ自己株式ヲ所有スル限度ニ於テ資本増加セズシテ合併ヲ行フコトヲ得」として結晶した。「資本増加を伴はざる合併はここに制定法的に認容されたのである。わが商法の解釈としても私はこの結論に従ふものである。

　さて、竹田博士は[38]、「存続会社が消滅会社の株式を有してゐる場合には、合併の実際においては、存続会社がその有する消滅会社の株式に対して新株券を発行しない旨を規定する場合が多く、或は寧ろこれが通常の遣方かと思はれる。この方法についても法律には直接の規定はないが、これを許さずと解すべき何等の理由も存しない」、とせらるるのみかさらに進んで、「右の方法を認めるとすると、増資を伴はない合併も亦これを認め得ること、となる。即ち存続会社が消滅会社の全株式を有してゐる場合、その株式に対して新株を発行しないこととすれば、資本は全然増加しないですむこととなるわけである」、と断ぜられる。すなはち、博士もまたいはゆる「資本増加を伴はざる合併」をなほ合併として肯認されるのである。博士は、吸収合併における資本増加をその本質的契機とされながら、しかも、資本増加の必然性を否定されるのである。博士は、吸収合併における資本増加をその本質的契機とされながら、しかも、資本増加の必然性を否定されるのである。のみならずこれは、上述のごとく、財産法的見解の結論であったのである。すなはち、博士の見解は、博

---

36)　Vgl. Bericht der durch den 34. Juristentag zur Prüfung einer Reform des Akienrechts eingesetzten Kommission, hrsg. von der ständingen Deputation des deutschen Juristentags. 198, S. 38.

37)　第一草案第二一五条第一項および第二草案第二一三条第一項参照。なほ、立法例としては、旧ポーランド商法第一四三条第三項もこれとおなじ立場に立つことについては、Hallstein, Die Aktienrechte der Gegenwart, 1931, SS. 379 u. 389 参照。

38)　竹田・「会社合併」民商十二巻五号一七頁。

士自らドイツにおいていはれる意味において社団法的だとされながら、ドイツにおいて財産法的だとされる結論に従はれるのである。しかもこれは合併の枝葉の部分に関してではない。博士自ら存続合併の本質だとさるる部分についてである。これはいったいいかに理解せらるべきであらうか

四、株式会社の合併における交付金

　株式会社の合併における交付金とは、解散会社の株主が存続会社または新設会社より合併契約に本づき給与を受ける金銭をいふ。商法第四〇九条三号および第四一〇条第三号によって、その給与は許容されてゐる。さて、株式会社の合併を社団法的に構成して、その本質は「二つ以上の株式会社が一つとなる物権的効力を有する一種特別の契約である」、とするならばその主たる効果は、解散会社株主の存続会社または新設会社による併合、すなはち、解散会社の株主が存続会社または新設会社の「株式の給与」を受くることに尽きなばならない。端的にいへば、縷述のごとく、株式会社合併の社団法的構成は、「株式と引換への合併」(Fusion gegen Aktien)をもって理想型とする。しかしこの理想型はここに交付金によって破られた。さうしてその破壊の跡を「金銭と引換への合併」(Fusion gegen Geld)が占める。交付金がかかる意味をもつ。然らば、交付金の限界は如何。すなはち、いかなる限度において、株式の代わりにする交付金の給与が許容さるるのか。「株式と引換への合併」といふ社団法的理想はどこまで破り得るのか。

　かくして、交付金の限界の問題も合併における社団法的または財産法的契機の問題に絡みながら展開されねばならない[39]。これに対して、竹

田博士は、「交付金の許容並にその限度は、合併が財産法的のものか社
団法的のものかといふやうなことから判断し得ることではない[40]」とされる
。しかし、博士自らは、交付金の限度を定められるにあたり、「合併は解
散会社の収容であるから、第一に、存続又は新設会社の株式の代わりに
交付金を与へるといふことは許されず[41]」、とされてゐる。すなはち、交
付金の違法の根拠を「合併は解散会社の収容である」ことに求められる。
これはまさしく合併の社団法的性格の強調により交付金の違法を推論す
ることである。そしてこれドイツにおける社団法的論調に外ならない（上述
一参照）。とまれ、竹田博士は交付金の問題において始めて社団法的と
ならてゐる[42]。

---

39) 前掲拙稿「株式会社の合併における交付金」は、かかる見地に立って、交付金の実際
　　における諸態様とその限界について考察を試みたものである。

40) 竹田・「再び会社の合併について」三頁および九頁参照。

41) 竹田・前掲九頁。

42) しかし、かかる根拠づけ方は博士の前掲・「会社の合併について」においては未だみ
　　られなかったことである。すなはち、このときまでは、交付金は「株金の払戻となり法
　　の認めざるところである」から「已むを得ざる場合に限り」すなはち「合併計画全体から
　　見て、株式交換の比率を定める調節上の必要ある場合に限定して大過がないではな
　　からうか」とされてゐたのである。社団法的色彩は新稿・「再び会社について」におい
　　て顕はになって来る。なほ、交付金の制限の根拠として、博士は交付金は清算手続
　　の潜脱による株金の払戻となることをあげられる。しかしながら、そもそも商法が合併
　　において清算手続を排除したのは、大隅教授を正当に指摘せられたごとく、「清算に
　　よる企業の解体に基く経済上の不利益より免れしめんとするに在る」。しかもここに「
　　企業の解体」といふのは「解散会社の清算」によるものをいふ。ドイツにおいて交付金
　　を許容する諸学説が交付金は存続会社から支払はれる点を強調したのは交付金が
　　解散会社の清算に本づくものでないことを指摘したいためであった。しかし博士はか
　　かる見解は「実質的」でないといはれる。私は、出資払戻禁止は、結局、会社債権者
　　保護のためのものであるから、会社債権者と無交渉に行はれる場合をいふのであっ
　　て、株式会社合併におけるがごとく、交付金は合併契約書の必要的記載事項とされ、
　　特別総会の承認を経て（商四一六条・一〇〇条）から、会社債権者は交付金の存在を
　　たやすく知ることができ害される虞れをもつ債権者は容易に異議を申立て得るといふ
　　風に、会社債権者と交渉をもった出資の払戻は構はない、としたのであった（拙稿一

　さて私は、交付金の限界につき前稿において、「交付金は株主の併合といふ社団法的契機をさへ侵さない限りにおいて自由である」、と結論した[43]。すなはち、Junckの言葉に従ふならば[44]、「解散会社の株主が存続会社の株主となることができるだけの株式が与へられねばならない」、そのためには、「計画に従って解散会社の各株主に少くとも一株の存続会社の株式が与へられるやうに決められてゐるねばならない」、すなはち、「合併契約において、いかなる比率にて解散会社の株主が存続会社の株

　　　四三頁参照）。これに対して博士は、その論鋒でいへば株式会社が任意清算をなすこともできるではないか、と非難される。しかしながら、株式会社において任意清算を認めない理由は唯会社債権者保護のためのみではない。否、「是れ人的会社は少数の相信頼する者の団体なるに反し、株式会社は多数の未知の者の集団たるの根本差異に基く、株式会社に於ては任意清算は株主が無智冷淡なる為めに弊害があるからして、法は法定清算を命じ清算を法の支配の下に服せしめた」(田中・前掲七六七頁)のであって、もしろ株主保護のためのものである(大隅教授・会社法論四五四頁も「他方株主相互間に人的信頼関係を欠き且つ多数決主義行はるる結果大株主の専恣の危険に曝されてゐる一般株主の利益を保護する為め」といはれる)。彼と是とは軌を一つにしない。況んや、交付金は商四〇九条三号・四一〇条三号の規定をもつに対し任意清算はかかる認容規定をもないにおいておや。次に、博士は「交付金の交付は、我商法の合併の本質上、原則として許すべきからざるものであるといふことに帰着する、而して全然これを認めないとすることは理論としてはよいが、実際に貫徹することは殆ど不能といってよい」から「株式交換の比率を調節するに必要な限度に於て交付金の交付がなされてよい」とされながら、私のいはゆる「端額調節のための交付金」・「利益配当に代るべき交付金」・「準備金の分配による交付金」・「不良資産の整理による交付金」・「資本金の払戻による交付金」の中で、「端額調整のための交付金」・「利益配当に代るべき交付金」・「不良資産の整理によるコ付近」の三者はこれを無条件に認められる。そして他の二者は疑はしいとされるのである。しかしながら、博士の根拠づけによっては、「端額調整のための交付金」は認められるが他の二者は認められないのである。私は抑々博士が理論上交付金を拒否されながら、経済的需要のみからこれを認容さるるところに不満を懐くものである(拙稿前掲一二五頁一二六頁参照)。さらに経済的需要の点よりいへば、博士の認められる三者と他の二者との間にいったいいかなる本質的逕庭があるのであらうか。

43) 前掲拙稿一四七頁以下参照。
44) Junck, a. a. O. S. 489 ff.

主となるか、決められてゐねばならぬ」、「さうでさへあれば合併といふ観
念は保たれる」、としたのであった。これに対して竹田博士は次のごとき
疑問を提出される。すなはち、「何故に、株主たる人のみに着眼して、解
散会社の株主がその頭数に於て全部収容されさへすればその持株はこれ
をこれを無視してよいことになるのであるか」、「所謂社団法的といふのは、解
散会社の全株主がしかもその持株全部に応じて、存続または新設会社の
株主となることだとせねば意味をなさない[45]」のではないか、といはれる
。しかしこの非難は当らない。「計画に従って解散会社の各株主に少くと
も一株の解散会社の株式が与へられねばならぬ」といふことは、決して、
各株主の持株を無視して持株の数に拘はらず総てひとしく解散会社の株
式一株づつ給与し後は交付金で賄ってよい、といふことをいってゐるの
ではない。なぜなら、これは何よりも先づ株主平等の原則に違背するか
らである。その意味を裏からいふならば、解散会社の株式数に対する存
続会社の株式の比率は少くとも一株であらねばならない、といふ意味に
外ならない。その比率の一項が零であってはならない。かかることは、唯
、「合併契約において、いかなる比率にて解散会社の株主が存続会社の
株主となるか、が決められ」てゐさへすれば常に守られることなのである
。そしてこれは商法第四〇九条二号には「消滅スル会社ノ株主ニ対スル
新株ノ割当ニ関スル事項」、第四一〇条第二号には「各会社ノ株主ニ対ス
ル株式ノ割当ニ関スル事項」が各々合併契約書の必要的記載事項とされ
てゐることによって担保されてゐる。交付金がこれさへ侵さなければ、す
なはち、凡てを交付金で賄はないかぎり合併は有効なのである。松本博
士のあげられる例、すなはち「解散会社の株式百に対して存続会社の株
式は一株しか割当てずに金は何千円と支払といふやうな定ヲしたもの」
は如何。松本博士は[46]、「このやうな場合は合併よりは寧ろ解散会社の営

---

45) 竹田・「再び会社の合併について」八頁九頁。

業の買収のやうに見えます」といはれる。しかしながら、私の見解に従ふ
ならば、この場合もなほ合併とされねばならない。何となれば、この場合
においても、解散会社の「全株主がしかもその持株の全部に応じて」存続
会社の株主となるやうに決められてゐるからである。株主の合併といふ
社団法的契機は豪もき傷つけられてはゐない。この場合、もしも株式の
交換比率が百対一であるため百株以下の端株の所持者が株主の合併よ
り排除だれたとするも、それは端株の処分(商四一六条三項・三七九条)
によるのであって交付金の関り知るところではない。さらに極端な例とし
て、解散会社の総株に対して存続会社の株式は僅かに一株しか割当て
られなかったときを考へてみよう。この場合もなほかつ合併たる概念は保
たれる。蓋し、最後の一株においてにしろ、合併契約において解散会社
の株主はその持株に応じて存続会社に併合さるるやう定められ(営業譲
渡との窮極の差異)、たとひ結果よりいって大多数の解散会社の株主が存
続会社の株主たり得なかったとするも、それは端株の所有者なるが故で
あって交付金が株主の併合を侵したためではない、こと前の例と変らな
いからである。しかしここにおいては株主の併合はその最少限において
行はれてゐる。これを超ゆるとき、一株の株式もなく総てが交付金で賄は
れる合併(Fusion gegen Geld)はもはや合併ではない。なぜなら、合併
たるためには株主の併合がその最少限においてにしろなほ存在せねば
ならないからである。かかる意味において、「株式会社の合併における、
交付金のマキシマムは社団法的契機のミニマムである[47]」、といひ得よう。

---

46) 松本・株式会社法改正の要点二二四頁参照。
47) 前掲拙稿一四八頁参照。

제3편

자료

연설문 〈해방의 국제법적 성격〉

유민 연보

해방의 국제법적 성격

홍진기(중앙일보·동양방송 사장)

금세기는 해방과 독립의 시대

원장님, 그리고 교수, 학생 여러분!

중국의 찬란한 전통 문화 연구 전승의 요람인 중국문화학원이 오늘 본인에게 수여해 주신 이 학위의 명예는 본인과 가족, 그리고 본인이 대표하는 대한민국의《중앙일보》, 동양방송에 무상의 영광으로 간직될 것입니다.

특히 이 영예를 주신 곳이 다름 아닌 중화민국의 문화학원이라는 데서 본인이 느끼는 감회는 남다른 바가 있습니다. 우리 한국과 중국 두 나라는 오랜 역사적 공통성에 더해 근대화의 과정에서 너무도 비슷한 운명을 공유해 왔을 뿐 아니라 앞으로도 똑같이 풀어야 할 숙제를 안고 있습니다.

2차 세계대전이 끝나기까지 일본 제국주의와의 오랜 투쟁 과정에서 한국은 한때 나라마저 잃었고, 중국도 바로 이 대만을 비롯한 많은 국토를 한때 유린당하는 시련을 겪었던 것입니다. 중화민국, 미국, 영국 등 연합국이 2차 세계대전을 승리로 이끈 결과 우리 한반도와 대만, 팽호제도(澎湖諸島)의 해방이 지닌 의미는 결코 똑같다 할 수 없지만, 주민들의 벅찬 환희와 해방감이야 어찌 다를 수가 있었겠습니까?

이제 우리는 그때 그 벅찼던 해방의 기쁨을 북한 땅과 중국 대륙에서 공산주의자들의 압제와 질곡에 시달리는 우리 두 나라 동포들에게 하루빨리 안겨 주어야 하겠습니다. 이것은 지금 한국과 중국 두 민족이 공유한, 어느 누구에 의해서도 거역될 수 없는 지고(至高) 절대의 사명인 것입니다.

때문에 본인은 이 영광스러운 자리를 빌려 우리 대한민국과 중화민국 두 나라가 과거에 겪었고, 또 머지않은 장래에 이루어야 할 해방이란 명제의 국제법적 성격에 대해 본인이 겪고 생각했던 소회의 일단을 피력하고자 합니다.

해방(Liberation)이란 글자 그대로 속박과 예속에서 벗어나 자유롭게 된다는 의미이겠으나, 이 용어가 민족과 국가의 차원에서 정치적 조명을 본격적으로 받게 된 것은 1차 세계대전 이후라 하겠습니다.

1차 세계대전은 실로 민족 자결이란 새로운 이상에 힘입어 억압받던 민족들이 타민족 통치의 굴레에서 해방을 이룩하는 효시가 되었던 것입니다. 유럽의 정치 지도를 바꾼 베르사유 강화 조약과 터키를 상대로 한 세불 강화 조약에 따라 유럽에서 폴란드, 헝가리, 체코슬로바키아, 유고슬라비아가 해방되거나 더 큰 나라로 탈바꿈했고, 중동에서 헤자스 왕국이 해방의 기쁨을 맛보았습니다.

그 이래 중동 등지에서 몇몇 나라가 자치 또는 독립이란 형태로 해방을 이룩했으며, 2차 세계대전 이후 이 해방의 기운이 전 세계를 휩쓸게 된 것은 우리 세대가 모두 경험하고 목도한 사실입니다. 우선 2차 세계대전의 직접적인 결과로 우리 한국이 일본으로부터 해방된 것을 비롯해 에티오피아와 알바니아가 이탈리아로부터 해방되었고 폴란드, 체코슬로바키아, 오스트리아가 독일에서 해방되었으며 그 후 아시아, 아프리카 등 세계 도처에서 일일이 헤아리기 어려울 정도로 수많은 민족 해방과 독립의 장쾌한 드라마가 연출되고 있습니다.

가히 금세기는 억압받던 민족들의 해방과 독립의 세기로 부를만하게 되었습니다.

이러한 노도와 같은 해방의 물결 속에서 해방은 정치적으로 한민족과 국가가 식민지 상태나 전시 적의 점령 상태에서 벗어나 자유로워진다는 개념으로 정착되었습니다. 물론 이러한 개념은 자유 진영에서 통용되는 것이고, 공산주의자들은 민족과 국가의 해방에 더해 계급 투쟁을 통해 프롤레타리아 독재를 수립하는 단계까지를 해방의 개념에 포함시키려 하고 있습니다.

공산주의자들은 이렇게 해방이란 미명 하에 국민들의 분열을 책동하고, 인민을 억압 착취하려는 불순한 저의를 품고 있는 것입니다. 그렇기 때문에 본인은 이러한 불순한 해방의 개념을 이 자리에서 괘념할 필요는 없다고 생각합니다.

'있어야 할 법'으로 남아 있는 해방의 법리

아무튼 이렇게 해방은 금세기의 중심적인 역사 현상으로서 정치적으로는 이미 그 개념이 확립되었지만 법적으로는 아직 그 법리가 형성되어 가는 난세에 불과합니다.

1, 2차 세계대전 이후 해방의 선례가 쌓이고 쌓여 해방의 법리에 관한 국제법의 외연과 내포도 다소간 커졌다고는 하지만, 아직도 그 대부분은 '있는 법(de Legelata)'으로서가 아니라 단순히 '있어야 할 법(de Legeferenda)'의 단계에 머무르고 있는 현실입니다.

해방이란 새로운 사상을 전통 국제법이 포섭할 수 없었다는 데서 그동안 국제적으로 숱한 분쟁이 야기되었습니다. 우리 한국과 일본의 관계도 예외는 아니었습니다.

본인은 샌프란시스코 평화 조약 체결 직후 1952년 2월 15일부터 1953년 10월 21일까지 간헐적으로 한두 달씩 열렸던 제1, 2, 3차 한일 회담에 대한민국 정부 대표로 인한 바가 있습니다. 그때 본인이 체험했던 바를 말씀드려 해방의 법적 측면에 관한 이해의 편의에 자(資)하고자 합니다.

이중 제3차 한일 회담에서는 바로 이 해방이란 새로운 사상에 대한 일본 측의 몰이해하고 오만한 태도가 적나라하게 드러나 결국 한일 회담을 4년 반이나 중단 상태에 몰아넣었습니다.

당시 일본의 수석 대표였던 구보타는 본인과 대화한 청구권 위원회 석상에서 기존 국제법의 단편을 근거로 샌프란시스코 대일 평화 조약 발표 전의 대한민국이 일본으로부터 해방, 독립된 것은 연합국과 국제연합의 승인을 받았다 하더라도 일본의 견지에서는 국제법 위반이 아닐 수 없다는 등 도저히 용인될 수 없는 폭언을 자행했던 것입니다.

그는 또 전쟁이 끝난 뒤 미군정이 한국에 살던 80만의 일본인을 맨몸으로 일본 본토에 귀환시킨 것은 거주 자유의 원칙을 침범한 것일 뿐 아니라, 또한 점령군이 피점령지 주민의 사유 재산을 몰수할 수 없다는 전시 국제법의 확립된 원칙에 위배된 것이라고 주장했습니다.

더욱이 그는 일본 제국주의의 36년간 통치를 통해 한국의 벌거숭이 산이 녹화되고, 철도가 부설되고, 항만이 생기고, 논이 늘어나는 등 일본의 한국 통치는 한국에 이익을 주었다고 강변하면서 심지어 카이로 선언에서 표명된 "한국의 노예 상태에 유의한다."는 중화민국의 장개석 총통, 미국의 루즈벨트 대통령, 영국의 처칠 수상 등 연합국 수뇌들의 견해가 전쟁의 흥분 상태에서 나온 히스테리적 표현이라고까지 극언을 퍼부었습니다.

구보타 망언은 새 사상에 대한 몰이해 때문

이에 대해 본인은 한국 대표단의 일원으로서 이러한 일본 수석 대표의 언동이 해방이란 새로운 사상과, 무조건 항복으로 끝난 2차 세계대전의 전후 처리 과정에서 변화를 겪고 있는 국제법의 새로운 추세를 바로 보지 못한 망발임을 조목조목 반박했습니다.

해방이라면 그것은 당연히 어떠한 상태로부터의 해방을 의미합니다. 과거 제국주의자들의 폭력에 기초를 둔 식민 통치나 적국의 점령 상태가 전적으로 불법이라는 것을 전제로 하여, 이에서 벗어나 자유로워진다는 뜻입니다. 이렇게 불법에서 벗어나 정상 상태를 회복한다는 해방의 참뜻을 일본 대표들은 고의적으로 외면하려 한 것입니다. 해방이란 엄연한 현실을 직시하지 않고 과거의 식민지 통치가 합법적이고 당연한 것이란 가정을 묵수(墨守)하려고만 하니 여러 법적 문제가 발생할 수밖에 없었습니다.

일본 대표의 그러한 시대착오적 태도는 해방이란 새로운 사상을 이

해하지 못한 행동이 아닐 수 없습니다.

우선 본인은 한국에 대한 일제의 식민 통치가 한국민에게 이로웠다는 주장이 사실과도 어긋날 뿐 아니라 일본이 무조건 수락한 포츠담 선언과 카이로 선언에서 연합국 수뇌에 의해 지적된 유권적 평가에 대한 도전이라고 반박했습니다.

또 1910년에 발효된 헤이그 조약 부속 규칙 제46조를 채용하여 재한 일본인의 사유재산 몰수가 국제법에 위반된다는 주장은 샌프란시스코 평화 조약 제4조 b의 명백한 규정을 무시한 억지라고 지적했습니다.

샌프란시스코 조약 제4조 b에는 미군정 또는 그 지령에 의해 일본의 전 식민지에서 행해진 일본과 일본 국민의 재산 처리의 효력을 일본 정부가 승인한다고 규정되어 있습니다.

이 규정에 따라 남한 지역을 시정했던 미군정이 법령 제33호에 의해 1945년 9월 25일자로 미군정에 귀속(vest), 취득(own)시켰다가 1948년 9월 11일에 한미 간 재정 및 재산에 관한 협정에 의해 대한민국 정부에 이양한 일본의 국공유재산과 일본 국민의 사유재산 처리에 대해서는 근원적으로 이의 제기의 길이 막혔던 것입니다.

이렇게 전적으로 기존 국제법 체계에 집착하면서 해방이란 새로운 사상을 인정하려 들지 않던 일본인들도 일본에서 거주하는 한국인의 국적 문제에 대해서는 해방의 법리를 따르는 모순을 범했습니다.

식민지가 해방되거나 영토가 변경된 경우 1차 세계대전을 종결시킨 베르사유 강화 조약이 채택한 원칙은 거주지 영유권의 국적을 따른다는 원칙이었습니다. 다시 말해 독일에 살고 있던 폴란드나 체코슬로바키아인은 원칙적으로 그 거주지 영유국인 독일 국적이 추정되며 단지 그 사람들에게 이 독일 국적을 포기하고 그들의 조국인 폴란드나 체코의 국적을 선택할 권리(option)만 인정했던 것입니다. 그래서 이렇게 베르사유 조약의 거주지 영유권 원칙대로 하면 일본에 거주하는 한국인은 일본 국적을 취득하는 것이 원칙이 된다는 논리가 성립합니다.

그런데 기묘하게도 기존 국제법의 자구(字句)에 얽매이던 일본 대표들이 이 문제에 한해서만은 대한민국의 견해에 동조하고 나섰던 것입니다. 그러한 일본의 태도는 어떤 논리에서라기보다 당시 요시다(吉田茂) 일본 수상의 국회 발언에서 볼 수 있듯이 일본에 거주하는 한국인과 중국인이 일본 국적을 취득하게 되면 '사자 몸속의 벌레'처럼 불안의 씨앗이 된다는 현실적 우려 때문이었습니다.

일본 정부가 이 문제에 관한 기존 국제법의 법칙으로는 설명될 수 없는 주장을 했다는 것은 결국 그들도 기존 국제법으로는 포섭될 수 없는 해방이란 새로운 사상을 끝까지 외면할 수만은 없었던 증거가 아니고 무엇이겠습니까?

그 후 결국 일본 정부도 구보타 발언의 잘못을 시인하고 대한민국 대표단의 논점과 이를 지지한 미국 정부의 샌프란시스코 조약에 대한 해석을 받아들여 1956년 7월 구보타 발언을 공식으로 철회하고 말았습니다.

전통 국제법에 새 '챕터' 추가돼야

지금까지 말씀드린 대한민국과 일본 사이에 해방 후 여러 해 동안 계쟁(係爭)된 법적 분쟁의 실례는 모두 해방이란 새로운 사상(phenomena)을 기존의 전통 국제법이 법 개념으로 포섭하기 어려웠던 현실과 법의 저어(齟齬)에서 비롯된 모순이었습니다.

실로 해방이란 정치 현상은 기존의 국제법 체계를 초월하는 새로운 사상이었던 것입니다.

이에 본인은 해방이란 새로운 사상을 국제법이 적절히 포섭할 수 있도록 전통 국제법에 해방이란 새로운 '챕터'가 추가되어야 한다는 것을 제창하는 바입니다.

국제법이건 국내법이건 간에 법이 목적하는 바는 정의이며, 그 정의를 실현시키는 작용이 다름 아닌 정치일 것입니다. 그렇다면 억압받던 민족과 나라의 해방보다 더한 정의가 과연 또 어디 있겠습니까?

이 해방이란 지고(至高)의 정의(正義)가 국제법의 밖에서 법초월적 정의로 방치되어 있다면 이를 법내재적 정의로 끌어올리는 것(Erheben)이야말로 현대 국제정치가 풀어야 할 시대적 숙제라 아니할 수 없습니다.

무릇 모든 법이 사실 관계로부터 연원(淵源)·형성되는 것이지만 국제법에 있어선 특히 국제사회의 현실과 유리된 법 원리는 당장 법으로서의 기능을 상실하고 맙니다. 이토록 국제법은 국제적 사실 관계와의 친근성(familiarity)을 그 생명으로 한다 하겠습니다.

한때 일제의 식민지 통치에서 해방된 한국과 중화민국의 대만 주민들에게 있어서 이 해방이란 새로운 정치 현상을 법내재적 현상으로 포섭하는 문제는 특히 남다른 절실성을 지닌 문제가 아닐 수 없습니다.

남북통일을 이뤄 남한 동포들을 공산주의자들의 마수로부터 해방해야 할 대한민국과, 대륙을 광복하여 동포들을 공산 압제로부터 해방해야 할 중화민국 두 나라에 있어 이는 과거의 청산일 뿐 아니라 또한 장래의 과제이기도 합니다.

물론 우리가 장래에 이룩할 완전한 해방·광복과 통일은 엄격히 말해서 국제법의 대상이라기보다는 국내법의 문제라 해야겠으나, 국토의 광복과 동포의 해방을 이룩하고도 기존 법체계에 묶여 새로운 정치 현상을 법 현상으로 소화하지 못하는 일이 없어야겠다는 데 어찌 국제법과 국내법 간에 차이가 있을 수 있겠습니까?

과거의 해방과 또 앞으로 성취해야 할 완전한 해방 광복과 통일에 대비하여 해방의 법체계를 성숙시켜야 할 역사적 책임이 우리 두 나라 법률가들의 어깨에 지워져 있습니다.

어찌 비단 법률가들뿐이겠습니까? 모든 국민이 스스로의 위치에서 완전한 해방·광복과 통일을 위해 진력함으로써만 해방·광복과 통일의 날은 앞당겨질 것입니다.

대륙 본토를 광복하고 8억 동포를 해방하는 중화민국의 비원이 하루라도 빨리 성취되었으면 하는 마음 간절합니다.

끝으로 오늘 본인에게 이 영예를 주신 중국문화대학의 무궁한 발전을 기원하면서, 이로써 본인의 인사에 대(代)하고자 합니다.

감사합니다.

유민 연보

1917년	3월 13일	출생
1924년		왕십리공립보통학교 입학
1930년	3월 25일	왕십리공립보통학교 졸업(현 서울 무학초등학교)
	4월 5일	경성제일고보 입학
1934년		경성제일고보 졸업(현 경기고)
	3월 31일	경성제대 예과 입학
1937년	3월	경성제대 법문학부 법과 입학
1940년	3월	경성제대 법문학부 법과 졸업
	4월	경성제대 법문학부 조수
	10월	일본국 고등문과시험 사법과 합격
1942년	2월	『법학회논집』에 논문 「주식회사 합병에 있어서의 교부금」발표
	4월	경성지방법원 사법관 시보(試補)
	12월	규슈제대 다케다(竹田) 교수, 『민상법잡지(民商法雜誌)』에 「회사의 합병에 관하여」라는 논문을 게재, 이 논문은 홍진기의 논문을 비판하는 내용
1943년	1월	홍진기, 『민상법잡지』에 다케다(竹田)의 논문을 비판하는 논문을 게재. 제목은 「주식회사 합병의 본질 - 다케다(竹田) 박사의 고교에 관련하여」
1945년	10월	전주지방법원 판사
	12월 17일	김윤남과 결혼
	7월 15일	장녀 라희(羅喜)출생

	9월	상경, 미 군정청 법무부 법제관
	10월	사업요원 양성소 교수
1946년	10월	사법부 법률조사국 법무관
1948년	11월	법무부 조사국장
1949년	6월 21일	대검찰청 검사 겸무
	10월 20일	장남 석현(錫炫) 출생
1950년	4월 1일	법무부 법무국장
1951년	10월 20일	1차 한일회담 대표 재산청구권분과 위원장
1953년	1월 8일	차남 석조(錫肇) 출생
	4월 15일	제2차 한일회담 대표 재산청구권분과 위원장
	10월 6일	제3차 한일회담 대표 재산청구권분과 위원장
1954년	2월 7일	법무부 차관
	4월 27일	제네바 회담 대표
	9월 17일	3남 석준(錫埈) 출생
1955년	4월 10일	부친 홍성우 타계
	10월 5일	제2대 해무청장, 지방 해무청 설치
1956년	1월 15일	4남 석규(錫珪) 출생
1958년	2월 20일	법무부 장관(국무위원)
1959년	12월 31일	차녀 라영(羅玲) 출생
1960년	3월 23일	법무부 장관 사임 내무부 장관 취임
	4월 25일	내무부 장관 사임
1964년	9월 15일	라디오서울 사장 취임
	12월 7일	동양텔리비전방송 개국
1965년	3월 17일	『중앙일보』 부사장
	9월 22일	『중앙일보』 창간
1966년	1월 25일	중앙방송 사장 취임(라디오·TV 총괄)

	12월	9일	『중앙일보』 회장 취임
1967년	5월	27일	장녀 라희, 이병철의 3남 건희(健熙)와 결혼
1968년	2월	14일	『중앙일보』 사장 취임
	10월		한국신문협회 이사
1969년	2월	14일	동양방송 대표이사 취임
	5월	31일	동양방송 대표이사 사장 취임
1970년	1월		사업 부문별 독립채산제 실시
	10월		한국신문협회 부회장 취임
1971년	2월	15일	동양방송 대표이사 회장 취임
1973년	2월		호텔 신라 이사
1975년	2월	15일	『중앙일보』, 동양방송의 대표이사 사장 취임
1976년	2월		제일합섬, 중앙개발, 삼성 코닝, 삼성중공업, 동방생명, 제일모직, 삼성전자, 삼성물산 이사
1980년	5월		국제신문발행인협회 집행위원회 이사 피선(82년, 84년에도 재선)
	9월	15일	『중앙일보』, 동양방송 회장 취임
1985년	5월	26일	모친 이문익 별세
	9월	23일	『중앙일보』 신사옥 준공
1986년	7월	13일	타계
	7월	16일	정부, 홍진기에게 금관문화훈장 추서
	7월	17일	선영에 안장됨

유민총서 01

유민 홍진기 법률논문 선집   25,000원

2016년 11월 15일 초판 1쇄 발행
2016년 12월 26일 초판 2쇄 발행

지 은 이 : 유민 홍진기
편   찬 : 홍진기법률연구재단
　　　　　서울특별시 종로구 동숭3길 26-12 2층
　　　　　전화 : 02-747-8112 　팩스 : 02-747-8110
　　　　　홈페이지 : http://yuminlaw.or.kr

발 행 인 : 한 정 회
발 행 처 : 경인문화사
　　　　　경기도 파주시 회동길 445-1 경인빌딩 B동 4층
　　　　　전화 : 031-955-9300 　팩스 : 031-955-9310
　　　　　이메일 : kyungin@kyunginp.co.kr
　　　　　홈페이지 : http://www.kyunginp.co.kr
등록번호 : 제406-1973-000003호(1973. 11. 8)

ISBN : 978-89-499-4229-2 　94360